DU MUSST DRAN GLAUBEN

TORSTEN HARTUNG   CHRISTOPH FASEL
DU MUSST DRAN GLAUBEN
VOM MÖRDER ZUM MENSCHENRETTER

adeo

INHALT

PROLOG 7

1. NICHT WILLKOMMEN 15
2. AUF DER SCHIEFEN BAHN 27
3. RAUS AUS DER REPUBLIK! 42
4. DER PAKT MIT DEM TEUFEL 58
5. WECHSELN AUF DIE ÜBERHOLSPUR 74
6. MORD 88
7. EINZELHAFT 123
8. DIE UMKEHR 147
9. GEZEICHNET 185
10. NEUANFANG 201
11. EIN HAUS DER BARMHERZIGKEIT 220
12. DREI GLEICHNISSE 230

EPILOG 234

PROLOG

„Komm, ich mach uns einen Tee! Das wärmt uns durch!" Es ist kalt an diesem Augusttag. Ein verregneter Spätsommer treibt die Menschen ins Haus zurück, lässt sie Wärme und Schutz an Öfen und Kaminen suchen. „Was für einen willst du?", fragt Hausherr Torsten Hartung seinen Gast. „Schwarztee, Fenchel, Pfefferminz, Rotbusch?" Paul zuckt mit den Schultern. Entschlossen sieht er nicht aus. Auch nicht bei der Auswahl der Teesorte. „Was trinkst du denn?", fragt er unsicher zurück. „Ich trinke schwarzen Tee mit Milch und Zucker." Torsten weiß, was er will. „Okay. Dann nehme ich das auch", sagt Paul und lächelt zum ersten Mal.

*

Es geht auf fünf Uhr nachmittags. Gerade sind sie aus dem silbernen Opel Astra von Torsten geklettert, haben eine Reisetasche und zwei Kartons mit den Habseligkeiten von Paul ausgeladen. Paul ist 18 und hat mit Torsten vor allem eines gemeinsam: Auch er kennt den Knast von innen. Fünf Monate saß er wegen wiederholter Körperverletzung im Jugendgefängnis Leipzig-Süd. Nun ist er draußen. Vorbestraft, keine Ausbildung, keine Bude, kein Geld.

Seine Mutter ist nicht sonderlich begeistert, als er heute früh bei ihr vor der Haustür steht: „Was willste denn bei mir?", empfängt sie ihn. „Hast mir schon genug Scherereien gemacht!" Sie dreht sich um und verschwindet in der Küche. Paul weiß längst: Hier ist er falsch.

Torsten Hartung kennt das Gefühl, er ahnt, wie jemand wie Paul sich im Augenblick fühlen muss. Deshalb hat er ihn heute Nachmittag bei seiner Mutter abgeholt. Paul soll für ein paar

Monate oder auch länger bei ihm und seiner Frau Claudia einziehen, bis er weiß, wie es weitergehen soll.

*

Der Tee ist heiß, stark und dampft. Die Schwaden ziehen über den Tassenrand. Tut gut. Am blank gescheuerten Holztisch in der Wohnküche nehmen Torsten und sein Gast Platz. „Was soll ich bloß sagen?", fragt sich Paul unsicher. Doch Torsten lässt ihm Zeit, schaut ihn aufmerksam an, sagt aber nix.
Schließlich fasst sein Gegenüber Mut. Der Satz lag ihm schon die ganze Zeit auf der Zunge: „Es will nicht in meinen Kopf hinein, dass du mich wirklich bei euch wohnen lassen willst, wo ich bislang doch so viel Mist verzapft habe. Was sagt deine Frau zu dem Ganzen?" Torsten nippt an seiner Tasse und schweigt. Seinem intensiven Blick kann man kaum ausweichen. Paul richtet sich aus seiner gebückten Haltung ein Stück weit auf, dann fasst er noch einmal nach: „Meinst du, ich krieg das alles auf die Reihe – und wenn nicht?"

„Du kannst neu anfangen, wenn du es willst. Eine zweite Chance bekommt jeder, man muss sie aber auch ergreifen." Torsten ist einer, dem man nicht ausweichen kann, das hat Paul gleich gespürt, als sie sich das erste Mal begegnet sind. Und wenn Torsten das ihm jetzt so sagt, kann er nicht anders als zu glauben, dass es wahr wird. Er schaut sein Gegenüber von der Seite an. Was treibt den Mann, der ihm gegenübersitzt, wirklich an?

*

Sein Gastgeber bleibt gelassen. Er kennt dieses Erstaunen. Den Unglauben. Das Misstrauen. Denn fast alle der jungen Menschen, die an seinem Küchentisch Platz nehmen, eint eine Erfahrung. Sie lautet: Mir hat nie im Leben jemand etwas geschenkt.

Nie Aufmerksamkeit, nie Zuneigung, nie Wärme, nie Anerkennung, nie Ermutigung, nie Liebe. Den meisten fehlte ein echtes Vorbild. Ein Vater, der für sie da war. Torsten nimmt seine Tasse und steht auf. Dann sagt er zu Paul: „Komm mit nach oben. Ich will dir etwas zeigen!" Die beiden Männer gehen ins Arbeitszimmer. Dort steht in einer Ecke ein wuchtiger Bauernschrank mit geschwungenen Türen. Torsten reckt sich nach oben. „Pack mal mit an, Paul!" An einem dunklen Griff zieht er eine sperrige Kiste nach vorn an die Kante. Richtig schwer das Ding. So an die vierzig Kilo wird es schon haben. Gemeinsam wuchten die beiden Männer das Teil vom Schrank herunter, tragen es ins Wohnzimmer, wo sie es auf dem blank gescheuerten und gewachsten Dielenboden vor dem Kaminofen absetzen. Vor ihnen liegt ein schwarzer Schrankkoffer mit Besatz aus hellbraunem Leder. Er ist sichtlich alt und abgeschabt.

„Wenn du wirklich wissen willst, warum ich das hier mache", sagt Torsten, „dann musst du den Koffer aufmachen."

*

Die Messingschlösser klacken, als Paul sie aufschiebt. Dann klappt er den Deckel zurück. Im Koffer liegen sorgsam aufeinandergestapelt drei dicke Kladden, daneben Zeitungsausschnitte, Kopien von Prozessakten, eine Unmenge Fotos, Postkarten, handgeschriebene Briefe. Pauls Blick fällt auf den Deckel eines dicken Buches. Es ist mit Fotos von jungen Frauen beklebt. Blond, brünett, eine schwarz, so zwischen zwanzig und dreißig Jahre alt. Alle durch die Bank hübsch, einige haben ganz schön wenig an, lachen in die Kamera, lachen den Menschen an, der diese Fotos offensichtlich geschossen hat: Torsten Hartung.

„Da war ich noch ein anderer", sagt Torsten und nimmt das Buch in die Hand. „Mein erstes Tagebuch hast du da gegriffen."

Nachdenklich blickt er auf die Bilder, plötzlich hat er Falten auf seiner Stirn.

„Warst du mal mit denen zusammen?", fragt Paul vorsichtig. Vor allem die eine da links unten, die Brünette, die gefällt ihm kolossal. Die hätte er auch mal gern näher kennengelernt.

„Das ist lange her, sehr lange", sagt Torsten. „Das waren alles mal meine Freundinnen." Pause. Er wendet sich Paul zu, schaut ihm eindringlich in die Augen.

„Weißt du, warum ich sie verloren habe?" Paul schüttelt den Kopf. „Ich habe sie, wenn ich ehrlich bin, alle nur benutzt. Ich habe sie nicht geliebt, sondern sie gebraucht. Ich habe sie nicht geschätzt, sondern sie gedemütigt!"

Torsten lässt das Buch sinken, gibt es Paul zurück. Paul schaut noch einmal auf die Fotos der Mädels. In seinem Kopf formt sich die Frage: „Aber warum hast du sie so mies behandelt?"

*

„Ich habe damals nicht gewusst, was Liebe ist", sagt Torsten. „Denn ich habe nie welche erfahren. Von meiner Mutter nicht, erst recht nicht von meinem Vater!"

Die Falten auf seiner Stirn werden noch tiefer. Nein, wenn er ehrlich ist, ganz ehrlich, muss er sich eingestehen: Ich hatte keine Vorbilder, die ich als Kind gebraucht hätte, um das Leben zu meistern, im Gegenteil: Meine Eltern waren auch untereinander lieblos, unfähig, sich anderen Menschen zuzuwenden, sprachlose Eisklötze, ja, manchmal auch brutale Prügler!

Torsten schaudert einen Augenblick bei der Erinnerung. Dann wendet er sich Paul zu: „Der Grund dafür ist ganz einfach: Mein Vater hat mir ein völlig falsches Bild vermittelt – vom Leben, von der Liebe, von den Frauen!", fügt er an.

Die Falten auf Torstens Stirn haben sich wieder geglättet. „Komm, pack mal mit an, Holz für den Kamin holen", sagt er zu Paul. Dieser springt auf, geht mit in den Hof, gemeinsam schleppen sie einen großen Korb voller Holzscheite ins Wohnzimmer. Torsten mag es gern muckelig warm zu Hause. Ein Mensch, der sein Leben lang die Wärme von Vater und Mutter vermisst hat, sehnt sich umso mehr nach ihr. Papier, Pappe, drei Holzscheite, die Streichhölzer. In wenigen Minuten flackert ein warmes Licht durch die Glasscheibe des Kaminofens.

Torsten kniet wieder vor dem Koffer, tastet sich durch Tagebücher und Zeitungsausschnitte. Auch Pauls Neugierde ist noch nicht gestillt.

„Da, das ist meine Prozessakte!" Torsten drückt Paul eine Mappe in die Hand. „Ich war mal ganz oben, habe alles gehabt, was man sich nur wünschen kann – und ich bin ganz tief gefallen. Vor dir sitzt ein verurteilter Mörder!"

Torsten blättert eines der dicken Tagebücher auf, lässt die Seiten durch die Finger laufen, klappt es dann wieder zu und fährt fort: „Und glaube mir eines, Paul: Ich habe in meinem ganzen Leben keinen bösartigeren Menschen kennengelernt, als mich selbst!"

Paul kann in diesem Augenblick nur ahnen, was dieser Satz wirklich bedeutet. Eine ganze Welt von Leid und Gewalt, Verachtung und Hass, Niedertracht und Todesmut verbirgt sich hinter dieser Feststellung, die der nette, schlaksige Mann, der da neben ihm kniet, so gelassen ausspricht.

Für einen Moment blitzt in Paul eine Ahnung davon auf, welche explosive Gewalt dieser Typ mit dem markanten Gesicht einst in sich getragen hat.

*

Es ist der 20. Juni 1992. Zwei dunkle Luxuslimousinen der Marken BMW und Mercedes Benz rollen durch ein Waldstück, nicht weit von der lettischen Hauptstadt Riga. Eine Lichtung. Hier halten sie an. Zwei Männer, tadellos gekleidet in Armani- und Brioni-Anzügen, steigen aus, schauen sich um. Sie plaudern angeregt, rauchen dabei eine Zigarette. Ein Dritter, der hinter dem Steuer des einen Wagens sitzen geblieben ist, ruft: „Dieter, komm, hilf mir mal." Scheinbar braucht er Unterstützung, weil irgendetwas am Fahrersitz klemmt. Als sich der Gerufene nach unten bückt, um nachzuschauen, was los ist, fällt ein Schuss. Ein dumpfer Knall hallt durch den Wald. Das Opfer, am Kopf getroffen, sinkt vornüber auf den Boden.

Dieter ist sofort tot.

Torsten Hartung steckt die Waffe wieder ein. Zusammen mit seinem Gefährten Martin entkleidet er sein Opfer, auch die Papiere nehmen sie ihm ab, dann verscharren sie die Leiche im Wald. Auf dem Rückweg in die Stadt werfen sie die Kleider und die Papiere des Toten weg.

Dieter war bis zu diesem Tag ein Komplize und krimineller Weggefährte Hartungs. Gemeinsam arbeiten sie zwei Jahre lang zusammen mit der Russenmafia in der größten Autoschieberbande Europas, klauen, hehlen, bestechen. Sie haben Erfolg. 90 000 Dollar pro Woche, so wird Hartung später vor dem Gericht aussagen, hat er in jenen Jahren verdient. 90 000 Dollar pro Woche! Nein, das darf nicht kaputt gemacht werden. Das darf man sich nicht streitig machen lassen. Doch genau das, so erinnert sich Hartung, versucht Dieter damals. Er will sein eigenes Ding drehen, er will mehr als seinen Anteil. Außerdem hat er sich an die Exfreundin seines Bandenbosses herangemacht. Im Nachhinein ein großer Fehler. Gier frisst Hirn. Hartung kriegt Wind davon: Da will ihm einer seine Führungsposition innerhalb des Autoschieberimperiums streitig machen, da will einer auf eigene Rechnung seine Geschäfte hinter Hartungs Rücken abwickeln. Dafür gibt es nur eine Antwort: Dieter muss liquidiert werden.

*

Paul hört zu. Torsten erzählt diese Geschichte mit so ruhiger Stimme, als würde sie ein Nachrichtensprecher verlesen. Paul dagegen fühlt seinen Puls steigen: Hey, ist das nicht eine Wahnsinnsgeschichte? Könnte aus einem James Bond stammen, oder einem Grisham-Krimi! Wahnsinn!
Doch ist das wirklich derselbe Mensch? Der Mann, der vor 22 Jahren in einem Wald bei Riga kaltblütig einen anderen hingerichtet hat – und derjenige, der nun neben ihm vor einem alten Schrankkoffer kniet, für ihn Tee kocht und zusammen mit ihm den Kaminofen anzündet, damit es gemütlich warm ist? Paul merkt: Es fällt ihm schwer zu verstehen, was mit diesem Mann geschehen ist. Warum sein Leben so verlaufen ist, wie es verlaufen ist.

*

Es ist still, als Torsten seinen Bericht beendet hat. Paul räuspert sich. Dann deutet er auf das Tagebuch, das Torsten noch immer in der Hand hält. „Da steht das alles drin?"
„Ja", antwortet Torsten, „und noch eine Menge mehr." Und wieder steigt die Erinnerung in ihm hoch: Vier Jahre, neun Monate und zwei Tage verbringt er in Einzelhaft. Das sind 1736 Tage, in denen er fast keinen anderen Menschen sieht als den Wärter, der ihm das Essen in die Zelle schiebt. In dieser Zeit entdeckt er für sich die Kostbarkeit des Schreibens, den Wert des Tagebuches. Es wird Hartungs Gesprächspartner, seine Klagemauer, sein Freund, sein Geheimnisträger, sein Psychologe, sein Widerpart und, wie er erst später erkennen wird, so etwas

wie sein Beichtvater. Alles vertraut der isolierte Gefangene dem leicht vergilbten Papier von mehreren Schreibkladden an. Warum sitzt er so lange allein? „Sie wollten nicht, dass ich mich mit meinen Komplizen austausche, dass wir uns absprechen können", erklärt Torsten. „Ich war schließlich der Kopf der Bande!" Und für sich setzt er im Stillen hinzu: Vielleicht wussten sie ja auch, dass es keinen bösartigeren Menschen gab als mich.

*

Paul greift nach einer der Kladden, blättert durch die Seiten. Torsten schürt inzwischen den Kaminofen nach, legt behutsam zwei weitere Scheite auf das Feuer, regelt sorgsam die Luftzufuhr. Aus dem Ofen dringt behagliches Knistern und ein erneuerter warmer Schein.

Die beiden Männer schweigen. Paul hat inzwischen das Tagebuch weggelegt und einen kleinen Stapel vergilbter Zeitungsseiten in die Hand genommen. Gerichtsreportagen über den „deutschen Arm der Russenmafia", das „Monster ohne Mitgefühl", wie manche der Boulevardschlagzeilen texten.

Die beiden Männer sitzen vor dem Koffer und lesen, jeder für sich. Leise sprechen sie miteinander. Fragen. Antworten. Schweigen.

Schließlich fasst sich Paul ein Herz: „Ich muss dich einfach mal was fragen. Kannst du mir erklären, was in deinem Leben so derartig schiefgelaufen ist? Und vor allem – wie hast du es geschafft, nicht in diesem Sumpf zu verrecken?"

Torsten schlürft an seiner Tasse. Warm. Wohlig. Gut. „Wir haben ja Zeit", sagt er und wieder huscht ein Lächeln über sein markantes Gesicht. „Vielleicht hilft es dir ja, wenn ich dir meine ganze Geschichte erzähle."

Torsten greift in den Koffer – dann wendet er sich Paul zu: „Ich fange mal ganz von vorne an."

1. NICHT WILLKOMMEN

Paul entspannt. Das Feuer im Bollerofen mit der Glastür, durch die er die Flammen züngeln sehen kann, beruhigt. Torsten nippt am Tee, wendet sich seinem Gast zu: „So richtig willkommen warst du bei deinen Eltern nicht, oder?" Paul nickt. Seine Augen spiegeln Trauer. „Nee, das kann man so nicht sagen!" Er hält inne. „Wenn du aus dem Knast kommst, bist du eigentlich nirgendwo willkommen, oder?"
Torsten nickt. Ein Zeichen des Einverständnisses. „Das kannst du laut sagen", fügt er schließlich an. Wer wüsste das besser als er? Aber es gibt auch vor der Heimkehr aus dem Knast so ein Gefühl des Verlorenseins. Seine eigene Kindheit kommt ihm dabei in den Sinn. Nur wenigen Menschen hat er bislang davon erzählt. Torsten weiß: Er muss gegenüber Paul offen sein, darf kein Blatt vor den Mund nehmen. Er muss sich seiner eigenen Kindheit stellen, wenn er Paul helfen will.
„Weißt du, Paul, es gibt auch ein Unwillkommensein ohne Knast!" Paul horcht auf. „Schon vorher?" „Ja!", sagt Torsten. „Schon lange vorher!"
Paul beginnt zu verstehen. „Wie war das mit dir und deinem Vater?"
„Mit meinem Vater?" Torsten stutzt. Diese Frage von Paul nach seinem Vater hatte er so schnell nicht erwartet. Wie war das eigentlich mit seinem Vater? Woher kam er? Was hatte er als Kind erlebt? In welcher Gedankenwelt war sein Vater aufgewachsen? Komisch – so richtig, das fällt ihm jetzt auf, hat er sich erst in den Jahren im Gefängnis mit dieser Frage beschäftigt. Warum eigentlich nicht früher? Torsten versucht sich zu erinnern.

*

„Mein Vater wurde im Jahr 1938 geboren. Er war eines von zwölf Kindern, alle hatten den Krieg am eigenen Leib erlebt. Sein Vater, also mein Opa, hatte ein Müllabfuhrunternehmen. Das war der Grund dafür, dass er als Einziger im ganzen Ort während des Krieges noch einen eigenen Lkw hatte. Alle anderen Fahrzeuge hatte sich die Wehrmacht längst unter den Nagel gerissen."

*

Torsten Hartungs Großvater lebte in Goslar, im Harz. Nach dem Tode seiner ersten Frau hatte er nochmals geheiratet. Opa, so hat Torsten es in Erinnerung, war ein bekennender Sozialdemokrat vom alten Schlag. Bei ihm gab es für so etwas wie den Glauben oder Gott höchstens ein Spottlied. „Opium für das Volk", mehr war Glaube, war die Religion insgesamt im Elternhaus von Torstens Vater nie. Auch für die zweite Frau von Opa war eine religiöse Verankerung kein Thema. Jesus, so sagte sie es oft genug, war für sie nicht mehr als „der größte Bandit, den man sich denken konnte!"

In dieser Gedankenwelt wuchs Torsten Hartungs Vater auf.

Nach dem Krieg zog die Familie nach Salzwedel – mitsamt allen Geschwistern. Als Torstens Vater im Alter von siebzehn Jahren seinem Elternhaus Adieu sagt, zieht er weiter nach Schwerin. Hier wird er seine Frau kennenlernen. Und hier wird Jahre später sein zweiter Sohn aufwachsen – Torsten Hartung.

*

Keine Frage: Torstens Vater ist ein fleißiger Mann. Er hat für sich ganz persönlich ein Ziel aus den schütteren Jahren des Krieges mitgenommen: Er will raus aus dem Dreck. Nie wieder hungern und frieren!

Deshalb rackert er wie ein Berserker. Erst lernt er den Beruf des Fleischers, dann macht er noch neben der alltäglichen Arbeit den Abschluss als Kfz-Meister und fährt fortan einen Milchlaster. Von früh bis spät ist er jeden Tag unterwegs. Torsten erinnert sich: Sein Vater hat zu all dem auch noch viel Feierabendarbeit gemacht. Zum Beispiel schweißt er bei den Milchkästen, die damals noch aus Metall sind, nach Dienstschluss noch die Streben an, die bei den Auslieferungsfahrten zerbrochen sind.

Schon in jungen Jahren muss sein Vater ein bärbeißiger Typ gewesen sein.

„Wenn du etwas haben willst, Torsten, dann musst du es dir nehmen." Das ist auch so ein Satz von ihm, das hat er ihm immer wieder einmal gesagt.

Aus der Volksarmee ist er als junger Mann rausgeflogen, weil er zusammen mit ein paar hungrigen Kumpels im Wald Wildschweine mit der Kalaschnikow erlegt hat. Sie haben ihre Beute ausgeweidet und als schmackhafte Zusatzportionen zum lausigen Kasernenfutter verarbeitet. Die gefährliche Jagd mit einer Maschinenpistole im mecklenburgischen Wald ist selbst für die Forstbehörden in der damaligen DDR eine Nummer zu viel. Deshalb schmeißt der Kommandeur die selbst ernannten Jägermeister kurzerhand aus der Truppe – obwohl die jungen Männer eigentlich doch bloß knurrende Mägen hatten.

*

In Schwerin lernt Torstens Vater kurz darauf die Frau seines Lebens kennen. Sie ist nur ein Jahr jünger als ihr zukünftiger Mann. Ihre Erfahrungen ähneln sich: dürre Jahre als Kinder im Krieg und in der Zeit danach, oft Hunger, kein Genuss: Schokolade – was ist das? Im immer noch kriegszerstörten Deutschland gibt es kaum ein anständiges Dach über dem Kopf. Schwerin ist damals mit rund 100 000 Einwohnern nicht eben klein – aber hat doch wenig zu bieten.

*

Das erste Zuhause, an das sich Torsten erinnern kann, ist ein Mietshaus im Schweriner Stadtteil Schelfwerder. Zu viert leben sie in zwei kleinen Räumen. Es herrscht Wohnungsnot in der DDR. Die Wohnungen in den alten Mietskasernen, die den Krieg einigermaßen unbeschadet überstanden haben, sind zimmerweise an komplette Familien vermietet. In kurzer Folge wird seine Mutter schwanger und ist ziemlich schnell überfordert mit der Situation, denn der Vater ist den gesamten Tag unterwegs und sie muss sich allein um den Kleinen kümmern. Aber die Hartungs haben zumindest mit der Wohnung Glück. Nach und nach ziehen die anderen Mieter aus und irgendwann genießen Torstens Eltern den relativen Luxus einer Vierraumwohnung. Auch sonst geht es bergauf. Keiner muss mehr hungern und frieren. Der Verdienst des Vaters reicht zum Leben. Eine glückliche Familie also?

„Nein, ich hatte keine glückliche Familie in meiner Kindheit!", sagt Torsten. Paul horcht auf: „Aber eigentlich wart ihr doch aus dem Dreck raus, oder?", fragt er.

„Ja!", sagt Torsten. „Was das Materielle anging, ja. An Geld hat es uns eigentlich nie gefehlt!"

Paul schaut ihn an: „An was dann?"

„An Liebe."

*

„Meine Mutter war Hausfrau und ist trotzdem noch arbeiten gegangen", erzählt Torsten. „Eigentlich hatte sie sich ein schöneres Leben erträumt, aber es kam ganz anders." Torsten kramt in seiner Erinnerung. Was kann er über die Beziehung zwischen sich und seiner Mutter sagen? „Mein Vater hatte ihr damals, als er sie heiratete, versprochen: Ein Kind und dann ist Schluss mit dem Nachwuchs. Wir machen uns zu dritt ein gutes Leben." Torsten unterbricht sich: „Doch dann kam unplanmäßig das zweite Kind. Ich. Und ich war es, der die Erfüllung der Träume meiner Mutter durchkreuzt hat – einfach indem ich da war, auf die Welt kam. Das habe ich erst später erkannt. Aber die Folge war für mich mein Leben lang deutlich: Für meine Mutter war ich stets derjenige, der ihren Lebenstraum zerstört hat. Und sie sah in mir auch immer meinen Vater, mit dem es zunehmend komplizierter wurde. Ich sehe ihm sehr ähnlich. Ihre ganze Enttäuschung und Wut hat sie dann auf mich projiziert. Und über all das ist sie bitter am Leben geworden."

*

Torstens Mutter wird danach noch zweimal schwanger. Zwei Schwestern bringt sie auf die Welt. Das macht sie allerdings auch nicht glücklicher. Ihr Wunsch? Sie will offensichtlich einfach mal raus, mal was anderes sehen als Windeln und Rotznasen, was anderes hören als Kindergekreisch und das Klappern der Kochtopfdeckel. Sobald sie die jüngsten ihrer Kinder betreuen lassen kann, kehrt sie zurück in ihren Beruf als Verkäuferin. Sie arbeitet in einem HO-Laden. Das ist nichts Ungewöhnliches in der DDR – Vollzeit zu arbeiten und ganz nebenbei auch noch vier Kinder aufzuziehen. Aber Torsten spürt, dass seine Mutter über ihre Grenzen geht.

Sie scheint dem Jungen einfach irgendwann überfordert. Denn ein so dicht gepackter Tagesablauf lässt wenig Zeit für die Bedürfnisse der Kinder – sie geht morgens um halb acht aus dem Haus und kommt dann am Abend erst gegen drei viertel sieben wieder nach Hause. Vom Tag erschöpft, wartet noch der gesamte Haushalt auf sie.

*

Torstens Vater hat die Botschaft seines eigenen Vaters, des alten Sozialdemokraten aus Goslar, verinnerlicht: Der pflegte zu sagen: „Ein Vater hat dafür zu sorgen, dass die Kinder ein Dach über dem Kopf, was zu essen und was anzuziehen haben. Basta!" Es ist die Erfahrung von Not und Leid während und nach dem Krieg, die Torstens Vater antreibt, wenn er diesen Gedanken übernimmt. Ich muss für alles sorgen! Es muss immer genug da sein! Wir müssen deshalb ranklotzen – nicht dass es unserer Familie irgendwann einmal schlecht geht!

Die Kinder sehen ihn tagelang kaum – frühmorgens, bevor sie aufstehen und sich für die Schule fertig machen, geht er aus dem Haus. Am Abend kehrt er erst spät von seinem Zweit- oder Drittjob zurück. Da liegen die Kleinen längst im Bett und schlafen.

Torsten begehrt auf. Als er an Weihnachten, er ist gerade acht Jahre alt, von seinen Eltern ein nagelneues Fahrrad präsentiert bekommt, dreht sich der Junge enttäuscht weg. Er will kein Fahrrad. Er will lieber Zeit mit seinem Vater.

Und er versucht verzweifelt, diese gemeinsame Zeit mit seinem Vater zu erhaschen. Der Zehnjährige wälzt sich morgens um zwei aus dem Bett, um den Vater bei seiner Milchfahrertour zu den Bauernhöfen rings um Schwerin zu begleiten. Sie reden nicht miteinander. Torsten ist dennoch in diesen frühen Stunden zwischen Nacht und Sonnenaufgang glücklich. Wenigstens darf er einmal ungestört neben seinem Papa sitzen!

Der Hunger nach dem Vater sitzt tief. Deshalb reicht es Torsten eigentlich nicht, nur einfach mit ihm unterwegs zu sein. Er will am liebsten noch etwas anderes von seinem Vater. Er will mehr. Er will eine Umarmung, ein Streicheln über den Kopf, ein liebes Wort, einen herzlichen Blick, so wie andere, liebevollere Väter es machen. So wie es Torsten bei seinen Schulkameraden erlebt hat. Torsten will das Natürlichste und Einfachste, was ein Kind will: Dass sein Vater ihn anerkennt, dass er ihn liebt. Also rennt der Junge der Liebe seines Vaters nach. Vergeblich.

Doch ein einziges Mal, soweit er sich entsinnen kann, lässt der abgewandte Vater seinen Sohn so etwas wie Stolz spüren. Nur ein einziges Mal zeigt er dem Jungen, dass er ihn schätzt. Zu diesem Zeitpunkt ist Torsten dreizehn Jahre alt. Er sitzt mit seinem Vater auch an diesem Morgen wieder im Milchwagen. Sie halten auf einem Bauernhof neben den Milchkannen. Der Junge steigt schweigend aus, installiert wie ein Profi die Schläuche, die die Kannen leer saugen, und bedient dabei tadellos die Pumpen. Der Bauer steht neben ihm, schaut interessiert dem Arbeitenden über die Schulter und sagt schließlich: „Der Junge kann das ja schon richtig gut! Da habt ihr einen wirklich schlauen Sohn, Kompliment!" Torsten kann das mithören. Und hört auch die Antwort des Vaters, der ihm gegenüber noch nie ein Wort des Lobes über die Lippen gebracht hat: „Ja, ich bin auch richtig stolz auf ihn!"

Diesen Satz hat Torsten sein Leben lang in seinem Herzen getragen. Wie einen Schatz.

*

Paul schweigt. Die Szene hat ihn gepackt. Hinter seiner Stirn arbeitet es. Dann sagt er: „Torsten, ich kenne das. Mir ist das so ähnlich gegangen", räuspert sich, als wäre es ihm unangenehm, und fügt an: „Mein Vater ist abgehauen, als ich drei war. Meine Mutter hat mir immer gesagt, er wäre gegangen wegen meiner Schreierei. Aber ich war doch noch so klein!" Unglücklich schaut Paul Torsten an.

„Vergiss diesen Unsinn!", sagt Torsten. „Niemals ist ein Kind schuld daran, wenn ein Erwachsener abhaut. Ein Kind hat niemals Verantwortung für das, was die Erwachsenen tun." Pause. Dann fügt Torsten an: „Aber jeder Erwachsene ist verantwortlich dafür, was aus seinen Kindern wird."

*

Sind Torstens Eltern auch verantwortlich dafür, dass ihr Sohn ihnen Stück für Stück entgleitet? Es muss so gewesen sein. Denn früh wird der schmächtige Junge auffällig. Ist dies verwunderlich, wenn man die Familienkonstellation analysiert? Nein. Sein älterer Bruder erhält als Liebling der Mutter all deren Aufmerksamkeit und die Zuwendung, nach der Torsten sich so sehr sehnt. Das führt den kleinen Jungen zu einer tiefen Traurigkeit, die er bis heute als verletztes Kind mit sich herumträgt. Er rennt jeden Tag von Neuem gegen Mauern an, gegen dieses Gefühl, nicht verstanden zu werden, dass keiner zu wissen scheint, was er braucht, was er sich ersehnt in seinen Bedürfnissen. Sie werden nicht gestillt. Das kleine Kind Torsten bleibt tief im Inneren hungrig, auch wenn es scheinbar alles hat. Und wird es bis zur größten Katastrophe seines Lebens bleiben.

Wenn es ein Gefühl gibt, das Eltern ihren Kindern niemals vermitteln dürfen, dann ist es das Gefühl des Nicht-geliebt-Seins. Torsten Hartung ist eines jener Kinder, über deren Leben ein Menetekel eingeritzt zu sein scheint. Über seinem Dasein strahlt nicht das bedingungslose „Du bist willkommen auf dieser Welt!"

Torstens Mutter macht ihr zweites Kind für ihr Lebensunglück haftbar. Unterdrückte Wut, Leid, nicht verarbeitete Gewalt mengen sich zu einem Erziehungscocktail, der einen Menschen wahrlich erschüttern kann.

Die Eltern, so wird Torsten erst viel später klar, benutzen die Kinder auch, um sie in den Grabenkämpfen gegeneinander als Hilfstruppen aufzustellen. Die vier Geschwister werden instrumentalisiert. Die Rollenverteilung ist klar: Torstens ältester Bruder und seine jüngste Schwester sind die Mama-Kinder. Die erhalten Zuwendung, Wärme, Liebe, Streicheleinheiten. Die beiden mittleren Kinder rechnet die Mutter offensichtlich der Fraktion ihres Mannes zu – also sind das die Papa-Kinder. Und da der Papa noch viel weniger zu Hause ist als die Mama, haben diese beiden Pech: Denn die Mutter kann so ihre Gefühle ungestört ausleben.

*

„Und wie hast du das im Alltag erlebt?", will Paul wissen. „Ziemlich einfach!", sagt Torsten. Er sucht nach einer Erinnerung – ja, die Geschichte mit seiner Schwester und der Bürste, daran kann er Paul das Unberechenbare seines damaligen Lebens vielleicht am besten deutlich machen. „Meine eine Schwester hatte wunderbare lange, seidige Haare. Die mussten ja nun mal gebürstet werden. Natürlich gab das immer auch Geschrei und Diskussionen. Eines Tages ist meine Mutter dabei derartig wütend geworden, dass sie meiner Schwester mit der Bürste auf den Kopf geschlagen hat, so lange und so heftig, bis meine Schwester aufspringen und sich ihr entwinden konnte." Torsten atmet tief, wenn er sich an diese Szene erinnert. Dann fährt er fort: „Das war nicht nur wegen des mühseligen Bürstens. Ich hatte das Gefühl: Ihre plötzlich losgebrochene Wut galt auch ihrer ganzen Situation und meinem Vater. Weil sie ihre Situation hasste, hasste sie auch die Haare meiner Schwester!" Warum gab es da diese große Wut? Auf Pauls Nachfrage kann Torsten nur mit der Schulter zucken. „Warum das so war? Das weiß ich auch nicht."

*

Was zeichnet eine Mutter aus? Viele würden Wörter wie Fürsorge, Liebe, Zuneigung, Sanftmut, Schutz, Zuwendung wählen.

Torsten Hartung fällt es schwer, solche Wörter zu benutzen, wenn er an seine Kindheit und sein Verhältnis zu seiner Mutter denkt. Er ist sieben Jahre alt, als er versucht, ihr eine Frage zu stellen, die ihn schon länger beschäftigt. Er fragt also die Mutter: „Wie war das bei meiner Geburt?" Dabei versucht er ihr auf den Schoß zu klettern. Und diese antwortet: „Wir wollten dich nicht haben. Du warst ein Unfall und sahst hässlich aus. Wir dachten zunächst, die Schwestern auf der Station hätten das Kind vertauscht." Dann schiebt sie ihn beiseite, schüttelt ihn ab, steht auf und geht.

*

Paul ist verstummt. Mannomann – da ist aber was los gewesen in Torstens Kindheit. „Und siehst du deine Eltern heute noch?", will Paul wissen. Torsten schüttelt den Kopf. „Nein. Ich habe es versucht. Es geht einfach nicht!" Was geht nicht? Pauls Blick ist eine unausgesprochene Frage.

„Na, das Verhältnis vor allem zwischen meinem Vater und mir", sagt Torsten. „Mein Vater wird es nicht so sehen. Er sagt heute noch: Ich habe doch alles für dich getan! Habe ich dich nicht sogar in den Kindergarten gefahren? Ich habe für euch alle malocht Tag und Nacht. Ihr habt doch alles gehabt!"

*

Für Torstens Vater bedeutet „Versorgung", ein Dach über dem Kopf zu haben, etwas Anständiges anzuziehen und etwas zu essen zu haben. Das reicht ihm. Wenn er darüber hinaus auf andere Bedürfnisse stößt – etwas anderes als Essen, Trinken und Unterkunft –, dann erscheinen ihm solche Anfragen als undankbar. Richtige Gespräche mit seinem Sohn finden kaum statt. Diskussionen erst recht nicht. Ein Grund dafür ist wohl: Der Vater beherrscht die Diskussion nicht, sie interessiert ihn auch nicht.

Widerworte werden in der stets gleichen Währung von Schlägen beantwortet. Kleine Anlässe reichen – und der Vater explodiert. Ein Lebensmuster, das wahrlich nicht die Liebesfähigkeit und das Mitgefühl bei seinen Kindern schult. Als Torsten zehn Jahre alt ist, verprügelt ihn sein Vater so heftig, dass seine Mutter, die danebensteht, aber nicht eingreift, aufschreit: „Hör auf, hör auf, du bringst den Jungen ja um!"

*

Paul schweigt immer noch. Ihm wird da so manches klar. Und vieles ist ihm auch aus seiner eigenen Geschichte vertraut: die Sprachlosigkeit zwischen ihm und seinem Vater. Die Hilflosigkeit seiner Mutter. Die Schläge und Misshandlungen von Leib und Seele.

„Weißt du, ich habe erst Jahrzehnte später herausgekriegt, was alles bei mir schiefgelaufen sein muss!", sagt Torsten Hartung. „Ich war viel zu verbittert und verbohrt, als dass ich noch hätte wahrnehmen können, wie verkorkst ich eigentlich schon mit fünfzehn war." Torsten legt sein Gesicht für einen Moment in seine Hände. „Ich musste erst ausgebremst werden, musste ganz tief durch das Elend, meine eigene Schuld, die ich aufgehäuft hatte, waten, bis mir die Konsequenzen meines Lebens so klar wurden, dass ich darüber nachdenken konnte! Ich habe erst spät erkannt, dass mein Leben nicht so funktionieren konnte, wie ich es angepackt hatte. Als ich ganz unten angekommen war, habe ich erkannt, was ich schon alles angerichtet hatte. Bis zu dieser Erkenntnis hat es Jahre gedauert."

Paul schaut ihn an: „Was musste erst passieren, bevor du dies denken konntest?", will er wissen. Torsten lächelt. Er versteht Pauls Frage – die Frage eines jungen Mannes, der selbst schon einmal kurz vor dem Abgrund stand. Und der nun mit ihm gemeinsam in einen wirklichen Abgrund hineinblickt. Dann sagt er: „Eigentlich ist es ganz einfach: Du musst endlich einmal den Mut aufbringen, dir selbst ein paar knallharte Fragen zu stellen: Moment mal, wo ist der Haken in meinem Leben? Woran liegt das, dass ich nicht wirklich empfinden kann, was gerade dran wäre? Dass ich Leuten aufs Maul haue, statt mit ihnen zu sprechen? Dass ich die Liebe meiner Freundinnen zu mir ausgenutzt habe, dass ich sie belogen und betrogen habe – anstatt deren Zuneigung endlich einmal liebevoll zu erwidern? Wenn du bereit bist, dir solche Fragen zu stellen – und nicht davor wegzulaufen – dann bist du auf dem richtigen Weg."

2. AUF DER SCHIEFEN BAHN

Das Feuer ist heruntergebrannt, nur ein großes Scheit glimmt noch. Torsten öffnet die Tür des Ofens und legt noch einmal nach. Paul kuschelt sich auf der Couch neben dem Sofa ein. So ein behaglicher Ort! Er versucht sich zu erinnern, wo er sich das letzte Mal in seinem Leben so geborgen gefühlt hat. Bei seinen Eltern? Fehlanzeige. Bei denen gab es mehr Stress als Gemütlichkeit. Oder vielleicht war es das letzte Mal wirklich bei seiner Oma, als er so ein Wohlgefühl hatte – aber das ist bestimmt schon zwölf Jahre her. Oder noch länger? Paul schaudert. Er mag es selbst kaum glauben. Doch, das muss es gewesen sein: Oma hatte so einen alten Stangenofen in der Küche, der bollerte laut, wenn er mit Holzscheiten gefüttert wurde. Und der machte auch so eine behagliche Wärme. Wie jetzt dieser Ofen hier, im Wohnzimmer von Torsten Hartung. Aber es war nicht nur der Ofen, der das gute Gefühl in seine Erinnerung brachte. Es war die liebevolle Art von Oma, die er so vermisste.

Paul muss sich konzentrieren, damit er wieder im Hier und Jetzt ankommt, dann fragt er sein Gegenüber: „Wie hast du diese Erfahrungen aus deiner Kindheit eigentlich alle verkraftet?"

*

„Gar nicht!", antwortet Torsten. „Als Sechsjähriger war ich vor allem traurig und hatte Sehnsucht nach Liebe und Zuneigung. Später ist es dann gekippt."

„Wie gekippt?"

Torsten spricht zögernd: „Was geschieht mit einem Kind, das so viel Ablehnung, so viel Lieblosigkeit erfährt? Erst wird es sprachlos, dann mutlos. Und irgendwann böse.

Paul, Jahre später habe ich dann den Satz formuliert: „Ich bin der bösartigste Mensch, den ich kenne! Und ich wusste auf einmal, wo alles begonnen hat, wie es anfing, dass ich zu dem wurde, der ich bin."

*

Es ist eine seltsame Verwandlung, die Torsten Hartung in den nächsten Jahren durchlebt. Vom schmächtigen, kleinen, geschlagenen Jungen, der sich so sehr nach Liebe und Zuneigung sehnt, wird er zum gewissenlosen Schläger und Kleinkriminellen, der die Welt nur aus dem Blickwinkel von Verachtung und Zynismus betrachten kann. Torsten wird mit den Jahren auf dem Weg ins Erwachsenenleben immer härter. Seine Schulmeister dabei sind Prügel und Einsamkeit. Und ein grenzenloser Hass auf alles, was ihn so hat werden lassen.

Diese Wut bekommt schließlich auch sein Vater zu spüren: Mit fünfzehn ist Torsten so stark, dass der Vater nicht mehr wagt, ihn zu schlagen. Hilflos wirft er ihn als letzte Tat aus der Wohnung. Seither ist das Nebeneinander der beiden besiegelt. Ein Miteinander hat es für beide ohnehin nie wirklich gegeben.

*

Wie wird man zum Kämpfer? „In der Schule war ich klein und schmächtig, so ein richtiger Hänfling", erinnert sich Torsten. „Ich glaube, für viele, die da gerne mal ihr Mütchen kühlen wollten, war ich das ideale Opfer." Und jede Attacke, jede Unterwerfung war noch eine Demütigung mehr! Noch eine Portion mehr Hass, die sich in dem Jungen aufstaut. „Das kennst du doch auch, Paul, oder?", fragt Torsten seinen Gast. „Klar!", sagt Paul. „In jeder Klasse gab es auch bei uns ein paar Großmäuler, die mit dicken Muskeln die Kleineren unter den Klassenkameraden aufgemischt haben – bei uns in der Schule hatte ich zwischendurch richtig Angst."

„Na, dann brauche ich dir nicht viel zu erklären", sagt Torsten und nimmt sich ein Stück geschälten Apfel von der Obstschale, die seine Frau gerade hereingebracht hat. „Auch bei uns in der Schule gab es solche Typen. Mich haben die immer wieder gerne rausgepickt, diese Feiglinge. Natürlich waren sie größer, stärker und brutaler, als ich es war. Es hat ihnen wohl Spaß gemacht, mich rumzuschubsen und mich zu schlagen."

Paul schüttelt sich. „Das ist eine ganz miese Nummer. Was hast du denn dagegen gemacht?" Torsten lächelt ein wenig in sich hinein, versucht seine Erinnerung an jenes Gefühl, das er damals als Zehnjähriger verspürte, in Worte zu fassen. „Irgendwann hatte ich die Nase voll davon, derjenige zu sein, der herumgeschubst wurde. Ich begann damit, heimlich zu Hause zu trainieren. Klein, drahtig und schnell war ich immer schon, ich brauchte nur mehr Kraft. Und da habe ich mir ein paar alte Hanteln besorgt, die unterm Bett versteckt und damit abends, wenn ich allein war, geübt!"

*

Torsten Hartung wartet ab, bis seine Zeit gekommen ist, um endlich zurückzuschlagen. Schon hier zeigt sich der Stratege in ihm. Er weiß: Mit blindwütigem Zurückschlagen würde er niemals gegen einen der großen Schläger gewinnen können. Also legt er sich einen Plan zurecht. Und setzt ihn voller Sorgfalt in die Tat um. Er ist zehn Jahre alt, als er sich sicher ist: Jetzt kann er es wagen, seinen Quälern Paroli zu bieten.

Es ist einer jener Tage, an denen auf dem Schulhof die Großen ein Opfer ausspähen. Diesmal soll es wieder Torsten sein. Dieser sieht, wie zwei Jungs auf ihn zukommen, ihn höhnisch angrinsen.

Er sagt sich, um sich Mut zu machen: „Das ist das letzte Mal! Das allerletzte Mal!"

Er wird recht behalten.

*

Paul schaut ihn verständnislos an: „Was willst du denn gegen zwei Jungs ausrichten, die nicht nur jeder einen Kopp größer sind als du? Sondern auch noch viel stärker?"

Torsten lacht: „Genau so habe ich früher auch gedacht. Aber mir war irgendwann klar, wie ich sie besiege kann. Ich habe mir gesagt: Du kriegst sie, aber du musst sie erst einmal in Sicherheit wiegen. Sie glauben lassen, dass alles wie immer läuft. Dass sie mich ohne Gegenwehr niedermachen können."

Torsten verschränkt die Arme vor der Brust – eine Geste, die Paul bisher noch nicht an ihm gesehen hat. „Also die zwei kamen auf mich zu und wollten mich wieder verhauen. Ich habe mich erst mal gar nicht gewehrt. Das fing, wie immer, mit Rumschubserei an. Sie haben mich an der Schulter gepackt und mich zurück- und vorgeschleudert."

Torstens Augen werden enger, als er Paul das berichtet, was nun geschah: „Ich habe dann nur auf den richtigen Augenblick gewartet. Beim Kämpfen gilt: Du musst deinen Gegner überraschen. Nur dann kannst du ihn mit dem ersten Schlag vernichtend treffen. Ich warte also ab, bis sich die beiden ihrer Sache ganz sicher und einen Augenblick unaufmerksam sind. Und dann verpasse ich ihnen ruckzuck hintereinander drei harte Schläge."

Pause. Paul starrt Torsten an. Der fährt fort: „Klar, große Fäuste wären besser gewesen, weil sie mehr Gewicht haben – aber ich habe das mit Geschwindigkeit kompensiert: Geschwindigkeit mal Gewicht gleich Durchschlagskraft. Der Junge, der mich als Erster angelangt hat, liegt am Boden. Ich bin im ersten Augenblick völlig erschrocken und unsicher. Denn ich kann das gar nicht glauben, dass ich den Kerl, der mich schon so lange bedrängt hat, einfach umhauen kann."

Seit diesem Tag wagt keiner mehr, Torsten anzumachen.

*

Torsten Hartung kassiert von der Schulleitung für seinen Befreiungsschlag einen Tadel. Das ist von offizieller Seite alles. Die inoffizielle Seite ist dem Jungen viel wichtiger. Von nun an ist er kein Opfer mehr. Die anderen großen Jungs grüßen ihn, manche mit unverhohlener Bewunderung. Es ist für Torsten, gerade zehn Jahre alt, das Zeichen: „Schaut her! Ich kann ja auch was, guckt mal! Ich habe einen viel größeren und stärkeren Jungen als mich umgehauen!"

Was macht ein Jugendlicher, der zu Hause keine Liebe erfährt? Der Gewalt erlebt? Und der keine Anerkennung bekommt? Ganz einfach: Er versucht sich diese Anerkennung zu holen. Und Torsten Hartung macht das nach dieser Erfahrung mit aller Gewalt.

Der Junge wird von nun an immer wieder auffällig. Leider bekommen davon seine Eltern zunächst nichts mit. Sie ahnen nicht, wie sich ihr Sohn, der die Liebe des Vaters und der Mutter vermisst, vom Erdulder in einen unbarmherzigen Kämpfer verwandelt. Wie er seine Chance sucht und findet.

Denn Torsten Hartung hat jetzt seine Lektion gelernt: Ein Kämpfer ist auf sich allein gestellt. Wenn du gewinnst, traut sich keiner mehr an dich ran. Du wirst als Kämpfer nie wieder Opfer sein. Und ganz nebenbei gibt es auch noch ein paar Bonuspunkte für das Selbstwertgefühl. Torsten Hartung sucht ab jetzt den körperlichen Kampf. Es sind die seltenen Augenblicke, in denen er das Gefühl hat, dass er sich richtig spürt. Jedes Wochenende prügelt er sich fortan in den Straßen von Schwerin, vor FDJ-Heimen und Diskotheken, Mopedtreffs und Kneipen.

Das Schema ist stets dasselbe: Hartung provoziert die Gegner, die er sich ausgesucht hat, durch Sprüche, Blicke, Handlungen. Spannt ihnen vorgeblich die Mädels aus. Verschüttet ihr Bier. Beleidigt die Anwesenden. Spottet über ihre Mopeds. Sein einziges Ziel: Aggression zu schüren.

Wenn die Wut kocht, geht es nach draußen vor die Tür.

Auch hier zeigt sich, wie der Stratege Hartung seine Erfolge im Kämpfen vorplant. Seine Masche ist stets die gleiche: Zunächst provoziert er den Stärksten der Gruppe, weicht dann im Kampf scheinbar angstvoll zurück und wartet auf einen bestimmten Augenblick. Einen winzigen Moment, in dem die Konzentration des Gegners für den Bruchteil einer Sekunde nachlässt. Und dann schlägt er mit ein, zwei gewaltigen Hieben brutal zu. Es gilt dabei derartig heftig und rücksichtslos zuzuschlagen, dass der Gegner so schnell nicht wieder aufsteht. Basta.

Wer so kämpft, kann eines nicht gebrauchen: Angst. Und komischerweise hat Hartung die auch nicht. Oder besser gesagt: nicht mehr. Irgendwann ist seine alte kindliche Sehnsucht nach Liebe, Zuneigung und Anerkennung ausgelöscht, zu Asche verbrannt, zu Staub zermahlen. Es ist nichts mehr davon übrig. Stattdessen hat sich ein anderes Gefühl in ihm festgesetzt, ein gnadenloser Fatalismus, der ihn in jeden seiner Kämpfe mit einer Verbissenheit gehen lässt, die seinen Gegnern Angst macht. Vor einem Kampf mit einem offensichtlich übermächtigen Schläger ruft ihm Torsten zu: „Wenn du gegen mich gewinnen willst, dann musst du mich töten." Seine Erkenntnis lautet: Du kämpfst anders, wenn dir dein eigenes Leben scheißegal ist.

*

„Mit fünfzehn war ich komplett auf der Rutschbahn. Meine Eltern hatten mich abgeschrieben", sagt Torsten. Seine freie Zeit verbringt Torsten bei Treffen mit Gleichgesinnten, die irgendwo auf Abbruchgrundstücken rumhängen. „Die hatten keine Achtung oder Respekt, sondern schlicht Angst vor mir. Denn ich schlug härter und gnadenloser zu als alle anderen", sagt Hartung. „Meistens kamen meine Kumpels zu dieser Zeit aus kinderreichen, sozial schwachen Familien. Wir waren aufmüpfig, standen unter Beobachtung der Polizei. Und haben uns auch gewaltig mit anderen angelegt!"

Paul schaut ihn erstaunt an: „Das war doch noch zu DDR-Zeiten. Da habt ihr euch das getraut?", will er wissen. Torsten grinst: „Ich hatte eine gewisse Dreistigkeit auch gegenüber den Vertretern der Staatsmacht. So habe ich mal mit sechzehn Jahren einem Kriminalbeamten ins Gesicht gespuckt. Der hat mir daraufhin kräftig eine geballert. Eine derartige Aufmüpfigkeit war in den Siebzigerjahren in der DDR nicht sonderlich verbreitet!"

„Und – bist du auch selbst irgendwann mal so richtig vermöbelt worden?", will Paul vorsichtig wissen. Offensichtlich hat ihm Torstens Erzählung mächtig Eindruck gemacht. „Mein Ruf hat ganz gut gewirkt!", beantwortet ihm Torsten seine Frage. „Ich hatte eigentlich Ruhe. Bis zu meinem 18. Geburtstag!"

„Warum ausgerechnet bis zum 18. Geburtstag?", will Paul wissen. Torsten greift zu seiner Teetasse! „Prosit!", sagt er dann zu Paul. „Du wirst niemals sehen, dass ich Alkohol trinke. Und das hat genau mit diesem Geburtstag zu tun."

Mit Kumpels feiert Torsten Hartung an jenem 16. April 1979 seine Volljährigkeit bis kurz vor die Bewusstlosigkeit. Bier, Wein Wodka, Rotkäppchen-Sekt – alles, was er in die Finger kriegen kann, schüttet er sich rein. Ein Riesenbesäufnis. Früh am Morgen taumelt der frischgebackene Volljährige durch Schwerin zurück nach Hause. „Ich war so betrunken, dass ich sogar über meine eigenen Beine gefallen bin – und dafür schäme ich mich noch heute", sagt er zu Paul.

Was aber schlimmer ist: Drei Jungs, die Torsten in den letzten Jahren selbst nach Strich und Faden vermöbelt hat, treffen ihn per Zufall auf der Straße – und sehen die Stunde ihrer Rache für gekommen. Sie nehmen den Wehrlosen in die Mangel, schlagen wie besinnungslos auf ihn ein, treten den am Boden Liegenden.

„Ich habe die Jungs erkannt", sagt Hartung. „Als ich sie mit ihren Namen ansprach, hauten sie erst richtig rein, weil sie wohl dachten: Jetzt müssen wir ihn alle machen, damit er sich nicht an uns rächt."

Bewusstlos und blutverschmiert bleibt Torsten Hartung am Abend seines 18. Geburtstags auf der Straße liegen. Sein Gesicht ist unförmig verschwollen, ein Auge ist so groß wie ein Tennisball, die Oberlippe hängt über die Unterlippe. Vier Zähne sind locker, drei Rippen anscheinend geprellt, vielleicht sogar gebrochen. Der Körper ist übersät von Blutergüssen. Wie durch ein Wunder trägt er trotz der heftigen Schläge und Tritte gegen den Kopf keinen bleibenden Schaden davon. Als er im Dreck der Straße aufwacht, rappelt er sich hoch und schleppt sich nach Hause. Als er seine Mutter wach geklingelt hat und sie ihm frühmorgens die Tür öffnet, erkennt sie ihn zunächst nicht.

Zwei Wochen lang tritt er nicht vor die Haustür. Er wagt sich erst wieder auf die Straße, als er halbwegs menschenähnlich aussieht.

„Und", will Paul wissen, „die Jungs hast du doch sicher bei der Polizei angezeigt, oder?"

Torsten schüttelt den Kopf. „Wozu denn?", fragt er zurück. Und fügt an: „Ich habe mir die drei anschließend persönlich zur Brust genommen. Jeden von ihnen. Einzeln." Kurze Pause. „Keiner von den dreien hatte danach das Bedürfnis, noch einmal in meine Nähe zu kommen."

*

Es geschieht viel in diesem Jahr 1979. Torsten, der harte Straßenkämpfer, lernt Anke kennen. Sie wird seine erste große Liebe.

Für sie gibt er sogar seine Provokationen und Prügeleien auf – zumindest scheinbar. Denn wenn Torsten mit Anke unterwegs ist, will er sich nicht mit anderen schlagen, sondern nur für sie da sein. Manchmal lässt sich eine Auseinandersetzung aber nicht vermeiden, denn er ist inzwischen stadtbekannt und hat überall, wo er hinkommt, Feinde. Viele wollen auch schlicht ihre Kräfte mit ihm messen und sehen, was an den Gerüchten über den Kerl dran ist. Wenn der eine oder andere Stress haben will, dann macht Torsten gleich vor Ort „die Sache klar". Er fackelt nicht lange und schlägt gnadenlos zu.

Es geschieht noch mehr in diesem Jahr. Torsten Hartung beginnt eine Ausbildung als Dachdecker. Ein Hoffnungsschimmer – bringt ihn die Lehre doch wieder ein Stück zurück in die geordnete Welt. Regelmäßig aufstehen, acht Stunden harte Arbeit auf dem Bau, körperliche Anstrengung, die ein Stück seiner Energie absorbiert. Aber die Hoffnung währt nicht lange.

Denn noch etwas passiert in diesem Jahr 1979. Torsten kassiert vom Landgericht Schwerin zehn Monate Gefängnis wegen Körperverletzung. Und das ohne Bewährung. Die Staatsmacht greift durch. Eine Weile hat man dem Treiben der gewalttätigen Jugendgangs zugesehen, Ermahnungen ausgesprochen, Verwarnungen erteilt. Und jetzt statuiert man ein Exempel. Damit ist Torsten Hartung vorbestraft.

„Meine Eltern gingen noch nicht einmal mit aufs Gericht, als das Urteil verkündet wurde. Aber Anke war dabei. Sie stand anschließend auch draußen auf der Straße vor dem Untersuchungsgefängnis in Schwerin, bevor ich für neun Monate nach Stralsund zum Strafvollzug weggebracht wurde."

Torsten Hartung schweigt, nachdem er sich das von der Seele geredet hat. Paul auch.

„Hattest du eine Freundin, bevor du in den Bau gegangen bist, Paul?" Der Junge nickt. „Ja, Sabine." – „Und?", fragt Torsten nach, „wieder was von ihr gehört?" Paul senkt den Kopf. „Nein. Ihre Eltern waren sowieso strikt gegen so einen wie mich. Und nach acht Wochen im Knast hat sie mir geschrieben, dass sie einen anderen hat. Das war es dann wohl."

Ja, das war es dann wohl. Torsten weiß, welche Gedanken dem Jungen, der ihm gegenübersitzt, in diesem Augenblick durch Kopf und Herz schießen müssen. Was soll er ihm jetzt sagen?

Nichts als die Wahrheit. Torsten räuspert sich: „Anke hatte damals eine weiße Jacke an, als sie fünfzig Meter von meinem Zellenfenster entfernt dastand und weinte. Sie weinte mit dem Bewusstsein, dass wir uns für neun Monate nicht mehr sehen würden. Und vielleicht sogar nie wieder. Anke. Die erste Liebe vergisst man nicht."

Seine Stimme wird ein bisschen belegt: „Es war unglaublich, wie tief unsere Beziehung für mich war. Ich hatte nichts anderes im Kopf als dieses Mädchen. Denn es war das erste Mal, dass ich so etwas wie Liebe tatsächlich empfunden habe!"

Torsten lässt sich in seinen Sessel zurückfallen: „Und trotzdem habe ich alles versemmelt – ganz einfach, weil ich schon damals auf dem falschen Weg war!"

*

Im Herbst 1979 wird Torsten Hartung in die Haftanstalt Stralsund eingeliefert. Die DDR-Justiz sieht offensichtlich keinerlei Veranlassung, junge Straftäter mit solchem Luxusschnickschnack wie Psychotherapien vor dem endgültigen Abrutschen in die Kriminalität zu bewahren. Nein: Arbeiten sollen die Kerle, malochen – und zwar möglichst in jenen Jobs, die kein Mensch machen will. Eine solche Arbeit kriegt auch Torsten Hartung zugewiesen. Morgens wird er aus seiner Zelle zur Arbeit auf der Stralsunder Werft transportiert. Seine Aufgabe dort: Er soll die Fischbunker auf den Großtrawlern, die dort gebaut werden, mit Glaswolle isolieren. Eine grauenvolle Arbeit, einerseits durch den Ort, an dem sie verrichtet wird, andererseits vor allem wegen des Materials, das der Verurteilte verarbeiten muss. Glaswolle piekt mit unzähligen Nädelchen in der Haut und in allen Körperöffnungen fest. Doch täglich warm duschen, unabdingbar, um das Zeug nach seinem Arbeitstag wenigstens zum Teil wieder loszuwerden, darf Hartung nicht. Eine besondere Schutzkleidung bekommen die Strafgefangenen für diese scheußliche Arbeit nicht. Auch die Atemmasken sind nur Provisorien, so setzt sich die Glaswolle auch in Bronchien und Lunge fest. Bis heute weiß Hartung nicht, ob noch Spätschäden aus dieser Zeit zu befürchten sind.

*

Anke hält immer noch zu ihm, als Hartung neun Monate später wieder aus Stralsund zurückkehrt. Die Zeit ist nicht spurlos an ihm vorbeigegangen. Täuscht sie sich? Oder sind seine Gesichtszüge noch markanter, noch härter und entschlossener geworden? Vorsichtig versuchen die beiden jungen Menschen, sich wieder aneinander zu gewöhnen. Doch es gelingt nicht. Es kann nicht gelingen.

Denn es ist nicht das letzte Mal, dass Torsten Hartung einen Knast von innen sieht. Seine Geschichte holt ihn wieder ein – sein Hang zur Gewalt, zur Maßlosigkeit, zum Exzess. Im Frühjahr 1981, kaum ein Jahr aus dem Gefängnis in Stralsund heraus, kassiert er eine Strafe von dreizehn Monaten, abzusitzen im Gefängnis von Bützow.

Es gibt in jener Zeit in der DDR drei berüchtigte Gefängnisse, je nach Fassadenfarbe als das „rote oder gelbe Elend" bezeichnet: Bautzen, Bützow und Brandenburg. Hartung landet in Bützow. Das ist ein Erwachsenenknast. Ein ganz anderes Kaliber, als es noch die Unterbringung in Stralsund war.

*

„Sag mal, warum bist du da so schnell wieder eingefahren, in den Bau?" Paul ist froh, vor einigen Tagen entlassen worden zu sein. Und er will alles dafür tun, dass er so schnell nicht wieder zurückmuss.

Torsten schaut ihn einige Zeit an und sagt dann schließlich ziemlich bedächtig: „Lieber Paul: Es wäre jetzt einfach für mich zu sagen: ‚Die DDR-Jungs hatten mich halt auf dem Kieker. Die haben mich einfach nicht mehr aus dem Auge gelassen. Ich war halt unangepasst – und unangepasst sein, das durfte man im Arbeiter- und Bauernstaat nicht.'"

Torsten Hartung schnauft tief, als er wieder einatmet. „Doch das wäre nichts als Blödsinn. Denn ich selber war es, der dafür verantwortlich war, dass ich wieder in den Knast musste. Ich allein. Und kein anderer!"

Paul blickt verdattert drein. So klar sieht Torsten das, was geschehen ist? Aber meist sind die Gründe doch vielschichtig, oder? Torsten sieht die stumme Frage in Pauls Augen.

„Heute weiß ich, dass ich schon längst auf einem krummen Pfad gelaufen bin. Schon damals: Unfähig zur Liebe, unfähig, mich selbst zu achten, unfähig, andere Menschen zu achten. Unfähig zu sehen, was richtig oder falsch ist. Meine Begleiter waren damals ein unbändiger Hass auf die Welt und Hass auf mich selbst. Zwei schlechte Ratgeber, die mich wieder in den Knast gebracht haben – und zwar schnurstracks!"

*

Die Anklagepunkte, die gegen Torsten Hartung sprechen, lauten Körperverletzung und Raub. Die gleiche Leier wie zuvor.

In Bützow wird er als einer der jüngsten Gefangenen in eine Neun-Mann-Zelle verfrachtet. Sie ist ausgerüstet mit drei Etagenbetten, die jeweils drei Stockwerke hoch sind. Zwischen den Bettenreihen steht jeweils ein Tisch, außerdem gibt es einen Waschraum und ein Klo.

In solch einem Gefangenenbunker sind die Spielregeln eindeutig. Es gibt Starke und Schwache. Die Alteingesessenen lächeln über den Jungen mit gerade mal zwanzig Jahren Lebensalter. Das Milchgesicht steht in ihren Augen am unteren Ende der Fresskette. Damit ist Torsten Hartung der geborene Kandidat für das Kloputzen. Und das versuchen ihm auch gleich am ersten Tag die drei Leitwölfe der Zelle klarzumachen.

Als Hartung sich die Hände wäscht, drängen sich die drei hinter ihm in den Waschraum. Grinsen in ihren Gesichtern. Hartung fragt, was denn ihr Anliegen sei. Man wolle nur schnell die Frage klären, wer hier in Zukunft das Klo putzen werde, meint einer von ihnen und grinst gefährlich.

Und wer, so fragt Hartung zurück, solle das in Zukunft machen? Nun, er sei der Jüngste, der Schwächste. Also: „Herzlichen Glückwunsch vom gesamten Zellenteam zu deiner neuen Aufgabe im Knast – dem Kloputzen." Ein Schenkelklopfer für die drei Herren – aber sie täuschen sich. Während sie noch herzlich über den Neuen lachen, hat dieser ganz andere Gedanken.

Wie gewohnt spielt dieser zunächst den Besorgten, Ängstlichen. Aber er wartet nur auf den richtigen Zeitpunkt zuzuschlagen. Der ist gekommen, als für die drei die Sache geklärt zu sein scheint und sie darauf warten, dass sich der Junge nun die Klobürste schnappt und loslegt. Sie achten nicht darauf, wie er seine Muskeln anspannt. Zehn Sekunden später macht es „kling", „klang", „klong". Ein Waschbecken bricht ab, ein Spiegel geht zu Bruch, drei Leute liegen am Boden und wälzen sich in ihrem Blut, das aus einer gebrochenen Nase, aufgeplatzten Lippen und dem angeschlagenen Zahnfleisch stammt.

Hartung fragt betont höflich nach, ob es noch irgendwelche Unklarheiten bei den Herren gebe. Die Antwort der drei fällt nur mäßig verständlich aus. Dann bedankt er sich für das konstruktive Gespräch und geht in die Zelle zurück, wo fünf andere Mitinsassen schreckensbleich den Ereignissen im Waschraum zugesehen haben.

Von diesem Tag an hat die Gemeinschaftszelle in der Justizvollzugsanstalt in Bützow eine neue Hackordnung. Man lässt Torsten Hartung in Ruhe.

*

„Hattest du denn keine Angst vor Racheakten?", fragt ihn Paul. „Nein!", sagt Torsten entschieden. „Warum nicht?", fragt Paul. „Ganz einfach, du musst beim ersten Mal so derartig heftig zuhauen, dass ein zweites Mal für keinen der Angreifer mehr in Betracht kommt!"

Endgültig scheint Torsten Hartung in dieser Zeit im Knast hart geworden zu sein. Und es kommt noch härter. Denn nach vier Monaten im Gefängnis lässt Anke, seine geliebte Anke, ihn wissen, dass sie nicht mehr mit ihm zusammen sein könne. Dass sie ihn auch nicht mehr besuchen komme. Dass sie keine Kraft mehr für diese Beziehung mit diesem Mann aufbringen wolle. Und wenig später lässt sie ihn wissen, dass sie sich nun verlobt habe, mit einem anderen Mann.

Torsten lässt sich das Tier, das in seiner Brust wütet, den großen Schmerz, seine Bitterkeit, nicht anmerken. Bloß keine Schwäche zeigen im Knast! Bloß nicht angreifbar werden.

Aber er hat einen Plan. Er weiß, er wird es der treulosen Anke heimzahlen. Neun Jahre später kommt seine Stunde. Torsten Hartung nimmt an ihr, seiner ersten großen Liebe, auf seine eigene Art Rache.

Anke hat sich von ihrem Mann scheiden lassen und versucht ihre zwei Kinder allein durchzubringen. Torsten trifft sie wieder und sie zeigt sich ihm sehr zugetan. Doch er gaukelt ihr seine Zuneigung nur zum Schein vor, obwohl sie für ihn alles tut.

„Weißt du, was ich mit ihr gemacht habe, Paul? Ich habe sie benutzt, meinen beiden Kumpels angeboten, dass sie mit ihr schlafen können, wenn sie wollen – sie haben es aber nicht gemacht. Ich habe die Wohnung verlassen, danach haben wir uns nie wiedergesehen."

Paul ist der Erzählung atemlos gefolgt. Dieser Mann mit der sanften, wohlklingenden Stimme soll solche Dinge gemacht haben? „Ja!", sagt Hartung. „Ich war krank!" Und dann setzt er hinzu: „Vergiss bitte nie, bei alldem, was ich dir erzähle, Paul: Ich bin der bösartigste Mensch, der mir je begegnet ist!"

3. RAUS AUS DER REPUBLIK!

„Und was hast du dann gemacht, als du zum zweiten Male aus dem Gefängnis kamst?", fragt Paul. „Da habe ich in etwa das erlebt, was du gerade bei deinen Eltern mitgemacht hast!", sagt Torsten Hartung. „Als ich 1982 wieder rauskam, hatte ich keinen Ort, an den ich hätte gehen können. Vom Knast aus war es natürlich eine Perspektive, ‚rauszukommen'. Aber was dann? Ich bin halt mit dem Zug losgefahren, nach Schwerin. Meine Eltern hatten in dieser Zeit gerade ihr neues Haus fertig gebaut. Im Knast haben sie mich übrigens nicht ein einziges Mal besucht. Was blieb mir anderes übrig – vom Bahnhof aus bin ich mit meinem Pappkoffer zu denen hingestiefelt."

Irgendwann stand Torsten Hartung also wieder bei seinem Vater und seiner Mutter vor der Tür und klingelte. Als er nach Hause kam, war gerade Abendbrotzeit.

Sein Vater öffnete, aber der Begrüßung fehlte jede Herzlichkeit. Es war schnell klar, er war unerwünscht.

Und bereits nach wenigen Stunden wurden die Eltern deutlich: „Höchstens einen Monat kannst du hierbleiben. Dann verschwindest du, klar?"

Kann Paul sich vorstellen, was da in Torsten abgegangen ist?

Paul nickt. Die Situation hat er gerade hinter sich. Und deshalb ist er auch so froh, bei Torsten Hartung und seiner Frau Claudia Unterkunft und Anschluss gefunden zu haben. Doch Hartung hat keine andere Chance, muss sich dem Willen seiner Eltern beugen. Und, klar, er hat auch wirklich schon viel vermasselt.

Als Erstes braucht er einen Job. Anfangs arbeitet er als Dachdecker, dann als Kohlenträger. Eine harte Arbeit. Man muss mit einem 50-Kilo-Sack voller Kohlen auf dem Buckel tief gebeugt durch niedrige Keller laufen, sich in Kellernischen ducken, dann abladen und noch mal von vorn das Gleiche. Von früh bis spät rackert er sich ab. Er macht es, weil er das Geld dringend braucht. Und seine Vorgesetzten kriegen mit, dass Torsten nicht nur fleißig, sondern offensichtlich auch ein heller Junge ist. Er darf schließlich den Kohlenbagger bedienen, mit dem der Brennstoff in die Aufsackmaschine gefüllt wird. Als er sich auch dort bewährt, wird er gefragt, ob er sich zutrauen würde, einen Brückenkran zu bedienen. Hartung sagt Ja.

*

Eine wackelige Stabilität scheint sich zu entwickeln. „Ich war damals halbwegs auf der Spur, prügelte mich nicht mehr als nötig. Alkohol war nach meinem Erlebnis zum 18. Geburtstag sowieso nicht mein Ding – kurzum, ich versuchte mich wieder in der Gesellschaft zurechtzufinden", erzählt Hartung. Dabei schaut er nachdenklich. „Doch wenn ich wirklich dazu bereit gewesen wäre, dann hätte ich die größte Chance, die mir das Leben dazu geboten hat, auch wirklich ergriffen!" Paul schaut ihn fragend an. „Die größte Chance? Welche war das denn?"

„Das war eine Frau. Meine wirklich große Liebe. Sie hieß Antje", sagt Torsten. „Ich habe auch sie verraten."

*

August 1983. Tagsüber malocht Torsten Hartung in seiner Kohlenhandlung, am Wochenende geht es mit ein paar Kumpels zusammen an die Strände der Ostsee. Einige Bierchen, ein bisschen schwimmen, es sich gut gehen lassen. Bei einem seiner Ausflüge begegnet Torsten einem schmalen, blonden Mädchen namens Antje. Sie ist neunzehn, wohnt noch bei ihren Eltern in Chemnitz und arbeitet als Drogistin. An der Ostsee verbringt sie zusammen mit ihrer Familie den Sommerurlaub. Antje gefällt ihm sehr. Und er ihr.

Torsten schämt sich wegen seines Jobs, wegen seiner Ausbildung, wegen seiner Eltern und natürlich der Zeit im Knast. Deshalb steht schon am Anfang der Beziehung, beim ersten Kennenlernen der Eltern, ein Betrug: „Ich erzählte ihr und ihren Eltern, dass mein Vater Arzt sei. Denn sie hatte nette Eltern, kam aus einem gutbürgerlichen Haus!" Torsten ist bei Antje und ihren Eltern wohlgelitten. Denn er ist gewandt, hat durchaus vorzeigbare Manieren, weiß sich in Szene zu setzen und kann sich gut ausdrücken. Mit Antje geschieht das, was man als „Liebe auf den ersten Blick" bezeichnet: Die beiden vergucken sich über „beide Ohren" ineinander. Antje ist überzeugt: Sie hat den richtigen Mann fürs Leben gefunden.

Und sie ist eine junge Frau der Tat, die nicht lange fackelt: „Noch in ihrem Sommerurlaub stellte sie mir die Frage, ob ich mit ihr nach Chemnitz ziehen und mit ihr zusammen ein neues Leben beginnen will!" Paul ist erstaunt ob des Tempos, in dem sich diese Beziehung entwickelt. Doch Torsten winkt ab: „Was hatte ich denn in Schwerin zu verlieren? Eltern, die mich nicht wollten. Einen Drecksjob als Kohlenbaggerführer. Keine Beziehung. Und keine echten Freunde!" Der Aufbruch nach Chemnitz, das damals noch Karl-Marx-Stadt hieß, fällt ihm leicht. Die beiden jungen Leute kennen sich zu diesem Zeitpunkt genau seit drei Wochenenden.

*

Mit einer Reisetasche und einer Gitarre, die Torsten seiner Freundin Antje als Geschenk kauft, zieht er im September 1983 nach Chemnitz. Eine eigene Wohnung ist noch nicht in Sicht. Dazu ist der Wohnraummangel in der DDR einfach zu groß. Deshalb leben die beiden ein ganzes Jahr zusammen mit ihren Eltern unter einem Dach. Solch ein enges Aufeinanderhocken bietet natürlich Potenzial, miteinander Krach zu bekommen. Besonders entzündet sich der Streit an der Besserwisserei, die

Antjes Vater und Torsten beide perfekt beherrschen. Als im Fernsehen eine Sendung über den Gepard läuft, bemerkt der Vater beiläufig: „Das ist das schnellste Landraubtier, es läuft 80 Stundenkilometer." Natürlich muss es Torsten besser wissen: Er korrigiert die Aussage und sagt: „Der Gepard läuft 100 Stundenkilometer schnell." So was bringt nicht unbedingt gute Stimmung.

Weitaus schwieriger ist aber die Lebensbeichte, die Torsten noch vor sich hat. Schließlich muss er irgendwann einmal damit herausrücken, was es mit seinem Leben und seiner Familie auf sich hat. Schließlich muss er ja mal eingestehen, dass sein Vater kein Arzt ist. Und was er schon alles selbst auf dem Kerbholz hat. Nach vier Monaten traut er sich endlich, gegenüber Antje und ihren Eltern die Karten auf den Tisch zu legen. Eines Abends beginnt Torsten Hartung das Gespräch Antje gegenüber mit dem Satz: „Liebling, ich muss dir etwas sagen. Ich war im Knast!" Und dann offenbart er sich auch ihren Eltern.

*

„Und: Wie haben sie darauf reagiert?", will Paul wissen. „Haben Sie dich rausgeschmissen?" Torsten schüttelt den Kopf. „Mit so was hatte ich eigentlich gerechnet", sagt er, „aber es kam alles ganz anders. Die Eltern waren überhaupt nicht geschockt, machten keinen Rückzieher. Im Gegenteil: Sie zeigten Verständnis, fragten nach – das war für mich ein Zeichen ungeheurer Wertschätzung. So was hatte ich zuvor noch nie von jemandem erfahren!" – „Du musst an diesem Tag ziemlich glücklich gewesen sein, oder?", fragt Paul. Torsten zögert, bevor er antwortet: „Eigentlich hätte ich das sein müssen." Er schweigt einen Moment. „Aber selbst für Antje konnte ich das Böse in mir nicht unterdrücken!"

Ja, es gab weniger Prügeleien als in den Jahren zuvor. Ja, Torsten bemühte sich um einen bürgerlichen Beruf, den er wieder als Dachdecker ausübte. Ja, er blieb gegenüber der Polizei weitgehend unauffällig. Doch ein Verhaltensmuster vermochte er nicht abzustreifen: Seine Verachtung gegenüber Frauen, die sich in seinen wechselnden Liebschaften zu anderen Frauen manifestierte.

Paul nimmt das Foto von Antje in die Hand, das Torsten ihm reicht. Es zeigt ein strahlendes, schlankes, blondes Mädchen, das gewinnend in die Kamera lacht.

„Was willst du denn mehr?", fragt Paul irritiert. „Wenn dich so eine Frau liebt, warum solltest du dann noch eine andere brauchen?"

Torsten pfeift kurz durch die Zähne: „Das habe ich, ehrlich gesagt, eine lange Zeit selber nicht verstanden. Oder, noch klarer gesagt: Ich habe mir überhaupt keinen einzigen Gedanken darum gemacht." Doch er weiß, dass es eine Begründung gibt. In den langen Jahren seiner Haft nach dem endgültigen Absturz ins Verbrechen hatte er Zeit und Gelegenheit, sich über sein Verhalten klarer zu werden. „Heute weiß ich: Ich habe die Frauen, mit denen ich geschlafen habe, immer wieder wie eine heiße Kartoffel fallen lassen, weil ich keine richtigen Beziehungen eingehen konnte. Und ich habe sie benutzt, bewusst enttäuscht, sie mit meinem Verhalten gedemütigt, weil die erste Frau in meinem Leben, meine Mutter, mich auch gedemütigt hat! Erst spät habe ich das wirklich erkannt – wie sehr meine Seele durch das alles verletzt war."

Immer wieder verfällt er ins gleiche Muster, „reißt" neue Frauen auf und lebt so seine persönliche Rache an seiner Mutter aus. Antje, die ihn doch so herzlich, so liebevoll und vertrauensvoll begehrt, leidet darunter – und er eigentlich auch. Es ist das Muster eines verletzten Kindes, das Torsten Hartung bei seinen Streifzügen in den Straßen von Chemnitz auslebt.

„Damals war mir das gar nicht klar. Für mich galt nur: Ich sehe eine, die ist hübsch, die greife ich mir." Seine Fremdgängerei bleibt nicht unentdeckt. Und Torsten weiß auch: „Das hat Antje sehr verletzt, es gab viele Tränen."

Paul ist jetzt fast ein wenig sauer auf Torsten. „Und?", fragt er. „Hast du wenigstens darauf mal reagiert? Das kann man doch so nicht machen. Hast du dich wenigstens einmal gefragt, was du da alles anstellst und mit den Gefühlen einer schönen jungen Frau, die dich liebt, machst?" Fast anklagend ist Pauls Stimme geworden, so sehr nimmt ihn die Erzählung von Torsten mit.

„Nein!", sagt Torsten schlicht. „Es ist mir damals überhaupt nicht aufgefallen, es ist bei mir noch nicht einmal ins Bewusstsein durchgedrungen, was ich da für Schweinereien mache!", gesteht Torsten. Sein Blick scheint um Verständnis zu werben: „Damals war das alles bei mir emotionales Ödland, Wüste, tot. Ich hatte noch kein Stück dazugelernt, wie es ist, Menschen zu lieben – und von ihnen geliebt zu werden. Dazu musste ich erst noch viel tiefer fallen."

*

Trotz aller Verletzungen – Antje hält zu Torsten. Die beiden schaffen es sogar, sich eine eigene „Zweiraumwohnung" einzurichten. Eine bescheidene Beschaulichkeit zieht in Torsten Hartungs Leben ein. Tagsüber schafft er auf dem Bau, am Abend gehen Antje und er aus, treffen Freunde, essen bei den Eltern oder kuscheln sich zu Hause ein. Sogar in den Urlaub fahren die beiden – doch stoßen sie bald schon wieder auf jene Grenzen, die Hartung aufbegehren lassen.

Beide arbeiten viel, sparen eine ganze Menge an Ostmark an. Ihr gemeinsamer Traum ist ein Urlaub im Süden. Die Ostsee ist sicherlich schön und gut, immerhin haben sie sich dort kennen- und lieben gelernt, aber das Wasser ist ziemlich kühl, der Wind manchmal frisch und Palmen gibt's dort auch nicht. Und ewig Soljanka und Goldbroiler mit Sättigungsbeilage im Urlaub muss auch nicht sein. Kurzum: Antje und Torsten wollen mal was anderes sehen. Das müsste doch drin sein, oder?

Über Jugendtourist beantragen die beiden eine Reise nach

Bulgarien, an den goldenen Strand des Schwarzen Meeres. Dort ist ja schon Süden. Auch eine solche Reise zu den sozialistischen Brüdern des damaligen Ostblocks muss, wie jede Auslandsreise, beantragt und genehmigt werden. Als die beiden ihre Bescheide erhalten, fällt Torsten die Kinnlade herunter: Antjes Antrag ist genehmigt, seiner nicht. Die Begründung lautet lapidar: Aufgrund seiner Vorstrafen könne seinem Antrag auf Gewährung einer Auslandsreise nicht entsprochen werden.

*

Torsten klingt heute noch empört, wenn er Paul von diesem Vorfall erzählt: „Ich tobte und sagte mir: Diese Schweine, ich rackere mir hier die ganze Zeit die Seele aus dem Leib, und die lassen mich noch nicht mal in Urlaub fahren, wohin ich gerne möchte!"

Sein Zorn treibt ihn wie wild an. Der Plan ist schnell gefasst: Er will raus aus diesem miefigen Land, raus aus dem Korsett willkürlicher Vorschriften und Reisebeschränkungen, raus aus der Republik, die siebzehn Millionen Bürger hinter Mauern und Stacheldraht einsperrt, damit sie nicht ihrem eigenen Land den Rücken kehren. „Ich sagte zu Antje: Wir gehen in den Westen. Aber sie antwortete: Ich kann das nicht, ich kann nicht meine Eltern hier zurücklassen!"

„Und – was hast du dann gemacht?", fragt Paul. Er ahnt schon, dass so einer wie Torsten nicht so schnell die Flinte ins Korn wirft. Natürlich ist er zu jung, um die DDR und ihr Zwangssystem noch aus eigener Anschauung zu kennen.

Torsten spricht auch gleich weiter: „Am Anfang haben wir uns einfach nur überlegt: Wie kriegen wir das hin, in den Westen zu kommen, ohne dass wir geschnappt werden? Und von vornherein war klar: Irgendein illegaler Grenzübertritt war viel zu gefährlich. „Die Jungs an der Grenze schossen stets zuerst und fragten dann erst nach", sagt Hartung. „Ein

Selbstmordkommando wollte ich nun wirklich nicht machen!" Er schmiedet einen anderen Plan: Hartung will verhaftet werden. Deshalb schreibt er einen Brief an Bundeskanzler Kohl, wohl wissend, dass die Staatssicherheit jede Zeile doppelt aufmerksam lesen wird. Das soll sie schließlich auch. Denn Hartung will ganz offiziell ein Republikflüchtling werden, von dem man auch schon im Westen Kenntnis hat. So schreibt er dem Bundeskanzler Kohl, wie schlimm es in der DDR zugeht und dass er unbedingt in den Westen möchte. Eine Antwort bekommt er nie, aber die Kontaktaufnahme soll später seine Chancen für einen Häftlingsfreikauf durch die Bundesrepublik Deutschland erhöhen.

*

Torsten Hartung lächelt, wenn er an die Vorbereitung der Aktion denkt. „Mein Plan war es, mich irgendwo vor der Grenze gefangen nehmen zu lassen. Wir wussten: Die Politischen kriegen ein Jahr in Bautzen und werden dann fast alle von der BRD freigekauft oder dorthin abgeschoben. Ich wollte das machen, ohne Antje in Gefahr zu bringen. Deshalb haben wir uns ein paar Wochen, bevor wir die Aktion starteten, offiziell getrennt. Antje zog pro forma wieder zurück zu ihren Eltern."

Dann, nach wochenlanger Vorbereitung, geht es eines Abends im Sommer 1985 wirklich los: Hartung verstaut eine Karte, Seitenschneider, Taschenlampe und Kompass in einem Rucksack und fährt mit dem Zug nach Plauen im Vogtland, das im Dreiländereck liegt. Von dort aus macht er sich zu Fuß auf den Weg in Richtung Sperrgebiet und Grenze. Am Abend erreicht er die erste Grenzsicherung. Weiter geht er nicht: „Ich wollte ja keinesfalls erschossen werden!" So kauert er sich hinter einen Busch und wartet, was wohl geschehen wird. Nach zwei Stunden hört er eine Streife, ein Hund schlägt an, stellt Hartung in seinem Versteck. Mit der Kalaschnikow im Anschlag scheuchen ihn die Volkspolizisten auf, herrschen ihn an: „Was machen Sie hier?"

„Und was hast du geantwortet?" Paul knetet vor Aufregung seine Hände, bis die Knöchel weiß hervortreten. Das ist ja ein echter Krimi!

Torsten lacht: „Ich sagte: Nach Prag will ich sicherlich nicht! Dann haben sie mich durchsucht, mit Handschellen gefesselt und abgeführt!" Es geht zurück nach Chemnitz vor Gericht. Als versuchter Republikflüchtling kassiert Torsten eine Strafe von fünfzehn Monaten und wird gleich eingelocht.

Antje besucht ihn mit ihrem Vater im Chemnitzer Gefängnis. Doch bereits nach wenigen Tagen wird Torsten zu den anderen „Politischen" nach Cottbus verlegt. Die beiden schreiben sich, so oft sie dürfen, Briefe. Dann versuchen Beamte der Staatssicherheit, den Kontakt zu unterbinden. Hartung lässt sich das nicht gefallen: „Das dürft ihr nicht. Ich gehe in den Hungerstreik!"

*

Das System in Cottbus ist Torsten klar: Man sperrt sogenannte „Politische" mit Kriminellen zusammen, ganz harten Hunden, Gewalttätern, Schlägern, Dieben, Betrügern – so sollen die politischen Gefangenen gebrochen werden. Hartung kennt im Gegensatz zu den meisten politischen Gefangenen, die hier zum ersten Male einrücken, das System. Und er kann damit umgehen.

Er weiß: Wer aufmuckt, kommt in Einzelhaft. Dabei gibt es als besondere Verschärfung den *Tigerkäfig*, eine Zelle in der Zelle, in der man sich nicht ausstrecken und hinlegen kann. Wer in Hungerstreik geht, wandert automatisch in diese verschärfte Form von Behandlung. Torsten Hartung kämpft um den Kontakt zu seiner Antje, um die Erlaubnis, ihr schreiben zu dürfen,

Briefe von ihr empfangen zu können. Dafür sitzt er im Tigerkäfig und lehnt jede Form von Nahrungsaufnahme ab, bis ihm die Gefangenenwärter den Kontakt zu Antje wieder erlauben.

Die Staatssicherheit ist durchaus alarmiert: Die „Politischen" werden nämlich im Ausland argwöhnisch im Auge behalten, vor allem in der Bundesrepublik. Nicht umsonst hat der Gefangene Hartung vor seiner Republikflucht die Öffentlichkeit gesucht, indem er ein Schreiben an Bundeskanzler Kohl richtete. Man weiß in Bonn: Hartung sitzt nun als gestrandeter Republikflüchtling in Cottbus. Da will die Stasi nicht riskieren, dass sich der Verurteilte durch Nahrungsverweigerung umbringt. So was kommt nicht gut. Zudem hat Torsten Hartung auch Kontakt zu einer Menschenrechtsorganisation bekommen, die ihn im Blick behält.

Also versucht man es mit Tricks, Hartung gefügig zu machen. Das Essen, in diesem Fall ausnahmsweise appetitanregend serviert, wird ihm vor seinen Tigerkäfig gestellt: Duft und Geschmack sollen ihm das Wasser im Munde zusammenlaufen lassen. Doch Hartung winkt ab. Solche Tricks reichen ihm nicht aus, seinen Plan fallen zu lassen. Er ist hart genug, um diszipliniert zu bleiben.

Aber auch die Stasibeamten bleiben hartnäckig: Jeden Tag kommt extra einer bei Hartung vorbei, um ihn mit Drohungen und Versprechungen von seinem Hungerstreik abzubringen. Einer von ihnen ist besonders widerlich, droht besonders perfide. Hartung möge doch bitte auch mal das Wohl seiner süßen Antje da draußen im Auge behalten. Grinsend steht der Stasi-Mann in der Zelle neben dem Hungerstreikhäftling.

Er übersieht dabei zwei Dinge. Erstens: Mit Torsten Hartung legt man sich nicht an. Zweitens: Torsten Hartung mag im Hungerstreik sein – aber er ist immer noch so zäh und gefährlich wie ein Puma.

Der Stasimann macht noch einen Fehler, den er bereuen wird: Nachdem er Hartung routinemäßig beschimpft und bedroht hat, verlässt er die Zelle. Aber er hat in diesem Moment den Gefangenen einen Moment aus den Augen gelassen.

Das ist Hartungs Chance. Er rappelt sich auf, schüttelt sich kurz, sortiert seine Muskeln durch – und stürmt durch die Zellentür hinter seinem Peiniger her auf den Gang. Er hat Glück, es kommt ihm kein Wachhabender entgegen. Entsetzt bemerkt der Stasimann, dass Hartung ihm auf den Fersen ist, und beginnt wie ein Wahnsinniger zu rennen, um sich in die Stationsstube zu retten. Doch bevor er dort hinter sich die Tür schließen und den Alarm auslösen kann, ist Torsten Hartung neben ihm, packt ihn mit eiserner Faust, zieht ihn am Kragen über den Schreibtisch nach oben – und schüttelt ihn wie eine Ratte.

*

Paul steht der Mund offen: „Du hast im Knast einen Stasimann angegriffen? Bist du wahnsinnig?"

„Der Mann hat einen Fehler gemacht und ich habe meine Chance einfach genutzt. Ob ich dafür bestraft werde, war mir in diesem Moment total egal. Ich hatte nicht viel zu verlieren", antwortet Torsten mit starrem Blick. „Aber vor allem weiß ich, wie man mit jemandem umgehen muss, der einen hilflosen Menschen bedroht. Und der vor allem denjenigen bedroht, den ich liebe." Torsten, so scheint es, sonnt sich in diesem Augenblick für einen kurzen Moment in der Bewunderung von Paul. Wenn einer weiß, was es für Folgen haben kann, wenn ein Gefängnisinsasse im Knast es wagt, einen Wärter anzugreifen, dann weiß es Paul. Er selbst ist ja gerade erst ein paar Tage draußen.

„Ich war einfach in diesem Moment außer mir vor Wut auf diesen Sadisten! Und das musste er spüren!" Torstens Vorgehen folgt, so tollkühn es klingt, einem klar berechneten Plan. Mit kühlem Kopf kann sich der Gefangene ausmalen, dass die Stasi wirklich versuchen könnte, über die Bedrohung von Antje Druck auf ihn auszuüben. Im Würgegriff hält Torsten Hartung gerade auf Unterarmlänge einen der Schergen des Regimes, die eine solche Schweinerei bedenkenlos ausführen würden, weil sie zu ihren täglichen Übungen gehört.

Hartung weiß auch: Dem System kann er keine Angst machen, da es sich selbst auf Terror stützt. Aber den einzelnen kleinen Mitläufer, den feigen Stasischergen vor sich: Den kann er jetzt aushebeln. Und zwar dadurch, dass er ihm Angst macht, richtige Angst, ganz persönlich, von Angesicht zu Angesicht.

„Und", fragt Paul, begierig zu erfahren, wie die Geschichte weitergeht, „hast du ihm dann eine aufs Maul gegeben?"

„Nein!", sagt Torsten. Paul schaut bei dieser Antwort fast enttäuscht drein. Wie schön wäre es doch zu hören, dass im Kampf David gegen Goliath, im Kampf von Hungerstreikhäftling Torsten Hartung gegen die übermächtige Staatsgewalt der DDR Letzterer ein paar Zähne ausgeknickt worden wären!

„Was hast du denn dann gemacht?" Paul ist noch nicht zufrieden.

„Ich habe dem Knaben ganz einfach etwas gesagt", berichtet Torsten. „Ich habe ihn noch näher an mein Gesicht herangezogen, in seine panischen Augen geschaut und ihm mit ruhiger Stimme gesagt: ‚Ich weiß nicht, ob ich jemals aus diesem Land ausreisen werde. Aber es ist völlig egal, ob ich ausreise oder hierbleibe – wichtig ist nur: Ich habe mir dein Gesicht gemerkt. Und ich werde dich finden!'" Dann schubst Hartung den entgeisterten Stasibüttel auf den Stuhl hinter den Schreibtisch zurück, dreht sich grußlos um und geht langsam und ohne Hast zu seiner Zelle zurück.

Die Tür zieht er selbst hinter sich zu.

*

Atemlos hat Paul dieser Erzählung gelauscht. Der Mann, der vor ihm in diesem kuscheligen Zimmer sitzt, hat ihm gerade erzählt, wie er es ganz allein, noch dazu in der brenzligen Lage eines Gefangenen, mit einem Mitarbeiter der Staatssicherheit aufgenommen hat.

„Was geschah dann?", will Paul wissen. „Haben sie sich auf dich gestürzt und vermöbelt?" Er weiß: Im DDR-Knast war eine solche Sonderbehandlung durchaus üblich. Auch Torsten kennt das, der sogenannte „Rote Terror" war während seiner Haft allgegenwärtig. Von Mitgefangenen hört er von Scheinhinrichtungen, um andere Gefangene gefügig zu machen und zu einer Aussage zu erpressen. Doch Hartung?

„Nix da!" Torsten lächelt. „Dem Stasikerl saß der Schreck offensichtlich so in den Knochen, dass man mich ab diesem Zeitpunkt komplett in Ruhe gelassen hat." Im Gegenteil, man macht sich plötzlich ernsthaft Sorgen um das Wohlergehen des Hungerstreikenden. Hartung wird nach fünf Tagen in die Haftanstalt nach Brandenburg verlegt. Dort wird er wiederum gefragt, ob er nicht seine Aktion abbrechen will. Seine Antwort ist vorhersehbar: Nur wenn man ihm vorher versichert, dass er den Kontakt mit Antje ungestört halten könne, wird er es tun. Darin willigen die Stasileute ein. Hartung wird anschließend zwei Wochen lang medizinisch aufgepäppelt.

Der Empfang unter den Mitgefangenen ist herzlich. Es gibt dort einen Brauch: Wenn ein Gefangener aus der Einzelhaft in die normale Haft zurückkam, wurden ihm drei Monate Geldsperre aufgebrummt – das bedeutet: Kein Geld für Tabak oder Seife zu kriegen. Wenn nun einer aus der Einzelhaft kam, ging ein anderer Gefangener mit seinem Käppi bei den übrigen Insassen vorbei. Fast jeder der Leidensgenossen tat etwas Geld hinein, sodass der Zurückkommende seine dreimonatige Sperre leichter ertragen konnte. Auch Hartung wird so über Wasser gehalten.

*

Überhaupt ist der Knast in Cottbus in gewisser Weise ein Kuriosum. Da hier viele überzeugte Regimekritiker einsitzen, ist das ideologische Bewusstsein ganz anders als in solchen Strafanstalten, in denen „nur" Kriminelle einsitzen. Cottbus dient, wie viele Gefängnisse, als billiger Produktionsstandort für Exportprodukte. Produziert werden hier zu der Zeit, in der Hartung einsitzt, vor allem Kamerateile.

„Wie war denn die Arbeit dort?", will Paul wissen.

Torsten erzählt von den Tricks und Kniffen der Häftlinge: „Keiner von uns hatte ja Interesse, für einen Hungerlohn von ein paar Ostpfennigen dem Regime Deviseneinnahmen zu beschaffen", erklärt er. „Deshalb stand die Kunst der Sabotage hoch im Kurs."

Also gab es Experten, die zum Beispiel für Kurzschlüsse und Stromausfälle sorgten – ohne Strom standen alle Maschinen und Montagebänder still. Dann gab es andere Könner, die heimlich die Maße der Stanzen verstellten und somit tagelang nur Ausschussware für die Rahmen der Kameras produzierten. Eine dritte Gruppe waren diejenigen, die schon vorgearbeitete Rohlinge in unbekannten Hohlräumen der Werkstatt verschwinden ließen, um sie am nächsten Tag unbemerkt wieder hervorzuholen und zu behaupten: Man habe wieder mal alle Hände voll zu tun – das alles müsse ja schließlich noch fertig gemacht werden, bevor man überhaupt an eine neue Partie Aufträge denken könne ... Und natürlich stimmten auch die von den Aufsehern erfassten Mengen auf diese Art und Weise nie.

„Wir Häftlinge haben jeden Tag von Neuem sabotiert, verzögert, verschleppt und kräftig Ausschuss produziert – es war eine wahre Wonne!" Spitzbübisch schaut Torsten drein, als er von den Heldentaten der Gefangenen berichtet. Und er fügt an: „Eigentlich hätte die Stasi den Boden küssen müssen, als sie uns wieder entlassen mussten – denn viel Freude hatten die an uns ganz bestimmt nicht!"

*

Halbwegs unbeschadet überstehen Antje und Torsten die Haftzeit. Ihre Verbindung scheint in dieser Zeit noch gewachsen zu sein. Torsten bezieht nach seiner Entlassung aus dem Knast am 22. Oktober 1987 eine kleine Bude in Chemnitz, die ihm von der Stadtverwaltung zugewiesen wird. Wegen seines Ausreiseantrags wird er erneut mehrfach vorgeladen. Er möge sich das doch bitte nochmals durch den Kopf gehen lassen und den Antrag zurückziehen, lautet die Botschaft all dieser Gespräche.

Aber für Torsten Hartung gibt es in diesem Staat nichts mehr zu überlegen. Er will raus, mehr denn je. Dazu benutzt er einen Bluff. Er verweist die Behörden auf seine guten Kontakte zu Amnesty International und zum ZDF. Da sei was in Vorbereitung im Fernsehen ... wäre doch schade, wenn ausgerechnet die netten Beamten von der Chemnitzer Dienststelle in Verruf kommen würden ...

Hartung gewinnt. Nach vierzehn Tagen erhält er die Nachricht: „Sie haben 48 Stunden Zeit auszureisen. Hier ist eine Liste von dem, was Sie noch zu tun haben."

Es ist der 1. März 1988.

*

Zwei Tage später besteigt Hartung, versehen mit den Papieren zur Ausreise aus der Deutschen Demokratischen Republik in die BRD, den Interzonenzug nach Gießen. Er hat einen Koffer und eine Reisetasche bei sich. Alles andere hat er Antje gegeben, an Freunde verschenkt, zurückgelassen. Zurück lässt er auch seine Staatsbürgerschaft. Sie wird ihm von den Behörden automatisch genommen, sobald er die DDR verlässt.

Sein erstes Ziel ist das zentrale Aufnahmelager für Aussiedler in Gießen. Dort trifft er Martin, einen Kumpel aus dem Knast. Ausgestattet mit einem nagelneuen Pass und damit der Staatsbürgerschaft der Bundesrepublik Deutschland sowie dreihundert Mark Übergangsgeld machen die beiden sich mit einem

Flieger von Hannover aus auf den Weg nach Berlin-West. Torstens Plan ist ebenso einfach wie effizient: Rasch einen Job finden, viel Geld verdienen, eine hübsche Wohnung anmieten und so schnell wie möglich Antje nachholen.

Dank seiner Ausbildung als Dachdecker findet Hartung in Westberlin sofort einen gut bezahlten Job. Das Einzige, woran er sich gewöhnen muss, sind die neuen Materialien, die hier im Westen auf dem Bau verwendet werden. Doch er lernt schnell. Und er will noch schneller sein: Nach acht oder zehn Stunden auf dem Bau kellnert er noch des Abends auf der Berliner Trabrennbahn. Der Einsatz zeigt Erfolg. Nach einem Monat hat er sein erstes gebrauchtes Auto zusammengespart, einen alten Dreier-BMW. Und eine hübsche Wohnung hat er auch gefunden.

Jetzt ist es Zeit: Antje kann kommen.

Beruflich stellt er im September 1990 eine Weiche, indem er sich für die Meisterschule anmeldet.

Aber er packt es nicht. Es scheitert an seinem mangelndem Verständnis für Mathematik. Bereits im Februar 1991 bricht er die Schule ab. Ein Tiefschlag.

4. DER PAKT MIT DEM TEUFEL

Das Feuer im Kaminofen ist mittlerweile zum zweiten Mal heruntergebrannt. Der Ofen glüht. Rotes Licht erfüllt den in einem warmen Grün gestrichenen Raum mit seinen breiten abgeschliffenen, lackierten Holzdielen. Paul hat sich in die Couch eingegraben. Sein Körper vertraut sich dem Raum an. Er ist nicht mehr auf der Flucht, sitzt nicht mehr in der Position des stets Lauernden. Er lauscht der Geschichte, tief berührt von dem, was sein Gegenüber sagt. Die Geschichte, die er hört, zeigt so viele Züge von dem, was sein eigenes Leben bislang ausgemacht hat. Sein Gesicht zeigt Spannung, Neugierde. Wie wird diese Erzählung weitergehen?

*

Torsten weiß: Jetzt zählt nur noch eines – die ganze Wahrheit. Wie oft hat er sich Gedanken darüber gemacht, was da wirklich passiert ist mit ihm in jenen Wochen im Winter 1991? Was passiert war nach jenem gescheiterten Anlauf, die Meisterprüfung zu machen, nachdem er nun 14 000 DM Schulden, die er bei seinem Betrieb, der diese Meisterprüfung vorfinanzierte, hatte. Dem Zerwürfnis mit seiner Freundin, den ganzen gescheiterten Hoffnungen: Was war damals geschehen?

*

Auch die Beziehung mit Antje war am Ende. Er hatte sie so oft mit anderen Frauen betrogen, ihr die abenteuerlichsten Geschichten erzählt, sie von hinten bis vorne belogen. Und sie hatte es natürlich gemerkt. Sie hatte darunter gelitten, dass er sich mit anderen traf und sich zwischenzeitlich auch keine Mühe mehr gab, die Spuren seines Treibens zu verwischen. Er konnte einfach, das wusste er aber erst Jahre später, keine richtige Bindung eingehen. Nun zog Antje den Schlussstrich.

Eines Tages sagte sie: „Ich kann nicht mehr, wir müssen uns trennen."

Sie wohnten noch zusammen – aber die Beziehung war vorbei. Er ging ein und aus und sagte ihr nicht einmal mehr, wohin.

Torsten weiß: Hier liegt der zentrale Wendepunkt in seinem Leben. Es ist der Beginn einer hemmungslosen Skrupellosigkeit, seines abgrundtiefen Hasses und einer Brutalität, die viele Menschen noch heute in Erstaunen versetzt, wenn er davon erzählt. Ja, er selbst fragt sich heute noch manchmal: Wie konnte mir das passieren?

Doch halt! Diese Frage stellt er sich eigentlich schon lange nicht mehr. Denn Torsten weiß: Er hat diese Brutalität von Grund an in sich. Wirklich von Kindheit an. Diese Radikalität auch im Umgang mit sich selbst. Kein Pardon. „Wenn du mich besiegen willst, musst du mich töten …" Der Satz, den er schon als Jugendlicher zu seinen Gegenspielern aus der anderen Clique gesagt hat, gilt auch für seine Entscheidung im November 1991, als er beschließt, alles auf eine Karte zu setzen.

Doch wie kann man das einem jungen Mann erklären, der gerade zum ersten Mal Blödsinn gemacht hat? Der vielleicht gerade noch aus Schlimmerem herauskommen kann? Denn nur darum ist Paul hier.

*

„Hast du schon mal in der Bibel gelesen?" Torstens Frage prallt unvermutet auf Pauls verträumten Blick in das rot glühende Holz des Kaminofens. „Ich … äh … Bibel … eigentlich … nicht so richtig." Paul ist irritiert, gerät ins Stammeln. Kommt jetzt vielleicht die große Bekehrungsnummer? Darauf hat er aber nun gar keinen Bock! Seine Wangen färben sich rot vor Unsicherheit.

Torsten scheint diese Reaktion zu erwarten. Bevor Paul sie richtig in Worte fassen kann, kommt Torsten ihm zuvor. „Ja, die Bibel. Du solltest wenigstens die ersten Seiten lesen. Die Schöpfungsgeschichte, Adam und Eva." Torsten lässt Paul Zeit.

„Ja ... klar, das kenn ich, das mit den sieben Tagen ... das mit dem Sonntag – und irgendwie, dass Gott sah, dass es gut war ... meinst du das?" Pauls Blick begegnet dem von Torsten, dann schaut er nach unten. Er fühlt sich fast wie in einer Schulprüfung.

Torsten nickt ihm zu, ermutigt ihn. „Ja, die tolle erste Story mit der Erschaffung der Welt, der Geschichte vom Paradies – und auch die mit dem Apfel."

Moment, wie war das noch mit dem Apfel? Paul grübelt, ihm dämmert etwas. In der Schule haben sie so was nicht gehabt. Seine Mutter war nie mit ihm in einer Kirche, ist auch selbst gar nicht in dem Verein gewesen. Und seinen Vater hat er nie näher gekannt. Aber Oma, die hat ihm ab und zu solche Geschichten erzählt – damals, mit den Bilderbüchern, wenn er auf ihren Knien saß und er sich ab und zu mal wirklich wohlfühlte. Die Geschichte vom Apfel und der Schlange. Schnee von gestern. Bibelmärchen.

*

„Das ist kein Märchen!", sagt Torsten in das Schweigen hinein. „Das ist Wahrheit. Denn das ist auch ein Teil meiner Geschichte!"

Paul schluckt. Der kraftvolle, bestimmte, überlegene, hagere Mann, der auf der gemütlichen Couch neben ihm hockt, will ihm was von Adam und Eva erzählen? Paul muss ein Lachen unterdrücken. Doch sein Respekt vor Torsten hält ihn zurück. Aber er muss ihn dennoch fragen, was das Ganze bedeuten soll:

„Entschuldige, Torsten, aber warum kommst du mir mit Adam und Eva und dem Apfel und der Schlange? Das ist doch Kinderkram!"

„Eben nicht!", sagt Torsten und sein Gesicht wird kantig dabei. „Genau das hatte ich auch immer gedacht. Bis zu diesem Dezember 1990. Doch dann geschah etwas so Dramatisches in meinem Leben, dass ich bis heute sagen muss: Wenn in dieser Geschichte aus der Bibel ein Satz steht wie: ‚Ihr werdet sein sie Gott, wissend das Gute und das Böse!', dann ist dieser Satz auf jeden Fall wahr!"

Mit einem Ruck setzt sich Torsten zurück. Paul nimmt die heftige Bewegung wahr. Was regt diesen Mann, der doch offensichtlich so in sich ruht, plötzlich dermaßen auf?

Es muss eine Begegnung mit sich selbst gewesen sein, die diesen Mann bis ins Mark erschüttert hat. Torsten beschreibt sie so: „Ich hatte damals vieles versucht, ohne in meinem Leben wirklich weiterzukommen. Ich war zwischen dem bösen Erleben meiner Kindheit und Jugend und den vielen Chancen, dem zu entkommen, hin und her gependelt. Hatte versucht mich selbst zu finden in meiner Ausbildung zum Dachdecker, dem Ziel der Meisterprüfung, in Bürgerlichkeit und einer festen Beziehung. Aber überall stieß ich gegen Wände. Wände, die ich mit mir herumschleppte. Wände, die ich mir selbst jeden Tag von Neuem aufbaute. Wände meiner Unfähigkeit, Liebe zu verspüren, anzunehmen und anderen zu geben. Wände der Wut, der Ohnmacht, des Hasses, der tief in mir brodelte."

Torsten stockt. Wie soll er das alles Paul kurz und bündig erklären?

*

„Als nun auch unsere Dachdeckerfirma, die ich im Herbst 1990 mit zwei Kumpels aufgemacht hatte, den Jordan runterging, war ich fertig mit mir und der Welt!" Paul nickt. Das kann er verstehen. Wie oft ist auch er vor Wände gelaufen, gescheitert, verletzt worden.

„Es war an einem Abend im November 1990. Ich hatte die Schnauze so gestrichen voll – von meinem Leben, meinen Versuchen, meinen Kämpfen, meinem Scheitern.
Gegenüber dem Leben und mir selbst hatte ich eine große Gleichgültigkeit. Mein Traum, mich als Dachdeckermeister selbstständig zu machen, war kläglich gescheitert. Meine Beziehung war am Ende. Wenn ich zurückschaue, nichts als Probleme, Konflikte, heftige Auseinandersetzungen. Und vor allem das Gefühl: Du bist nicht willkommen auf dieser Welt. Du bist nichts wert. Du bekommst nichts auf die Reihe. Und während ich diesen Gedanken freien Lauf ließ, wurde mir klar: Alles umsonst, alles egal, alles vorbei. Ich trank eine Flasche Rotwein." Pause. „Und dann entschloss ich mich, alles, was ich bislang in meinem bürgerlichen Leben versucht hatte, hinter mir zu lassen. Radikal. Konsequent. Schluss. Punkt."
Paul schaut Torsten zweifelnd an. „Kann man das – ich meine, sich so bewusst entscheiden? Schau, in die Dinger, die ich gedreht habe, bin ich doch … wie soll ich sagen … so quasi reingerutscht …" Paul verstummt. Und weiß im gleichen Augenblick, dass er Müll geredet hat.

*

„Paul, sei doch bitte einmal ehrlich zu dir und mir!" Torsten sagt nicht mehr. Es reicht, damit Paul innehält. „Komm, lass uns doch bitte den ganzen Mist begraben, dass alles, was uns an Blödsinn widerfährt, leider so nebenbei – und möglichst noch ganz ohne unsere eigene Schuld – geschehen ist!"
Torsten holt tief Luft. „‚Ihr werdet sein wie Gott …' – ja, das war es." Noch mal holt Torsten Luft. Dann schaut er Paul an: „Damit du es weißt: Ich habe mich an diesem Novemberabend

für das Böse entschieden. Mit vollem Verstand. Mit voller Konsequenz. Mit voller Brutalität. Ich habe damit dem Versuch, ein gutes Leben führen zu wollen, ein für alle Mal abgeschworen und in die dunkle Welt hineingesprochen: Du kannst mich haben! Eineinhalb Jahre will ich leben wie ein König, dann kannst du mich haben. Das war nun meine Geschichte mit dem Apfel und der Schlange." Pause. „Nein, es war viel mehr: Das war mein Pakt mit dem Teufel!"

*

Der Teufel trägt Brioni-Anzüge. Es ist März 1991, an dem Torsten Hartung beginnt, seinen Pakt mit dem Teufel in die Realität umzusetzen. Hinter ihm liegen, so empfindet er es, lauter Ruinen: Auseinandersetzungen, Lieblosigkeit, Gewalt, Konflikte. Er wendet sich Paul zu: „Kennst du das? Ich hatte bis dahin immer die Botschaft bekommen: ‚Du bist nicht willkommen auf dieser Welt.' So was prägt sich ein." Paul nickt. Hat er nicht Ähnliches erlebt? „Als ich damals auf das zurückschaute, was ich bislang erlebt hatte, und letztlich nichts Vernünftiges vorzuweisen hatte, ging es mir wie Goethes Faust!", erklärt er seinem jungen Gegenüber. Paul schaut irritiert. Von dem hat er noch nie etwas gehört. Torsten spürt das, erzählt die Sage vom Doktor Faustus, der, mit seinem bisherigen Leben unzufrieden, nach neuen Ufern der Erkenntnis aufbrechen will. „Auch dieser Mann hat irgendwann dem Teufel gesagt: ‚Du kannst meine Seele haben!', und alles auf eine Karte gesetzt. Doktor Faustus ging es um Wissen, das Macht bedeutet. Aber mein Ziel war nicht Erkenntnis, sondern etwas anderes!" Torsten Hartung sagt sich in diesem Augenblick: „Ich will eineinhalb Jahre leben wie ein König, vielleicht auch zwei. Ich will alles haben von der Welt. Ich will es mir nehmen. Koste es, was es wolle!"

Paul schaut irritiert, als Torsten erklärt: „Wichtig ist im Augenblick einer solchen Entscheidung allein das Ziel. Dann ist es ganz egal, ob du dich entscheidest, Krimineller zu werden oder Vorstand eines Karnickelzüchtervereins. Das sind nur graduelle Unterschiede in den Zielen – die Intensität ist dieselbe." Torsten Hartung weiß zu diesem Zeitpunkt, dass er im Prinzip sein Leben nicht mehr will. Er entscheidet sich für die dunkle Seite: „Ich nehme meinen seelischen Tod in Kauf. Alles, was ich bisher gelebt habe, war Scheiße. Emotional war ich Ödland. Ich war beziehungsunfähig, traurig, verwüstet, depressiv. Darum dieser Schritt. Ja. Ich bin ganz bewusst ein Krimineller geworden!"

Paul bleibt zurückhaltend. Was soll diese Erklärung? Torsten gibt sie ihm ohne Zögern: „Rückblickend habe ich nicht gewusst, dass es diese Trennung der Welt in Schwarz und Weiß wirklich gibt. ‚Na, leckt mich doch am Arsch!', habe ich innerlich gerufen, der ganzen bürgerlichen Welt mit ihren Moralvorstellungen eine lange Nase gedreht, mich abgewendet, weil ich nur eines noch als Ziel ansah: Ich will ein Stück mehr vom Leben als bisher!"

*

Schweigen. „Hast du nie daran gedacht, einfach Schluss zu machen?", fragt Paul in die Stille hinein und Torsten nickt. „Ich hatte keine Kultur des Lebens in mir, sondern eine Kultur des Todes. Die Welt, in der ich aufgewachsen bin. Ja, ich hatte die Schnauze voll vom bisherigen Leben. Aber Selbstmord kam für mich nicht infrage. Vielleicht war ich dazu zu feige." Pause. „Dennoch war dieser Entschluss keine Frage, ob ich leben oder sterben will – sondern eine Entscheidung für meinen seelischen Tod." Nochmals Pause. Und dann ein Satz, der Paul erschreckt: „Vielleicht hoffte ich insgeheim auch einfach, irgendwann bei meinen kriminellen Taten umgebracht zu werden!"

*

Zurück zum März 1991. Wo fing es an? Ein Freund bittet Torsten Hartung, ihn nach Ostberlin zu fahren. Jörg heißt er. Die beiden kennen sich aus der Zeit der politischen Haft in der DDR, nach dem provokanten Fluchtversuch. Im Rückblick sind die eineinhalb Jahre, die sie zusammen im Knast gesessen haben, eine Zeitspanne, die er gern in Kauf genommen hat. Und auch zu einigen anderen Männern, denen Hartung im Knast in Chemnitz als „Republikflüchtling" begegnet ist, hält er weiterhin Kontakt: Martin, Jörg, Hartmut. Ihnen allen ist er inzwischen im Westen wiederbegegnet und später drehen sie alle gemeinsam große Coups. „Warum Jörg zu dieser Adresse in Ostberlin fuhr, wusste ich erst mal gar nicht", sagt Torsten. „Als wir dort ankamen, sah ich an den Wänden nur die Bilder – Öl. Kreide, riesige Bilder. Alles hing voll damit. Das waren Landschaftsbilder, gemalt von einem russischen Emigranten." Klingt nicht sonderlich aufregend. Paul will wissen, wie es weitergeht. „Da kriegt der Maler, bei dem wir stehen und etwas unbeholfen die Bilder beschauen, plötzlich Besuch von zwei Leuten. Große Kerle. Regelrechte Schränke. Gut gekleidet. Brioni, oder was trägt der Schröder?" Torsten lächelt und fährt fort. „Mein erster Eindruck war, so wie die im Türrahmen standen: Einfach einschüchternd! Das war kein Zufall. Der eine Typ, so erfuhr ich bald, war der Pate von Riga, der andere sein Leibwächter. Und der Pate stellt uns bereits nach kurzer Zeit die Frage: Könnt ihr Autos besorgen?" Torsten Hartung denkt bei dieser Frage zunächst an so was wie Gebrauchtwagen, die sich in Polen und der Ukraine sicherlich gut verscherbeln lassen. Wert im Westen: 100 bis 200 Euro pro Stück. TÜV-Plaketten braucht in Kiew kein Mensch. Doch der Pate winkt ab: „Er sagt uns beiden: Ich will richtig teure Autos, Luxuskarossen. Mercedes S-Klasse, 7er-BMW, Jaguar, Porsche. Könnt ihr das besorgen? Wir wussten nicht so recht, was wir darauf sagen sollten. Dann hat er uns seine Telefonnummer gegeben und gesagt: Ruft an, wenn ihr mitmachen wollt." Torsten schaut Paul an: „Sagst du da Nein?" Paul schüttelt den Kopf.

„Das habe ich auch nicht getan", fügt er an. „Der Typ hatte mächtig Eindruck auf uns gemacht."

*

Nach diesem ersten Kontakt reift in Torsten der Gedanke, dass mit Autos offensichtlich viel Geld zu machen ist. Nicht nur einfach klauen. Nein, viel intelligenter. Die Frage, die er sich stellt, lautet: Wer hat viel Geld, möglichst in bar dabei? Na klar: Die zumeist polnischen Autokäufer, die mit Tiefladern unterwegs sind, um abgehalfterte Karren aus dem Westen billig aufzukaufen, aus der Bundesrepublik nach Polen oder Weißrussland zu exportieren, sie ein wenig aufzuhübschen und mit beeindruckenden Gewinnspannen in ihren Heimatländern zu verscherbeln. „Da habe ich gemerkt, dass mein Kopf wirklich gut funktioniert!", sagt Torsten. „Aber wie geht so was?", fragt Paul. „Ganz einfach!", sagt Torsten. Und erzählt.

*

Hartung macht sich eine Neuregelung des Devisenrechts zunutze, davon hat durch eine Fernsehsendung erfahren: Wer als polnischer Staatsbürger Bargeld in größeren Summen ausführt, muss dazu eine entsprechende Bescheinigung über die legale Abhebung bei einer Bank vorlegen – anderenfalls ist der Geldexport illegal. Die Tagesschau im Fernsehen hatte darüber berichtet und die Zeitungen haben es natürlich auch alle aufgegriffen.

Und fertig ist der Plan: Eine fingierte Polizeistreife soll polnische Autoaufkäufer hinter der Grenze auf dem Weg nach Westen abfangen und unter dem Vorwand, eine Devisenprüfung durchzuführen, ihrer Bargeldsummen erleichtern. Den überrumpelten Autokäufern wird vorgespiegelt, dass sie ihr konfisziertes Geld an einer vermeintlichen Zollkontrollstelle,

40 Kilometer entfernt, wiederbekommen, nachdem die ordnungsgemäße Ausfuhr der Devisen vom deutschen Zoll festgestellt worden sei. „Eine geile Idee, oder?"

Paul weiß nicht: Soll er Lob zollen? Soll er das Ganze für verrückt erklären? Torsten scheint seine Gedanken lesen zu können. „Ja, Paul, du hast recht: Die Idee ist völlig irre gewesen. Aber gerade deshalb hat es funktioniert!"

Die erste Tat zur Vorbereitung klingt geradezu abenteuerlich: Torsten Hartung kauft zwei Gaspistolen, die wie richtige Waffen aussehen. In einem Spielzeugladen besorgt er einen Kinder-Stempelkasten, mit dem er einen Polizeiausweis bastelt, inklusive kopiertem Bundesadler. Außerdem kauft er dort eine Spielzeugpolizeikelle – „Die hat echt geleuchtet!", wie er Paul erklärt.

Was braucht ein Polizist noch? Natürlich Handschellen – ebenfalls Spielzeugteile. Und schließlich besorgt er für sich und seinen Mitstreiter als wichtigstes Utensil einen gebrauchten Siebener-BMW. Ein aufsetzbares Blaulicht, so wie es Zivilstreifen benutzen, kann er zwei Wochen später von einem Kumpel organisieren. Eine Räuberpistole beginnt.

*

Das Landgericht Berlin wird später feststellen, der Angeklagte Hartung sei zusammen mit seinem Mittäter „des Bandendiebstahls in vier Fällen, des versuchten Bandendiebstahls sowie des Diebstahls in weiteren sechs Fällen – in Tateinheit mit Amtsanmaßung – schuldig". Was sich so trocken liest, entwickelte sich damals zu einer genialen Kriminalklamotte mit grotesken Zügen, die an den Hauptmann von Köpenick erinnert – allerdings mit deutlich böserem Hintergrund und großer krimineller Energie.

*

Paul schweigt. Das, was Torsten so sanft plaudernd erzählt, nimmt ihm den Atem. So leicht ist das also, auf die Bahn des Bösen zu kommen? „Ja, es ist so leicht! Das Böse ist kein Monster. Es ist kein Ungeheuer. Es ist ganz einfach als Möglichkeit zu handeln jeden Tag in uns da." Torsten blickt zu Boden, während er diese Sätze spricht.

„Aber auf so eine genial einfache Idee muss man doch erst einmal kommen!", wirft Paul ein. Torsten lächelt. „Das ist nicht genial. Das, was so einfach daherkommt, das ist die Verführung des Bösen."

Der Plan, den Torsten Hartung ausbaldowert und seinem Kumpel Jörg unterbreitet, funktioniert simpel. Er und sein Kumpan fahren nachts mit ihrem BMW die Autobahn von der polnischen Grenze aus in Richtung Berliner Autobahnring ab. Dort halten sie Ausschau. Das Ziel ihrer Begierde: Leere polnische Autotransporter auf dem Weg nach Westen, wo die Fahrer offensichtlich Gebrauchtwagen kaufen wollen. Diese Fahrer haben das in den Taschen, was Hartung will: Geld.

*

Und dieses Geld holen sie sich. Nach einer halben Stunde begegnen sie dem ersten leeren Kleinbus mit polnischem Kennzeichen. Jetzt wird es ernst. Überholen, vor das Auto setzen, rechte Seitenscheibe runter, Leuchtkelle raus. Der Transporter folgt Torsten Hartung und seinem Kumpan auf die nächste Behelfsausfahrt. Sie ist leer – ein Glück. Denn nun können die beiden falschen Polizisten ihr Spiel unbeobachtet inszenieren. Sie halten vor dem Transporter an. Hartung ist der Wortführer. Er stellt sich vor die Fahrertür, zeigt seinen mit dem Kinderstempelkasten fabrizierten Polizeiausweis und fordert die Insassen zum Aussteigen auf. Alle weiteren Aktionen, so wie sie die Polizei später dokumentiert, laufen nach dem gleichen Schema ab: Torsten Hartung und sein Komplize bauen sich neben den eingeschüchterten Angehaltenen auf und achten dabei darauf, dass ihre in Schulterholstern steckenden Waffen eindrücklich zur Geltung kommen. Für ihre Aktion haben sie sich einen möglichst plausiblen Auftritt überlegt. Denn, so die Überlegung der beiden: Sie wollen keine Gewalt anwenden. Deshalb gilt es, möglichst jeden Gedanken an Widerstand bei den Opfern im Keim zu ersticken. Und Hartung kann überzeugend sein.

*

Das spürt auch Paul. Er hat mittlerweile vom Zuhören glühende Wangen. Gebannt hört er die Beichte von Torsten Hartung. Der trägt sie gelassen, geradezu distanziert vor – fast so, als würde er etwas beschreiben, mit dem er überhaupt nichts zu tun hat. Fragen liegen Paul auf der Zunge. „Und wie habt ihr das dann weitergemacht? Haben die Leute sich nicht gewehrt?" Torsten blickt entschlossen. „Nein!", sagt er dann. „Keiner von denen hat sich gewehrt."

*

Der Grund dafür ist einfach: Torsten Hartung, der gelernte Dachdecker, erweist sich in seinem Entschluss für das Böse als Mann ohne Kompromisse. Er sichert sich ab. Späht. Recherchiert. Weiß offenbar alles, was er wissen muss, um mit einem Höchstmaß an Glaubwürdigkeit einen brutalen Bluff zu einer plausiblen Tatsache zu machen. Den Hintergrund kennt er aus der Zeitung. Die Devisenbestimmungen regeln, dass polnische Bürger Fremdwährungen nur dann aus Polen ausführen dürfen, wenn diese vorher von einem sogenannten „Fremdwährungskonto" abgehoben wurden. Dieses Konto muss bei einer polnischen Bank geführt werden. Wenn Bürger, die solche

Fremdwährungen mit sich führen, Polen verlassen, muss die Quelle durch eine Bescheinigung der entsprechenden Bank nachgewiesen werden. Hartung beweist seine Chuzpe: Er erkundigt sich sogar am Telefon beim Generalkonsulat der Republik Polen nach den Details der Bestimmungen.

*

Und er fasst den Beschluss, diese ausgeführten Gelder abzugreifen. Eines ist dem Mann mit seinem scharfen Verstand klar. Wo es Bestimmungen gibt, werden diese auch gern mal umgangen. Viele organisieren sich, wie er hört, Devisen auf dem Schwarzmarkt, machen gute Geschäfte mit Gebrauchtwagen und versteuern am Ende den Gewinn natürlich nicht ordnungsgemäß. Wer mit einem solchen Vorhaben unterwegs ist und erwischt wird, der hat ein rabenschwarzes Gewissen. Bei dem kann man ihn packen. Paul staunt: „Und wenn nun einer doch diese Devisenbescheinigung bei der vermeintlichen Polizeikontrolle vorweisen konnte?" Auch kein Problem: Dann musste man eben eine plausible Geschichte erfinden. Kein Problem für Torsten Hartung.

Als der erste polnische Mercedes-Kleinbus mit unbeladenem Autoanhänger von den beiden am Abend des 20. März 1991 auf der A 1 kurz vor der Ausfahrt Briesen angehalten wird, lenkt ihn Hartung auf eine Betriebsausfahrt. Nach der Vorstellung als vermeintliche Polizisten sammelt er die Pässe sämtlicher Mitfahrer ein und erklärt den verschreckten Insassen des Kleinbusses, dass es einen Überfall gegeben habe, bei dem ein Polizist getötet und ein weiterer schwer verletzt worden sei. Dabei sei, so die Legende weiter, auch Geld gestohlen worden. Nun müssten die Nummern der mitgeführten Geldscheine bestimmter verdächtiger Personengruppen unbedingt auf ihre Herkunft überprüft werden. Die Botschaft lautet im Klartext: Her mit dem Bargeld!

Nun beginnt die Polizei-Köpenickade: Einer nach dem anderen der insgesamt sieben Insassen steigt aus dem Kleinbus aus. Jeder muss seine Hände auf die Motorhaube legen und sich durchsuchen lassen. Hartung tastet jeden der Insassen polizeitechnisch versiert ab. Sie müssen sogar die Beine spreizen. Währenddessen sorgt sein Kumpan dafür, dass kein Gespräch aufkommt und man sich nicht untereinander abstimmen kann. Wie man das macht? Ganz einfach: Man muss nur die Ansage machen, dass die Leute ihr Maul zu halten haben – und die Schulterholster deutlich genug unter der Jacke zeigen. Denn darin, so sind die eingeschüchterten polnischen Passagiere überzeugt, hängt eine deutsche Polizeiwaffe.

Ja, es gibt durchaus auch ein bisschen Gerangel, bis die überrumpelten Opfer ihr Geld abgeben. Aber sie tun es dann doch, notgedrungen. Der Komplize stellt auf den bereits – ebenfalls selbst gebastelten – Quittungen die getätigten Zahlungen fest. Ordnung muss sein. Auch bei einem Überfall. Die beiden Täter beherrschen eiskalt das Reglement des bürokratischen Dreikampfs und machen sie sich virtuos zunutze: knicken, lochen, abheften. Die Quittungen, die sie den entgeisterten polnischen Autokäufern an diesem Abend ausstellen, tragen den Aufdruck „Polizeidirektion Berlin, Platz der Luftbrücke 1". Es geht doch bei einem gelungenen Coup nichts über die Glaubwürdigkeit der Gangster!

Einmal wird Jörg als Gefangener mit in das Spiel eingebaut – er bekommt Handschellen verpasst und sitzt im Fond des vermeintlichen Polizeifahrzeugs. So wird er den eingeschüchterten Polen durch die geöffnete Hecktür präsentiert, um die Angst zu verstärken: „Seht her – der hat nicht gezahlt ...", lautet die Botschaft.

*

Insgesamt 25 000 DM und weitere 10 000 amerikanische Dollar sacken Hartung und sein Kollege an diesem Abend an der Behelfsausfahrt ein. Um die ganze Nummer richtig echt erscheinen zu lassen, tun die beiden vermeintlichen Polizisten so, als ob sie zwischendurch per Mobiltelefon mit einer Einsatzzentrale telefonieren oder am Computer Personendaten abfragen. Nachdem das Geld einkassiert ist, weisen sie die Menschen im Kleinbus darauf hin, dass sie ihr Geld nach erfolgter Prüfung durch die Zollbehörden in einigen Kilometern bei einem weiteren Polizeiposten an der Autobahn wieder erhalten werden. Und sie fordern die Polen auf, ihrem Fahrzeug bis dahin zu folgen.

Alle steigen wieder in ihre Autos, mit ungefähr 90 Kilometern pro Stunde fahren die beiden Fahrzeuge nun im Konvoi in Richtung Berlin. Nach einigen Minuten gibt Hartungs Kumpan am Steuer des BMW 735 Vollgas. Mühelos hängen sie mit dem PS-starken Wagen den Transporter ab. Und verschwinden auf Nimmerwiedersehen in Richtung Berlin.

Den Gipfel der Kaltblütigkeit erreicht Hartung, als er an diesem Abend gleich noch einen weiteren Autotransporter anhält und ebenfalls um Bargeld erleichtert. Dann geht die Fahrt weiter Richtung Westen.

*

Hartung und seine Kollegen perfektionieren die Polizistennummer – so lange, bis sie die halbe Polizei Brandenburgs auf den Fersen haben. Die Zeitungen haben umfangreich über ihre Aktionen berichtet, man kennt die Masche inzwischen. Und dennoch fallen immer wieder polnische Autohändler auf ihren Trick herein. Doch nach einem guten Dutzend Coups hören sie auf. Das Pflaster wird zu heiß. Zu viele Polizeiermittler haben sich auf der Autobahn zwischen Polen und Berlin eingefunden. Und noch etwas geschieht – etwas, was Torsten Hartung und sein Kumpel bei aller Planung einfach nicht bedacht haben: Sie finden Nachahmer. Allerdings nicht die von der intelligenten Sorte, sondern eher von der brutalen.

Es bilden sich Schlägertrupps, die vor allem durch die Berichterstattung der Boulevardzeitungen auf die „Geldquelle polnische Autotransporter" aufmerksam geworden sind. Knackige Schlagzeilen lassen auch weniger intelligente Straßenräuber auf den Gedanken kommen, dass da eine Menge abzusahnen ist. Und sie tun es mit aller Gewalt: Sie machen sich gar nicht mehr die Mühe, sich als Polizisten zu maskieren. Sie knüppeln mit Baseballschlägern so lange drauflos, bis die Autohändler ihr Geld herausgeben.

Paul ist von der Geschichte verblüfft. „Hast du nie an Gewalt gedacht, als du dir das ausbaldowert hast?", fragt er. „Nein", sagt Hartung zu Paul, „das ist nicht mein Stil!"

Und dann setzt er hinzu: „Zum Mörder wurde ich erst später!"

5. WECHSELN AUF DIE ÜBERHOLSPUR

Es ist spät geworden. Im Ofen prasselt das frische Holz, das Torsten von unten aus dem Hof geholt hat. Stunden sind vergangen.

Doch Paul scheint es, als ob Torsten erst seit Minuten erzählt. Seine Geschichte wühlt ihn auf. Was hat dieser Mann für Tiefen durchschritten! Was hat er an Gewalt, Missachtung, Leid erlebt, was hat er an Gewalt, Missachtung und Leid anderen angetan! Und nun sitzt genau dieser Mann so friedfertig, so offen vor ihm.

Paul hat noch nie zuvor in seinem Leben, außer vielleicht in den raren Stunden zusammen mit seiner Oma, ein derart gutes Gespräch geführt. Nie hat er jemanden erlebt, der derart offen mit ihm spricht, ohne ein Blatt vor den Mund zu nehmen. Gnadenlos ehrlich. Gnadenlos brutal. Gnadenlos hilfreich für Paul.

*

„Die Polen-Nummer war für uns irgendwann durch!", erzählt Torsten. „Es gab ab einem gewissen Zeitpunkt einfach zu viele Nachahmer – und die Polizei wachte mit Argusaugen über die Autobahn A 12 Richtung Westen. Zweimal werden sie fast geschnappt. Beim ersten Mal stehen sie gerade auf einem Autobahnrastplatz und kassieren einen polnischen Transporter ab, als auf dem Standstreifen, keine 50 Meter entfernt, ein richtiger Polizeiwagen stoppt. Die beiden Beamten steigen aus und kommen langsam näher. Vermutlich sind sie durch die Presseberichte alarmiert und wollen nach dem Rechten sehen. Hartung geht ihnen gelassen entgegen und sagt: „Danke, Kollegen, wir benötigen keine Amtshilfe, wir haben alles unter Kontrolle. Seit Frankfurt Oder haben wir die Typen schon observiert und eben gerade zugegriffen." Tatsächlich lassen sich die beiden täuschen, grüßen artig und verschwinden mit ihrem Streifenwagen so schnell, wie sie gekommen sind. Jörg, der bei den Polen gewartet hat, ist währenddessen schon ganz schwummerig geworden. Und noch einmal kommt ihnen eine Polizeistreife richtig nahe – bei ihrem letzten Auftritt als falsche Polizeibeamte. Die Beamten, motorisiert mit einem 1600er Lada, setzen sich auf der Autobahn mit ihrem Wagen direkt vor den 7er-BMW, in dem Hartung und sein Kumpel unterwegs sind. Die beiden wollten gerade versuchen, einen weiteren polnischen Autotransporter zu stoppen und die Insassen um ihr Bargeld zu erleichtern. Alles war perfekt eingefädelt und dann das. Doch Hartung beweist am Steuer erneut seine Kaltblütigkeit. Er entschließt sich zur Flucht und setzt dazu an, nach links auszuscheren. Der Polizeiwagen zieht ebenfalls nach links und versperrt ihm so den Fluchtweg. Eiskalt zwängt Hartung seinen Wagen zwischen Lada und Leitplanke vorbei, obwohl dafür eigentlich kein Platz ist. Der andere muss ausweichen, derart rigoros geht er vor. Um ein Haar hätten die beiden Trickbetrüger den Polizeiwagen gerammt. Mit Vollgas ziehen sie vorbei, verschwinden mit dem BMW in der brandenburgischen Nacht. Hartung knüppelt aufs Gaspedal, hängt den untermotorisierten Streifenwagen in kürzester Zeit ab und verschwindet mit Höchstgeschwindigkeit im Dunkel. Gefunden wird er nicht.

Immerhin: Rund 100 000 Mark können Hartung und sein Kumpel im Laufe weniger Monate bei der Autobahn-Nummer einsacken. „Und eine Menge Erfahrungen haben wir auch gemacht!", sagt Hartung. „Vor allem eine: Wie schnell du zu unglaublich viel Geld kommen kannst, wenn die Geschichte, die du erzählst, überzeugend ist. Und wenn du nur skrupellos genug vorgehst!"

*

Paul schaut Torsten scheu von der Seite an: Wie viele Gesichter hat dieser Mann, der ihn hier zusammen mit seiner Frau so fürsorglich empfängt, mit ihm ohne jedes Tabu spricht? Er ist ein unerschrockener Trickser, ein hochbegabter Betrüger, ein brutaler Schläger, ein gewissenloser Mörder – und doch ein sensibler, nachdenklicher Mann, der andere in seine tiefsten Abgründe blicken lässt. Und das alles nur, damit diese nicht in dieselben Fallen stolpern wie er.

Torsten bemerkt Pauls nachdenklichen Blick und greift die Unsicherheit seines Zuhörers auf. „Es ist im Grunde relativ einfach, mit all dem Widersprüchlichen fertig zu werden, das du da von mir hörst", erklärt er. Und dann sagt er wieder einen jener Sätze, die Paul so verblüffen: „Es ist nämlich eigentlich egal, ob du einen Waschmittelkonzern leitest oder ein Verbrechersyndikat – die Fähigkeiten, die du als Mensch dazu brauchst, sind stets die gleichen: Erstens ein hohes Maß an Selbstsicherheit, mit dem du andere Menschen beeindrucken kannst. Zweitens die Fähigkeit, auch in schwierigen Situationen die Nerven zu behalten und die Krise zu meistern. Und schließlich drittens den unbedingten Willen, die Dinge selbst in der Hand zu behalten und die Führung zu übernehmen." Diese Qualitäten, das weiß Torsten, sind ihm von seinen Kumpels mehr als einmal bescheinigt worden. Torsten schmunzelt sogar ein bisschen bei der Erinnerung. Mitläufer sein? Niemals! Torsten lässt den so brutalen und konsequent verfolgten Glaubenssatz aus seiner Kindheit in seinem Kopf nachhallen: „Wenn du mich besiegen willst, musst du mich töten!"

*

Mit dieser Sicherheit, mit dieser Entschlossenheit hat Torsten viele Krisen in seinem Leben gemeistert. Und mit seiner Tatkraft. Der Pakt mit dem Teufel, so scheint es, macht aus dem zuverlässigen Dachdeckergesellen mit Ambitionen auf weitere Schritte auf der bürgerlichen Karriereleiter einen ausgefuchsten Kriminellen, der mit allen Wassern gewaschen scheint. Der kaltblütig und mit gnadenloser Logik die schrägsten Aktionen plant – und durchzieht.

Denn jetzt fängt Torsten Hartung an, die größeren Dinger zu drehen. Sein Mephisto für diesen Tanz am Abgrund wird Udo Schumann, ein international gesuchter Krimineller, der in eiskalter Manier quer durch ganz Europa mit seinen Gaunereien Hunderttausende von Mark zusammenrafft. Torsten lernt ihn durch einen Bekannten kennen. Schumann beeindruckt ihn durch sein Auftreten und sein Geld. Morgens verlässt er die Wohnung, in der auch Hartung zu dieser Zeit übernachtet, abends kommt Schumann mit zehntausend Mark in der Tasche zurück. Sein Markenzeichen sind sein sicheres Auftreten, die gepflegte Sprache, die stets perfekte Kleidung und das dicke Auto, das er fährt.

Schnell eignet sich Torsten Hartung die wichtigsten Regeln an, die man braucht, um rasch an viel Geld zu kommen. Erste Regel: Der Auftritt muss stimmen. Die zweite Regel: Habe eine überzeugende Geschichte, auch wenn sie noch so wild ist. Dritte Regel: Bleib bei dieser Story, egal, was auch geschieht. Und schließlich Regel Nummer vier: Sobald du das Geld in Händen hast, zieh Leine – und zwar schnell. Schumann wird für Torsten zum Lehrmeister – und zum Kumpan. Erst einmal üben sie ein bisschen gemeinsam.

Sozusagen als Gesellenstück ergaunern die beiden mithilfe entwendeter Personalausweise einen Kredit über 45 000 Euro bei einer Berliner Bank. Torsten muss bei dieser Aktion die Unterschrift des ursprünglichen Passinhabers mehrfach im Beisein der Bankangestellten wiederholen. Es gelingt. Seine Hand zittert nicht, als er im Namen und mit der Handschrift eines Menschen, den er nie gesehen hat, Kreditverträge gegenzeichnet. Eine derartige Kaltblütigkeit wird Hartung in den nächsten eineinhalb Jahren noch öfters unter Beweis stellen.

*

Der Kreditbetrug ist nur eine Fingerübung. Er bringt das nötige Kleingeld, um sich für den nächsten Coup standesgemäß vorzubereiten. Schumann kleidet Hartung bei einem bekannten Berliner Herrenausstatter von Kopf bis Fuß ein – merke: Der Auftritt muss stimmen. Denn größere Aufgaben warten. „Der Russe, den wir getroffen haben, will nun richtig große Kisten von uns", erzählt Torsten weiter. „Und es reicht ihm nicht, dass wir die Autos in Berlin besorgen, sondern plötzlich lautet die Aufgabe an mich und meine Kumpel: Ihr müsst die Autos über die Grenze bringen, nach Polen oder Rumänien überführen!" Paul hört gebannt zu, stützt den Kopf auf die Hände. Jetzt ist er mitten in einem Krimi gelandet. Denn das, was Torsten ihm nun erzählt, bringt eine neue Stufe der kriminellen Karriere.

„Du glaubst gar nicht, wie leicht es ist, sogar in einem Autohaus an ein richtig dickes Auto zu kommen, wenn man nur die richtige Welle macht!", erklärt Torsten.

„Ich verstehe das nicht: Solche Autos kosten weit über 100 000 – und ihr marschiert da einfach in einen Laden rein und reißt sie euch unter den Nagel?", fragt Paul. „Das ist doch Wahnsinn! Wie geht denn so was?"

„Kein Problem!", sagt Torsten. „Hör zu: Ich erkläre es dir!"

*

Am 4. März 1992 betritt Torsten Hartung die Ausstellungsräume eines BMW-Händlers in Berlin-Tempelhof. Er ist tadellos gekleidet, trägt einen Modellanzug, Seidenkrawatte und rahmengenähte Schuhe. Sie sind blank gewienert. Kurzum: Von Kopf bis Fuß ein Gentleman, er sieht nach Geld aus. Und Manieren hat er auch. Das wussten schon Antjes Eltern zu schätzen.

Hartung stellt sich dem Verkäufer vor und legt einen Personalausweis auf den Tisch – ausgestellt auf den Namen Michael Wolters. Was der Verkäufer nicht weiß, ist, dass dieser Ausweis vor drei Wochen geklaut wurde. Einer von Torstens Kumpanen hat ihn in die Hände bekommen, als er einen 190er Mercedes aufgebrochen hat. Die Papiere lagen auf dem Rücksitz. Pech für den Besitzer.

Hartung interessiert sich nun für den ausgestellten metallic-silbernen BMW 835, der im Schaufenster zu bewundern ist. Kostenpunkt laut Preisschild: 115 000 Mark. Er prüft das Fahrzeug ausgiebig und stellt dann im Beisein des Verkäufers fest, dass er vor einer solchen Investition doch noch einmal mit seiner Frau sprechen muss. Sein mitgebrachtes Mobiltelefon, das neueste Modell im Wert von knapp 10 000 Mark, beeindruckt den Verkäufer sehr. Wer so ein Telefon besitzt, gehört zu den oberen Zehntausend, das ist klar. Und genau diesen Eindruck wollte der junge Mann auch erwecken, um jeden Zweifel zu zerstreuen.

Hartung will den Wagen mit einem Kniff ergaunern: In einem unbemerkten Augenblick löst er vom Schlüsselbund, den ihm der Verkäufer in die Hand gedrückt hat, einen der drei Schlüssel – in dem Glauben, damit könne man das Fahrzeug öffnen und starten. Dann wendet er sich dem Verkäufer zu und sagt, er würde gern die Probefahrt auf morgen verschieben. Ob er dann noch mal wiederkommen dürfe? Aber gern, meint der Verkäufer. Das Fahrzeug könne er ja schon mal mit den roten Kennzeichen ausrüsten und auf den Hof stellen. Hartung nickt. Genau das hat er bezweckt.

Der Verkäufer zeigt sich erfreut, gibt dem vermeintlichen Kunden höflich dessen Ausweis zurück und freut sich auf den nächsten Tag. Ein Abschluss über 115 000 Mark scheint in Sicht!

*

„Und?", fragt Paul gebannt. „Was hast du dann gemacht? Hast du das Auto einfach später mit dem geklauten Schlüssel gestartet und weggefahren?" Torsten schüttelt den Kopf und lacht dabei. Er lacht über sich selber. „Da sieht man mal, wie wenig

Ahnung ich um diese Zeit noch von solchen Autos hatte!", sagt er. „Ich Depp habe leider von den drei Schlüsseln am Bund ausgerechnet den sogenannten ‚Portierschlüssel' erwischt – jenes Teil, mit dem man nur den Kofferraum des Autos öffnen kann!"

Paul lacht ebenfalls und klopft sich auf den Oberschenkel: „Mann, das ist echtes Künstlerpech!" – „Das kann man wohl sagen!", fügt Torsten an. „In dieser Nacht habe ich das natürlich versucht – bin wieder hingefahren und habe probiert, das Auto mit dem Schlüssel zu starten. Klappte nicht. Deshalb musste Plan B her!"

„Plan B?", fragt Paul.

Wieder schmunzelt Torsten. „Wart mal ab!"

*

Einen Tag darauf kehrt Hartung, wie mit dem Verkäufer versprochen, in die BMW-Filiale zurück. Ganz Gentleman, wie gestern perfekt gekleidet, neben sich eine aufgebrezelte Bekannte, die seine am Kauf interessierte Gattin mimt. Sie wippt mit ihrem Gucci-Täschchen, sagt solche Sätze wie: „Ein schönes Auto, wirklich!" und bittet um eine Probefahrt. Hartung zieht ein Bündel D-Mark-Scheine aus der Tasche – 2000 Mark für die Anzahlung. Er gibt nun vor, das restliche Geld in bar von der Bank zu holen – man könne das doch gleich mit der schon vereinbarten Probefahrt verbinden, oder? Der Verkäufer hat keinen Einwand. Schließlich hat Hartung ja gerade zusammen mit dem Geld nochmals seinen Personalausweis auf den Tisch gelegt. In einer Dreiviertelstunde sei er wieder da, lässt Hartung den Mann wissen, bugsiert formvollendet die hübsche Blondine auf den Beifahrersitz, steigt selbst ein – und ist auf Nimmerwiedersehen verschwunden. Es ist der 5. März 1992 gegen 11.00 Uhr, als Hartung den Motor des Luxuscoupés startet. Der Verkäufer braucht einige Stunden, bis ihm ein Licht aufgeht. In der Zwischenzeit tut Hartung das, was er am besten kann: Er handelt. Ohne Zögern, entschlossen – und sehr effektiv.

*

„Was hast du dann mit dem Auto gemacht?", will Paul wissen. „Du bist doch bestimmt nach ein paar Stunden auf allen Fahndungslisten gewesen, oder?" Torsten lächelt. „Ich nicht. Aber ein gewisser Michael Wolters! Und ein silbergrauer BMW 850 Coupé mit roten Kennzeichen."

Was ist weiter geschehen? „Ich bin erst einmal zu meiner Stammkneipe gefahren, das Bella Italia", sagt Torsten. „Dort haben wir beratschlagt: Wohin mit dem Auto, damit es am schnellsten verschwinden kann?" Ihm ist klar: In wenigen Stunden steht der 850er BMW auf allen Fahndungslisten der Polizei – und dann kann kein Mensch mehr ungefährdet die Karre über die Grenze bringen. Deshalb ist sie hier in Deutschland keinen Cent wert! Doch was tun?

„Den Wirt des Lokals kannte ich schon länger", erzählt Torsten. „Ich wusste, dass er in den nächsten Tagen vorhatte, nach Bukarest zu fliegen – und ich wusste, dass er da einige Leute kannte, die sich für solch ein Auto interessieren würden!" Hartung schlägt seinem Bekannten mit den offensichtlich besten Beziehungen nach Rumänien vor, er solle sich um den Kontakt kümmern – und er selbst werde das Fahrzeug auf dem Landweg nach Bukarest bringen.

„Was hast du dir vorgestellt, was du für das Auto kriegen kannst?", will Paul wissen.

„Na ja, wir dachten so an 80 000 Dollar!", sagt Torsten. Paul pfeift durch die Zähne. Das ist ein Wort! Doch Torsten unterbricht seine Gedanken.

„80 000 hatten wir uns in unserem jugendlichen Leichtsinn so vorgestellt!", erklärt ihm Torsten. „Doch wir waren zu diesem Zeitpunkt noch echte Greenhorns, totale Anfänger. Wir hatten in Wirklichkeit keine Ahnung von dem Geschäft!" Torsten grinst – und nimmt sich selbst bei der Erinnerung an seine erste Autoschieberei auf die Schippe: „Hör zu, wie wir das Ding beinahe versemmelt haben!"

*

Der Wirt des Lokals entschließt sich, in das Geschäft mit Hartung und dem Auto einzusteigen – selbstverständlich gegen eine Provision. Jetzt drängt die Zeit: Der BMW muss außer Landes. Und zwar noch ehe eine groß angelegte Fahndung greifen kann und ihnen den Weg versperrt. Doch wie bringt man so ein Auto aus der Stadt? Wieder zeigt sich, wie abgebrüht Hartung ist. In Berlin-Steglitz hält er neben einem BMW-Händler, kniet sich auf dem Parkplatz der Werkstatt vor einen Dreier-BMW, zieht einen Schraubenzieher aus der Tasche und schraubt in aller Seelenruhe die gültigen Kennzeichen des Wagens ab. Um die Ecke steht das geklaute Auto. Dort entfernt er die Überführungskennzeichen und montiert die frisch erworbenen Schilder an. Es kann losgehen! Sofort brechen Hartung und sein Komplize in Richtung Dresden auf. Ihr Ziel ist der Grenzübergang Zinnwald. Am späten Nachmittag erreichen sie die Zollstation. Ohne Nachfrage winkt sie der Grenzposten durch.

Zwei Tage fahren sie ohne große Pausen – durch die ČSSR, Ungarn, weiter nach Rumänien. Am 7. März 1992 erreichen sie Bukarest. Sie sind voller Hoffnung, dass sie nun rasch das lukrative Geschäft abschließen – und dann Richtung Deutschland zurückkehren können. Doch es kommt anders.

*

„Wie macht man denn in einem solchen Umfeld, in einem unbekannten Land, in einer unbekannten Sprache solche riskanten Geschäfte?", will Paul wissen.

„Ehrlich gesagt, darüber machten wir uns gar keinen Kopf. Wir meldeten uns einfach vereinbarungsgemäß bei einem Kontaktmann in Bukarest", erzählt Torsten. „Und der lotste uns noch am gleichen Tag in eine Plattenbausiedlung am Stadtrand."

„Seid ihr da nicht misstrauisch geworden?", will Paul wissen.

„Noch nicht wirklich!", sagt Torsten. „Denn die Jungs da haben uns fürstlich bewirtet. Als wir ankamen, saßen in der Wohnung schon drei Prostituierte, die uns im Auftrag der Autoschieber die Zeit versüßen sollten. Das haben die Damen auch ganz nett hingekriegt. Aber das Auto wurden wir nicht los!"

„Warum nicht?", will Paul wissen. „Es war doch ein exklusives Modell – und damals in einem Land wie Bukarest kaum zu bekommen!"

„Tja, das dachten wir auch!", sagt Torsten. „Aber nachdem sich fünf verschiedene Interessenten das Auto angesehen hatten und alle abwinkten, merkten wir: Mit unseren 80 000 Dollar waren wir in unseren Preisvorstellungen jenseits aller realistischer Größen!"

*

Immerhin lassen sich die beiden verhinderten Autohändler eine Woche lang von den drei Damen und ihren Gastgebern ausgiebig verwöhnen. Aber als sie selbst zu einem Schnäppchenpreis von 30 000 Dollar das Auto nicht an den Mann bringen können, entschließen sie sich zum Rückzug – man will sich schließlich nicht abziehen lassen. Nach einer Woche besteigen sie ihr BMW-Coupé und fahren nach Budapest zurück. Dieser Ort scheint ihnen sicherer für das, was sie nun vorhaben. Sie wollen den Wagen in einer bewachten Garage zurücklassen, sich zurück nach Berlin begeben und von dort noch einmal versuchen das Fahrzeug an den Mann zu bringen. Ungehindert erreichen sie die Stadtmitte. Dort mieten sie sich – ganz offiziell – in der Tiefgarage eines Hotels ein, zahlen für zwei

Wochen die Parkgebühren im Voraus und checken am Flughafen Budapest ein. Das Flugzeug bringt sie nach Berlin-Schönefeld. Von Deutschland aus verhandeln sie erneut mit ihrem Bukarester Kontaktmann. Der berichtet ihnen drei Wochen nach ihrer Rückkehr, dass er einen Interessenten gefunden habe, der etwa 25 000 Dollar zahlen wolle. Zusammen mit seinem Kumpel fährt Hartung wieder nach Budapest. Ein Araber kauft den Wagen schließlich für die am Telefon vereinbarte Summe. Hartung erhält davon 10 000 Dollar.

Das Auto bleibt bis heute verschwunden.

*

„Jetzt hatte ich Blut geleckt!" Torsten Hartung nimmt einen tiefen Zug aus seiner Teetasse und schaut Paul an. „Ich hatte ein Bündel mit 10 000 Dollar in der Tasche, als ich nach Berlin zurückkam. Ich hatte eiskalt ein Auto geklaut. Ich hatte es ebenso eiskalt durch vier Länder gefahren, ohne aufgehalten zu werden. Und ich hatte es schließlich erfolgreich verkauft – ganz abgesehen von den Nutten, dem Whiskey und all dem anderen Zeug, was wir auf dieser Reise noch konsumiert haben!"

Eine kurze Pause. Dann fügt Torsten an: „Erinnerst du dich noch an die biblische Geschichte mit der Schlange? ‚Ihr werdet sein wie Gott' … Ja, ab diesem Augenblick habe ich mich wie ein kleiner Gott gefühlt! Ich hatte das Gefühl, über dem Gesetz zu stehen. Völlig frei zu sein. Das Gefühl, verwirklicht zu haben, was ich als kleiner Junge versuchte, an Freiheit zu zeigen, wenn ich sagte: ‚Wenn du mich besiegen willst, musst du mich töten!'"

Paul ist hin und her gerissen. Einerseits von der Faszination des Bösen, die Torsten ihm gerade schildert: Sich seine eigenen Regeln machen. Sich einen Dreck um das scheren, was andere von einem wollen. Frauen gebrauchen, wann immer man es will, saufen, koksen, mit Geld um sich werfen. Kurzum: Den absoluten Regelbruch begehen dürfen. In den Rausch eintauchen.

Ja, das kann Paul verstehen, dass Torsten diese Erlebnisse in die Spirale des Verbrechens gerissen haben müssen. Attraktiver kann ein Leben am Abgrund kaum sein.

Und doch lässt Paul etwas zurückschrecken. Es macht ihm Angst, den Zynismus gegenüber Leben und Menschen wahrzunehmen, den Torsten gelebt haben muss, damals.

Torsten scheint dieses Unbehagen zu ahnen.

„Tu dir keinen Zwang an!", sagt er zu Paul. „Und versuch nicht, dein Unbehagen gegenüber dem Torsten von damals zu verdrängen! Ich habe gelogen, betrogen, gestohlen, mir rücksichtslos genommen, was ich wollte, eigentlich von jedem Menschen!"

Und er fügt an: „Vergiss nicht, Paul: Ich bin der böseste Mensch, der mir je begegnet ist!"

*

Die Grenzen sind nun endgültig gesprengt. Mit dem Geld aus dem Bukarestcoup in der Tasche zieht Hartung das Geschäft komplett neu auf. Erneut zeigt sich bei allen Planungen sein brillanter Kopf. Torsten weiß: Er braucht die richtigen Mitspieler und eine perfekte Organisation, wenn er das Geschäft ganz groß aufziehen will. Und es hat keinen Zweck mehr, solch banalen Tricks anzuwenden wie bei der ersten „illegalen Überführung". Damals sind sein Kumpel und er noch derart unprofessionell, dass sie den deutschen Adler für eine gefälschte TÜV-Plakette kurzerhand von einem Markstück abrubbeln.

Jetzt soll das Ganze auf andere Beine gestellt werden. Sein neuer Plan ist wiederum verblüffend einfach. Er beruht auf der Annahme, dass nur ein Auto gesucht werden kann, das auch als gestohlen gemeldet wurde. Konkret: Wenn ein geklautes Auto mit einem Kennzeichen versehen wird, das ein nicht geklautes Auto ähnlichen Typs ganz legal trägt, wird es bei keiner oberflächlichen Kontrolle auffallen. Dieses Vorgehen nennt man den „Dublettentrick" – der wurde natürlich nicht unbedingt von Hartung erfunden, aber von ihm und seiner Bande in der Folgezeit professionalisiert.

Um arbeiten zu können braucht man das, was man „organisierte Kriminalität" nennt: Hartung braucht Spezialisten, die Autos möglichst ohne Beschädigung aufknacken und in Gang setzen können; er braucht Kundschafter, die in den Straßen Berlins sehr ähnliche Autos ausbaldowern müssen; er braucht eine Werkstatt, die ihm gefälschte Kennzeichen ohne Aufsehen herstellt. Und er braucht die richtigen Papiere, mit denen man auch bei Grenzkontrollen nicht gleich auffliegen würde. Dazu spricht Hartung einen Bekannten an, der in einer Druckerei arbeitet. Damit niemand Wind von der Sache kriegt, legt der Bekannte kurzerhand unter einem Vorwand in der Druckerei eine Nachtschicht ein. Das haut also hin. Schwieriger ist die Sache mit dem Papier. Das muss eine gewisse Dicke und sogar ein Wasserzeichen haben. Hartung besorgt es auf verschlungenen Pfaden – mit List, Tücke und Bestechung. Und es dauert nicht lange, da hat er 600 Blanko-Fahrzeugpapiere mit richtigen Wasserzeichen in den Händen.

Noch benutzt seine Truppe, mit der er arbeitet, die etwas grobschlächtige Methode des sogenannten „Schlossstechens". Ein Profi in dem Gewerbe schafft es in rund 25 Sekunden, ein Autoschloss damit zu knacken, das Zündschloss zu überwinden, das Auto zu starten und damit wegzufahren. Besonders anfällig für diese brachiale Methode erweisen sich die Fahrzeuge, die einen Stern tragen.

Hartung ist das Ganze zu brachial: Später wird er Feinmechaniker für die Schlösser beauftragen, die ihr Fach an der TU Berlin gelernt haben. Dort haben sie ihr Wissen erweitert und eine Technik ausgetüftelt, mit der man die Schließmechanismen von BMW, Mercedes, Porsche und anderer Modelle der Oberklasse in Windeseile überwinden kann.

*

„Ist dir nicht irgendwann schwindelig geworden, als du in dieses Karussell eingestiegen bist?", will Paul wissen. „Wie meinst du das?", fragt Torsten zurück. „Na, einfach unsicher, ob du das alles packst. Und vielleicht auch ein bisschen ängstlich vor den Leuten, mit denen du dich da eingelassen hast?"

Torsten nickt. Ja, solche Gefühle sind auch ihm beim Einstieg in die Welt der professionellen Gangster nicht fremd. „Angst hatte ich wirklich nur vor den ganz harten Kriminellen."

6. MORD

Ein geklautes Auto ins Ausland zu überführen, dies ist für die bunte Truppe, die Torsten Hartung um sich geschart hat, inzwischen kein Problem mehr. Jetzt geht man dazu über, das Ganze im großen Stil zu organisieren, es soll sich schließlich richtig lohnen.

Im Team werden eine ganze Reihe von im Ostblock begehrten Luxuslimousinen auf einen Schlag geknackt, mit Dublettennummernschildern und falschen Papieren versehen und so schnell als möglich über die Grenze Richtung Süden und Osten verschoben. Auch mit den Tschetschenen hat man ein Arrangement gefunden – der Markt ist groß genug für alle. Man hilft sich gegenseitig.

Luxusautos gibt es in Berlin und Umgebung genug. In manchen Stadtvierteln steht quasi an jeder Ecke ein passendes Objekt. Es kann losgehen. Dazu braucht es die Fertigkeit, die Wagen in kurzer Zeit zu knacken, kurzzuschließen und mitzunehmen. Dazu falsche Wagenpapiere. Fahrer für den Konvoi. Und das Wichtigste: eiskalte Entschlossenheit.

*

Hartung bringt alle nötigen Voraussetzungen mit. So brechen sein Team und er in der Nacht auf den 3. Juni 1992 in Berlin mit den ersten beiden von insgesamt fünf Luxuslimousinen auf. Sie sind zum Teil erst an diesem Abend ihren Besitzern abhandengekommen – abgestellt in Berliner Villenvierteln, aufgeknackt, gestartet und ab damit. Hartung selbst fährt in einem schwarzen Mercedes 500 SL, Baujahr 1991, den man regulär für etwa 145 000 Mark verkaufen könnte. Auf dem Rücksitz liegen bereits Dublettenkennzeichen für die fünf Fahrzeuge, die ausgeschleust werden sollen, sowie die dazugehörigen Papiere. Die

Dublettenkennzeichen sind mit den nötigen Siegeln und Prüfplaketten von vorher abgeschraubten echten Kennzeichen versehen. Damit soll ihnen der Grenzübertritt gelingen. In der Tasche hat Hartung auch etwa 8000 Mark als Reisekasse für die gesamte Crew – für Sprit und sonstige Spesen – in bar.

Die erste Station auf der Reise Richtung Süden ist Chemnitz, wo die Gruppe die restlichen drei Fahrzeuge aus den Händen von anderen Bandenmitgliedern entgegennimmt. Bevor die Fahrt weitergeht, lassen sich Hartung und seine Kumpels erst einmal das Frühstück – Spiegeleier, Speck, Würstchen und Bohnen inklusive – im „Kongresshotel" munden.

Dann geht es ab auf die Autobahn Richtung Süden. 20 Kilometer vor dem Grenzübergang Zinnwald unterbricht die Kolonne aus den fünf Fahrzeugen die Fahrt. Sie halten in einem abgelegenen Waldstück. In aller Seelenruhe schrauben die Autoschieber die amtlichen Kennzeichen ab und tauschen sie gegen die Dubletten aus. Kein Mensch wird bei einer oberflächlichen Prüfung der Kennzeichen auf den Gedanken kommen, es mit gestohlenen Fahrzeugen zu tun zu haben. Denn die Autos, die diese Kennzeichen ebenfalls tragen, stehen harmlos an Berliner Straßen – sie sind nie entwendet worden. Das merkt kein Grenzpolizist, selbst wenn er die Fahndungsliste gründlich durchgehen würde.

Der Trick funktioniert: Niemand hält die Autos am Grenzübergang auf. Als nächster Treffpunkt wird ein Ort am Plattensee ausgemacht. In der Kolonne zu fahren, scheint den Schiebern zu auffällig. Das wird sich später ändern – dann wird gerade die Fahrt in der Kolonne ein Markenzeichen von Hartungs Kühnheit, mit einer ganzen Reihe von Luxuslimousinen Eindruck zu schinden.

Doch die Fahrt vergeht dennoch nicht ohne Schwierigkeiten: Etwa 70 Kilometer vor Pressburg kommt eines der Fahrzeuge, ein Mercedes 300 SL 24, auf nasser Fahrbahn ins Schleudern, dreht sich mehrfach, knallt gegen die Leitplanke und landet schließlich im Straßengraben. Eine Seite ist komplett eingedrückt, ein Hinterrad an der Achse abgerissen. Immerhin schaffen es die Fahrer noch, die falschen Kennzeichen abzuschrauben und sich mit Hartungs Hilfe aus dem Staub zu machen – Hartung fährt mit seinem Wagen kurze Zeit später an der Unfallstelle vorbei und sammelt die beiden Rennfahrer ein. Das Auto bleibt zurück. Die Polizei trifft erst ein, als Hartung und seine Kumpel längst weg sind.

Der Zwischenfall hat den Männern ihre Feierlaune nicht verdorben: Als sie am Abend in Siofok am Plattensee eintreffen, gehen sie erst einmal in eine Diskothek und reißen Mädels auf, indem sie mit Geldscheinen um sich werfen.

Noch am gleichen Abend ist ihnen das Glück hold: Als Ersatz für den geschrotteten Mercedes knacken zwei von Hartungs Kumpeln auf der Rückfahrt von der Disko ins Hotel kurzerhand ein Fahrzeug ähnlicher Bauart. Es trägt ein österreichisches Kennzeichen. Um auf Nummer sicher zu gehen, fahren die Autoschieber das Fahrzeug gleich weiter nach Budapest, um es dort in einem Parkhaus zu verstecken. Erst am Morgen des nächsten Tages kommen sie zum Plattensee zurück.

Die Verzögerung ist einkalkuliert. Ohnehin hat die Gruppe einen Tag Rast am Plattensee eingeplant. Die wird zusätzlich dadurch versüßt, dass Hartung und ein anderer Mitstreiter mittlerweile ausgiebig Damenbekanntschaften geschlossen haben, die sie gern noch ein bisschen intensiver auskosten möchten.

*

„Moment mal!", wirft Paul plötzlich ein. „Ihr habt Autos für eine Dreiviertelmillion Mark geklaut, gondelt quer durch Osteuropa, müsst die Kisten bei einer ausgebufften Autoschieberbande abliefern – und dann verhakt ihr euch am Plattensee mit ein paar schönen Mädchen?" Paul ist sprachlos. „Mann, ihr habt vielleicht Nerven!"

Torsten schaut ihn ernst an. „Nerven braucht man bei dem Job sowieso. Einen Mitfahrer haben wir übrigens im Fußraum über die ungarische Grenze geschmuggelt – er hatte Angst, weil er kein passendes Visum dabeihatte. Und auch das lief ohne Probleme. Weshalb sollten wir also nervös sein?"

Paul schweigt. Ihm will das Ganze noch nicht in den Kopf.

Torsten legt nach: „Junge, wir waren damals schon von einem anderen Stern! Uns hat nichts mehr gejuckt. Recht? Gesetz? Regeln? Gewissen? Wir wollten Spaß haben. Waren wie im Rausch unterwegs. Mit vier dicken Schlitten waren wir in dem Kaff die Könige. Und wir wollten das Leben in vollen Zügen genießen."

„Da habt ihr bestimmt auch viel gesoffen, oder?", fragt Paul.

„Die anderen zum Teil schon, aber ich nicht", sagt Torsten. „Nach dem Erlebnis an meinem 18. Geburtstag hatte ich die Schnauze voll davon. Aber ich habe Aufputschmittel eingeworfen, einige haben gekokst. Wir kannten keine Grenzen."

Paul nickt. Das kann er gut nachvollziehen: Rausch. Entgrenzung. Das Gefühl von Macht. Die scheinbare Sicherheit, sich von niemandem etwas sagen lassen zu müssen. Sondern im Zweifelsfall der ganzen Welt eine in die Fresse zu hauen – und dann darüber zu lachen. Er ballt die rechte Faust in seiner linken Hand. Hat er nicht selbst schon diese Sehnsucht verspürt? Selbst die Regeln zu bestimmen, anstatt die der anderen befolgen zu müssen.

„Verführerisch, nicht wahr?" Torsten lächelt bitter. „Lieber Paul, es ist genau diese Verführung, der ich erlegen bin, mit Haut und Haaren. Ich war damals nicht der Torsten Hartung, der heute vor dir sitzt. Ich war längst auf der Rutschbahn, immer weiter, immer schneller, immer tiefer nach unten. Und dabei habe ich mich richtig gut gefühlt. Wenn du genügend Kohle in der Tasche hast, kannst du bestimmen, hast du scheinbar so viele Möglichkeiten."

„Und eure Geschäftspartner? Habt ihr vor denen kein Muffensausen gehabt?", will Paul wissen.

„Erst mal nicht", sagt Torsten und lächelt wieder. Vielleicht aus seiner Erinnerung heraus. „Erst einmal sind wir drei Tage mit den Mädels durch die Betten gesprungen. Ich hätte das vielleicht nicht gemacht, wenn ich gewusst hätte, was sonst noch alles auf uns zukam!"

*

Ein Teil der Gruppe ist schon längst aufgebrochen – und irgendwann muss auch Torsten nach Bukarest. Er ahnt noch nicht, was der Autoschiebertruppe alles noch an Ungemach bevorsteht. Hartung muss in einem Telefonat den Tschetschenen gestehen, dass ein Auto verloren gegangen ist. Die Auftraggeber reagieren erwartungsgemäß: ungehalten. Sie verlangen, dass Hartung für den Schaden aufkommen soll. Hartung reagiert kühl: Dann, so sagt er, werde er die weitere Fahrt abbrechen. Seine Auftraggeber sollten die beiden noch am Plattensee befindlichen Fahrzeuge doch bitte schön selber abholen – zumal der von ihm, Hartung, persönlich gefahrene 500 SL mittlerweile einen technischen Defekt habe. Am anderen Ende der Leitung, so ahnt er, kocht die Luft.

Der Defekt ist erlogen. Doch manche Lüge wird in einem Spiel, wo man zwischen Lüge und Wahrheit nicht mehr recht zu unterscheiden weiß, plötzlich zur Wahrheit. Wie es der Teufel will, gibt der 500 SL am 8. Juni beim Tanken plötzlich den Geist auf. Das Auto lässt sich zwar noch starten, aber die Automatik nicht mehr schalten. Ab in die Werkstatt. Doch ein Ersatzteil ist nicht vorhanden, muss erst aus Wien importiert werden. Das lässt die Reparatur teuer werden – und verlängert zudem den Aufenthalt am Plattensee.

Das Geld wird knapp. Doch Hartung weiß auch hier Rat. Jeden Abend sind sein Kumpan und er zu Gast in derselben Diskothek in Siofok. Hartung gibt dem mittlerweile gut bekannten Türsteher seinen Reisepass und seine Fotoausrüstung als Pfand.

Dafür erhält er umgerechnet 200 Mark, mit denen er am 17. Juni die Reparatur des Wagens begleichen kann.

Die Pannen häufen sich: Zwar können zwei Fahrzeuge in Bukarest und Klausenburg verkauft werden, doch ein 560 SEC bleibt unverkäuflich. Ein Kollege von Hartung rammt zudem betrunken einen Trabant und wird von der ungarischen Polizei zu einer Geldstrafe verknackt – die die Gruppe jedoch nicht mehr zahlen kann, weil mittlerweile alles Bargeld aufgebraucht ist. Erst nach einigen Wirrungen, der Ablieferung seines Fahrzeugs an einen Kurier der Tschetschenen am Budapester Flughafen und einem Geldtransfer aus Berlin kann Hartung schließlich nach Deutschland zurückreisen. Bis Bukarest ist er bei dieser Tour nie gekommen.

Von den fünf Autos, die sie dabeihatten, fehlt bis heute jede Spur.

*

„Wollten die Tschetschenen dich nicht alle machen, als du nach der ganzen verpatzten Aktion nach Berlin zurückkamst?", will Paul wissen. Ihm stockt der Atem angesichts der Erzählung von Torsten.

„Natürlich hatten die das im Sinn", sagt Torsten. „Die hätten mich sicher auch ohne Federlesens umgelegt, wenn ich ihnen nicht einen Deal angeboten hätte."

„Was für einen Deal?"

„Zwei Mercedes SL nach Kaunas in Litauen zu bringen", sagt Torsten. „Das hat mir den Hintern gerettet."

„Und es war kein Zeichen für dich, dass du irgendwie auf einem riskanten, einem falschen Weg warst?", fragt Paul. Er schaut Torsten prüfend an.

„Ich war auf der schiefen Ebene, verstehst du?", antwortet Torsten. „Wenn du auf dieser Rutschbahn einmal ein gewisses Tempo erreicht hast, wird das Aussteigen lebensgefährlich – nicht das Drinnenbleiben!", sagt Torsten. Er fügt an: „Und vergiss bitte nicht. Mir war zu diesem Zeitpunkt völlig egal, was mit mir geschieht. Ich wusste nur eines: Nun waren wir mittendrin. Es gibt kein Zurück!"

*

Mittendrin: Torsten Hartung und seine Bande etablieren sich – trotz solcher Rückschläge wie bei der ersten Bukarestüberführung – als feste Größe im Autoschiebergeschäft. Ihr Geschäftsmodell beruht auf Kaltschnäuzigkeit, einer gehörigen Portion gut ausgearbeiteter Technik, aus besten Kontakten zu Autoknackern und Dokumentenfälschern sowie einer Prise Größenwahn. Sind die „Überführungen" anfangs noch von gewisser Vorsicht gekennzeichnet, so entwickelt sich das Auftreten von Hartung und seiner Combo im Laufe der nächsten Monate zunehmend großspuriger. Manchmal legen sie an der Grenze 100 Mark in ihre Pässe, die sie den Grenzschutzbeamten reichen. Das wirkt Wunder. Längst genügt es der Schieberbande nicht mehr, hier oder da ein Auto zu knacken, es mit echten falschen Nummernschildern und Papieren zu versehen und dann ruckzuck ins östliche Ausland zu bringen. Nein – es müssen ganze Fahrzeugkonvois sein. Und vor allem die Russenmafia mag die dicken Kisten: Alles, was einen Stern vorne dran hat und ein „SEL" auf dem Kofferraumdeckel trägt, wird gern genommen und gut bezahlt. Die Abnehmer in Riga, Bukarest oder Budapest sind zufrieden. Sie zahlen immer in bar. Und immer folgt die Frage: „Wann du bringen neue Autos?"

Ganz am Anfang hat einer seiner Abnehmer versucht, ihn übers Ohr zu hauen. Als der gelieferte Wagen bezahlt werden sollte, gab es dafür plötzlich wesentlich weniger Geld als zuvor vereinbart. Hartung machte eine klare Ansage: „Wenn das Geld nicht in zwei Tagen komplett auf dem Tisch liegt, werde ich das

Auto auf deinem Hof anzünden." Ein riskantes Spiel. Aber es hat funktioniert. Denn sein Gegenüber merkte sofort, dass Hartung nicht lange fackeln wird. Der Mann ging aufs Ganze, der setzte alles und sein Leben ohne zu zögern aufs Spiel. Und Hartung wusste auch: Er hatte die Logistik im Griff, er hatte das richtige Team, er wurde gebraucht.

*

Hartung sagt: Bald! Und er hält Wort. Zwei Kumpels von ihm, Libanesen, haben sich extra an der Humboldt-Universität im Fachbereich Ingenieurwesen eingeschrieben. Spezialisierung: Feinmechanik. Die beiden Männer, ein Türke und ein Araber, sind Meister ihres Faches. Sie studieren vor allem die aktuellen Schließmechanismen von Mercedes-S-Klasse-Fahrzeugen und die der BMW 7er-Reihe. Und sie lernen, die Teile nahezu zerstörungsfrei zu knacken. In weniger als zehn Sekunden ist die Tür offen, wenn die beiden ans Werk gehen. Und nach 20 bis 30 Sekunden sind die beiden mit dem Fahrzeug auf und davon. Ein Auto mit unversehrtem Tür- und Zündschloss, das hat Hartung schnell spitzgekriegt, verkauft sich natürlich deutlich besser als eines, das durch die brachiale Methode des Schlossstechens aufgemacht wurde.

Hartung wird mit seinem kühl kalkulierenden Intellekt und seiner absoluten Entschlossenheit bald zum Anführer der gesamten Truppe. Die Aktionen, die er plant, haben Hand und Fuß, laufen meist mit der Präzision eines Uhrwerkes – und wenn doch einmal etwas schiefgeht, ist Hartung reaktionsschnell und absolut kaltblütig. Er erkennt im Handumdrehen die Situation, fasst einen Entschluss und setzt ihn in die Tat um. Er trimmt seine Leute auf Schnelligkeit und Präzision. Vom Ausbaldowern der Luxuskarossen oder der Dublettenfahrzeuge, dem Aufknacken der Limousinen über die Versorgung mit falschen Kennzeichen und Papieren bis hin zur Verschiebung über die Grenze: Nichts überlässt er dem Zufall. 20 Sekunden dürfen seine Spezialisten durchschnittlich brauchen, um einen Wagen zu knacken, erzählt Hartung. Er selbst bringt die Logistik ins Laufen, kümmert sich um die gefälschten Zulassungs- und Versicherungspapiere und bringt die Fahrzeuge an ihren von den Kunden gewünschten Ort – meist innerhalb von 48 Stunden.

Sein Ruf eilt ihm voraus. Es spricht sich herum, mit welcher Präzision die Bande agiert, wie schnell die Bestellungen abgewickelt werden. Die Aufträge werden mehr. Auf diese Weise verdient die Truppe schon nach einigen Monaten bis zu 90 000 US-Dollar pro Woche – dass sind 150 000 D-Mark. 150 000 Mark in einer Woche. Eine Menge Geld im Jahr 1992. Auch wenn davon eine ganze Reihe von Komplizen bezahlt werden muss. Am Ende bleibt für Hartung und den harten Kern, den Kopf der Bande, noch so viel übrig, dass man davon ein Leben in Saus und Braus führen kann.

*

„Mann, ihr habt ja echt einen kometenhaften Aufstieg hingelegt!" Paul ist begeistert. „Und ihr habt wirklich schon ein paar Monate, nachdem ihr angefangen habt, die gestohlenen Luxuskarossen im großen Stil nach Osten exportiert?", fragt er ungläubig.

„Ja, sogar bis nach Arabien!", sagt Torsten.

„Das muss doch irgendwann einmal auffallen, wenn so viele teure Autos verschwinden!" Paul kann es kaum fassen, dass solch ein Geschäft nicht ganz schnell auffällig wird für Polizei und Zollbeamte.

Torsten grinst Paul an. „Um in einem solchen Job erfolgreich zu sein, musst du ein Meister der Täuschung werden!"

„Du sprichst von den neuen Schildern, die ihr an die geklauten Autos geschraubt hat?" Torsten lächelt: „Nein, das ist nur ein Teil des Ganzen, das lernst du am ersten Tag. Du musst vor allem denjenigen, die dir unterwegs in die Quere kommen, eine so gute Geschichte erzählen, dass dir niemals jemand auf die Schliche kommt."

*

Ja, es geht um gute Geschichten. Torsten hat eine blühende Fantasie und eine ausgeprägte Begabung als Erzähler. Und vor allem fällt ihm auch in Momenten größter Bedrängnis, wenn ihm und seinen Helfern die Polizei auf den Fersen ist, immer wieder etwas ein. Dies macht es ihm und seinen am Ende insgesamt 54 Kollegen aus dem internationalen Schieberring möglich, Luxusautos en gros über die Grenzen zu verschieben. Immer wieder schaffen er und seine Kumpel es, mit geklauten Autos den Verfolgern zu entkommen. Und manchmal gelingt es ihnen dabei auch, quasi in der Höhle des Löwen aufzuschlagen.

Dabei gehen sie so abgebrüht vor, dass ihnen lange Zeit keine Behörde auf die Schliche kommt. Meistens sind es dunkle Autos, die von den Auftraggebern bestellt werden. Das macht die Sache einfacher: Hartung tarnt die Autos einfach als zivile Polizei- oder Regierungsfahrzeuge. Er packt ein Blaulicht aufs Dach und rattert im Konvoi durch die Grenzstationen – welcher Zöllner will schon Ärger kriegen, weil er eine offizielle Delegation aufhält? Keiner. Richtig.

Und wenn sie doch einmal jemand aufhält, reicht der Beifahrer ein üppiges Trinkgeld durchs Seitenfenster.

Dann brausen immer wieder zehn bis zwölf Luxuslimousinen im Konvoi unbehelligt an den unterschiedlichen Grenzposten vorbei – die zum Teil auch noch vor den hohen Gästen salutieren.

*

„Mit der Maske wurden wir an keiner Grenze aufgehalten!",
sagt Torsten. Manchmal war es schier unglaublich – aber es gelang. Die Ehrfurcht vor großen Tieren steckt tief in jedem Beamten.

„Du hast das Talent zum Schauspieler", sagt Paul anerkennend. „Und es kommt mir so vor, als wenn du es ausgesprochen genießt, dass du mit deinen Tricksereien immer durchgekommen bist!"

„Ja, ich habe es genossen!", gibt Torsten zu. „Die meisten Menschen fallen auf Blendungen, auf äußeren Schein herein. Sie haben nie gehört oder gelesen, was der Kleine Prinz gelernt hat."

Paul zeigt sich irritiert. „Der kleine Prinz? Wer ist das?"

„Entschuldige!", sagt Torsten. „Das ist eine wunderbare Figur, die der französische Pilot und Schriftsteller Antoine de Saint-Exupéry vor 80 Jahren erfunden hat."

„Und was hat der Typ mit deiner Geschichte zu tun?", will Paul wissen.

„Einen Satz aus der Geschichte habe ich mir gemerkt", sagt Torsten. „‚Man sieht nur mit dem Herzen gut. Das Wichtige ist unsichtbar für die Augen!'"

Paul denkt nach. „Moment ... du meinst ... ihr habt das alles nur deshalb so perfekt durchziehen können, weil ihr den Leuten etwas vorgespielt habt ... stimmt das etwa so?" Paul scheint ein bisschen verunsichert bei seiner eigenen Interpretation.

„Lieber Paul, das hast du ganz genau getroffen!" Torsten klopft ihm auf die Schulter. „Genau darum geht es. Solche Menschen, die nur auf die Oberfläche schauen, triffst du fast überall. Die allermeisten Menschen sind einfach so gestrickt! Für solche Leute ist der Schein alles, das wirkliche Sein bleibt ihnen verborgen, weil sie es gar nicht wahrnehmen können. Mir ist irgendwann aufgefallen, dass man dies sehr gut ausnutzen kann. Also: Jemand will, dass du der dicke Max bist. Kein Problem! Ich übernehme die Rolle – und der, der es glauben will, wird mir diese Rolle liebend gerne abnehmen! Mit dem richtigen Auftreten kann man fast alles erreichen", fügt Torsten hinzu. „Denk dran, Paul, fast alle Menschen beurteilen dich erst einmal danach, wie du aussiehst, was du anhast, welches Auto du fährst – und nicht danach, wer du wirklich bist!"

*

Hartung hat die Spielregeln durchschaut. Wenn es gilt, einen falschen Schein zu erwecken, wird er zum Perfektionisten. Penibel achtet er darauf, dass seine Fahrer schicke Anzüge tragen, die Krawatte perfekt sitzt, die Haare ordentlich geschnitten sind. Auch dreckige Fingernägel gibt's bei ihm nicht. Denn schon an solchen Kleinigkeiten, so seine Erfahrung, kann eine gut gemachte Tarnung scheitern, alles auffliegen.

Die Tarnung, so scheint es, ist perfekt. Mit dicken schwarzen Limousinen, bei Bedarf mit Blaulicht auf dem Dach, Diplomaten- oder Polizeikennzeichen weisen sie sich als Vertreter der Bundesregierung aus, brausen sie durch Osteuropa.

Im Herbst 1992 halten er und seine Kumpane mit einem Konvoi von sechs Fahrzeugen vor dem Hotel „Stadt Sofia" – dem damals vornehmsten Haus der bulgarischen Hauptstadt. Sie steigen dort standesgemäß für die Nacht ab, bevor es nach Bukarest weitergehen soll.

Hartung gibt beiläufig an der Rezeption zu erkennen, dass er und seine Mitfahrer Beamte von Interpol seien. Die Mitarbeiter des Hotels und auch die Security, die hier für Ordnung sorgt, fühlen sich geschmeichelt: Interpol-Beamte, und das in unserem Haus als Gäste! Man ist begeistert, dass solche wichtigen Leute hier Station machen. Mit Ehrfurcht parken Hotelpagen die gestohlenen Fahrzeuge in der Tiefgarage, bulgarische Polizisten bewachen sie die ganze Nacht über – die wertvollen Fahrzeuge könnten schließlich gestohlen werden, Gott bewahre!

Doch die Komödie entfaltet noch absurdere Blüten: Vertreter der bulgarischen Polizei melden sich voller Freude über den bedeutenden Besuch aus dem Ausland und laden die Hochstapler abends sogar schick ein. Man prostet sich zu – auf gute Gesundheit! Der Abend wird lang und fröhlich. Wie nett die Kollegen aus Deutschland doch sind!

Der Portier wird selbst dann nicht stutzig, als die Gruppe die Rechnung am nächsten Morgen bar und mit Dollarnoten bezahlt. Unter fröhlichem Winken von Hotelpersonal und Sicherheitskräften brausen Hartung und seine Kumpane davon – der Fuchs hat im Hühnerstall trefflich logiert.

*

Paul schnauft hörbar. „Sag mal, Torsten, das ist doch alles nicht wahr! Seid ihr damals größenwahnsinnig geworden?"

Torsten senkt den Kopf. Dann beginnt er, langsam zu nicken. „Ich fürchte, lieber Paul, du triffst den Nagel auf den Kopf. Ja. Wir waren größenwahnsinnig. Wir haben mit den echten Polizeikollegen herumschwadroniert, uns wichtig gemacht, hinter vorgehaltener Hand etwas von geheimen Wirtschaftsermittlungen auf dem Balkan erzählt, uns aufgeplustert – und keiner hat es durchschaut."

„Aber ihr seid doch damit ein wahnsinniges Risiko eingegangen!", ruft Paul entgeistert. „Ihr hättet doch einfach weiterfahren und das Geld einstecken können – ganz ohne solche hirnrissigen Aktionen!"

„Ja", sagt Torsten. „Das stimmt."

„Aber warum habt ihr es dann nicht gemacht?", will Paul wissen. Er kann es irgendwie nicht fassen.

Torsten denkt einen Augenblick nach und sagt dann:

„Ganz einfach: Weil wir nichts zu verlieren hatten!"

Wie wenig Torsten Hartung zu verlieren hat, zeigt eine andere Geschichte – eine Reise nach Istanbul. Man hatte ihnen gesagt, in der Türkei könne man die Schlitten noch viel besser verkaufen. Das will man sich natürlich nicht entgehen lassen. Insgesamt einen Monat sind er und seine Mannschaft unterwegs. Anders als in Litauen sind in Istanbul die Absatzwege der Fahrzeuge noch nicht ganz klar – die Kunden müssen erst noch überzeugt werden. Das kostet Zeit. Doch Müßiggang ist aller Laster Anfang. Seine Kumpel greifen immer öfter zur Flasche, schnupfen Kokain, hauen das Reisebudget mit allerlei Annehmlichkeiten auf den Kopf. Er selbst sieht zu, dass er einen klaren Kopf behält.

Aber als guter Leitwolf weiß Hartung, dass die Truppe ein bisschen Abwechslung braucht. Was er nicht weiß: Der fröhliche Ausflug in den nächsten Puff endet mit einem Großeinsatz der Polizei – und er, Hartung, wird mittendrin stecken.

In Istanbul kennt sich, zumindest was das Nachtleben betrifft, keiner von ihnen aus. Der nächste verfügbare Puff wird angesteuert. Die Jungs wollen ihren Spaß haben. Doch als Hartung mit seinen fünf Kameraden die Bar betritt, wird allen trotz des schummerigen Lichts sofort klar: Dieses Kaliber von Damen ist nichts für sie. Die Prostituierten sehen gespenstisch aus. Verlebte Damen, teilweise mit Zahnstümpfen im Mund, ausgezehrt durch jahrelange Tätigkeit im horizontalen Gewerbe.

Hartung und seinen Jungs ist die Lust auf einen bunten Damenabend gründlich vergangen. Die Flasche Whisky, die man ihnen unaufgefordert auf den Tisch gestellt hat, leeren sie in fünf Minuten. Danach heißt die Parole: Zahlen bitte! Und bitte nichts wie raus hier!

Doch diese Rechnung hat Hartung offensichtlich ohne den Wirt gemacht. Der nämlich berechnet für jede der Damen, die sich den Herren nur kurz vorgestellt haben, als „Grundpauschale" 200 Dollar – und den Whiskey mit 100 Dollar extra.

Die 100 Dollar für die Pulle, sagt Hartung zum Wirt, die

gehen klar. Aber der Rest? Man habe von den Angeboten der Damen doch keinen Gebrauch gemacht!

Um die Rechnungsforderung zu unterstreichen, sammeln sich nun im Umfeld des Wirtes vier breitschultrige Herren, unter deren Jacketts sich die Umrisse von Pistolenhalftern abzeichnen. Ein durchaus bedrohliches Szenarium. Hartung hat genug Erfahrung, um zu wissen, hier geht es ums Ganze.

Zunächst gilt es Ruhe zu bewahren. Sein Blick signalisiert seinen Männern, dass nichts ohne sein Kommando unternommen werden soll. Doch er selbst weiß zunächst auch nicht, wie sie hier wieder heil rauskommen, ohne das geforderte Geld auf den Tisch zu legen.

*

„Mann, Torsten, was ist dir in diesem Augenblick denn durch den Kopf geschossen?", will Paul wissen.

„Nicht viel!", sagt Torsten ehrlich. „Nur eines: Dass ich keine Lust darauf hatte, in einem abgehalfterten Bordell in Istanbul wegen einer Dienstleistung, die wir wahrlich nicht in Anspruch genommen hatten, über 1000 Dollar zu zahlen oder zusammengeschlagen zu werden!"

„Und dann?" Paul zieht hörbar den Atem ein.

Torsten grinst. „Merke dir eins, Junge: Du musst den Wahnsinn erst einmal mitspielen. Deshalb bin ich auf die Forderung des Wirts scheinbar eingegangen. Und ich habe wieder einmal improvisiert."

Pauls Blick ist zugleich die Frage: Wie? Der Junge stellt sich vor, was er in dieser Situation machen würde. Aber was recht Gescheites mag ihm nicht einfallen.

„Nun", sagt Torsten entspannt, „ich habe dem Wirt bedeutet: Okay, ich hole jetzt die Knete. Die ist unten im Auto. Meine Jungs bleiben so lange noch ein bisschen hier, bis ich zurück bin. Dann sind Dieter und ich ganz gelassen zur Tür raus – ich wusste, die Herrschaften behalten uns im Blick. Aber ich hatte jetzt einen Plan, eine gute Idee: das Blaulicht!

Als wir am Auto waren, habe ich Dieter zugeraunt: ‚Hau das Blaulicht aufs Dach, schalt es ein, fahr los. Und dann sausen wir einmal um den Block, fahren mit dem Wagen direkt in die Ladenpassage und stürmen dann mit Karacho wieder rein in den Schuppen!'"

„Blaulicht an und da wieder rein? Als Autoschieber die Polizei nicht nur zum Narren halten, sondern sie mit einem riesigen Tamtam sogar noch bewusst auf den Plan rufen?" Paul verdreht die Augen und stöhnt. „Wie wahnsinnig musst du bei dem Plan eigentlich gewesen sein?"

Torsten lächelt: „Hinreichend!"

*

Dass der Plan funktioniert, zeigt sich in den nächsten 90 Sekunden. Kaum hat Hartung den schwarzen Benz mit dem Blaulicht und aufheulendem Motor in Gang gesetzt, wird eine der zahlreichen Polizeistreifen, die im Vergnügungsviertel Dienst tun, auf ihn aufmerksam und verfolgt ihn. Innerhalb von eineinhalb Minuten sind es insgesamt drei Polizeiwagen und ein Motorrad, die Hartungs Wagen folgen und vor dem Bordell halten. Nun geht alles ruckzuck. Hartung stürmt wie ein routinierter Ermittler vorweg, winkt die türkischen Polizisten die Treppe hoch – und ehe sich der Bordellbesitzer versieht, wird er mit Schlagstöcken hinter die Theke gefegt. Seine Bodyguards machen sich aus dem Staub, einer wird noch von den Polizisten gefasst und relativ unsanft zusammengeknüppelt.

Hartung streift das Jackett seines Maßanzugs glatt und bedankt sich bei den Polizisten: „Wir sind Abgeordnete des Berliner Senats und werden hier bedrängt … Sie verstehen … man wollte ein bisschen Spaß haben, hat sich wohl in der Adresse geirrt … und dann so etwas. Vielleicht ist es am besten, man vergisst die ganze Sache, bevor es noch zu diplomatischen Verwicklungen kommt."

Die eingeschüchterten Polizisten verstehen, salutieren – und sind hocherfreut, dass der korrekt auftretende, elegant gekleidete Herr aus Deutschland ihnen als Zeichen seiner Wertschätzung persönlich die Hand schüttelt.

„Okay, have a nice time in Istanbul!" – mit diesen Worten werden die fünf von den Ordnungshütern verabschiedet.

*

„Komm, trink noch einen Tee mit mir", sagt Torsten. Er gießt nach.

„Habt ihr solche Dinger öfters erlebt?", will Paul wissen.

Torsten lacht. „Das alles ist ja noch recht harmlos. Wir sind sogar einmal in den jugoslawischen Bürgerkrieg geraten!"

*

Es sind die ersten Auswüchse des Balkankonfliktes. Die staatliche Ordnung bricht auseinander. Hartung ist mit fünf Autos unterwegs in Richtung Norden – er hat verstanden: Hier sind keine Geschäfte mehr zu machen. Also nichts wie weg – am besten in Richtung Litauen.

Kurz vor der ehemaligen Hauptstadt Belgrad rast sein Konvoi mit Blaulicht über die Landstraße. Niemand hält sie auf, bis sie an einen Trupp sogenannter Schutztruppen geraten. Hartung weiß: Hier geht alles mit entsprechender Geste – und einem Schmiergeld, einer „Maut", die er für die Fahrzeuge bezahlt. Wir funktionieren doch meist über visuelle Reize, Geldscheine zum Beispiel, ist dazu einer von Torstens coolen Sprüchen. Doch dieses Mal klappt das nicht so ganz wie gewünscht. Als sie gerade Geld für die Maut tauschen wollen, sind die Fahrzeuge plötzlich von Soldaten umringt, die die Fahrer unsanft aus den Autos holen. Hartung will gerade damit beginnen, die Ordnungshüter wortgewandt zu überzeugen, dass man es hier mit einer wichtigen Diplomatengruppe zu tun hat, als sich der Offizier kurzerhand umdreht und ihm den Gewehrkolben ins Gesicht schlägt. Jetzt wird es ungemütlich. Alle werden verhaftet und im Konvoi mit Blaulicht nach Belgrad gefahren.

Mit einem Kumpel zusammen wird Hartung zur Vernehmung geführt. In seinem Kopf arbeitet es fieberhaft. Wieder einmal zeigt sich die Genialität des Hochstaplers. Er weiß, wenn er sich, seine Jungs und die Autos aus dieser Nummer herausholen will, muss er im Verhör eine richtig fantastische Geschichte präsentieren. Doch welche?

Ein Zufall kommt ihnen zu Hilfe: Einer der Wagen, die sie überführen wollten, gehörte ursprünglich einem Immobilienbesitzer aus Potsdam. Im Auto haben er und seine Kumpel noch einen Aktenkoffer gefunden, voll mit notariellen Unterlagen und Beglaubigungen. Schriftstücke, die an vielen Stellen den Bundesadler tragen. Hartung und sein Team haben schlicht vergessen, diesen Aktenkoffer zu entsorgen. Das entpuppt sich als ihr Glück.

Hartung entwickelt eine wirklich schräge Story: Er und seine Kollegen sind Abgesandte des Berliner Senats, unterwegs zu einem Wirtschaftstreffen mit ranghohen Beamten. Doch das Treffen ist leider nicht zustande gekommen. „Die Umstände … Sie wissen." Der Vernehmungsbeamte runzelt die Augenbrauen. „Haben Sie Beweise?"

Aber gern. Man möge ihm bitte, sagt Hartung, den Aktenkoffer aus dem Fahrzeug holen. Anderenfalls … die politischen Verwicklungen könnten immens werden: „Stellen Sie sich vor, eine Wirtschaftsdelegation des Berliner Senats, von serbischen Truppen überfallen und festgesetzt – von den Schlägen ganz zu schweigen."

Dem Beamten wird sichtlich unwohl. Er fasst sich wiederholt an den Kragen, lockert seine Krawatte.

Hartung merkt: Der Mann schwitzt, obwohl es hier im Vernehmungszimmer recht kühl ist. Er hat augenscheinlich Angst. Das ist Hartungs Chance. Er wird noch ein Stück souveräner, kühler, drohender: Als der Aktenkoffer gebracht wird, öffnet Hartung ihn mit überlegener Geste, als wenn es sein eigener wäre und blättert die Unterlagen auf den Vernehmungstisch. Überall dort, wo ein Bundesadler oder ein amtlich aussehendes Siegel zu sehen ist, lässt er seinen Finger verweilen und präsentiert das Ganze dem sichtlich verdatterten Untersuchungsbeamten. Hier: „Senat der Stadt Berlin". Dann fügt er an: „Wenn ihr uns jetzt nicht weiterfahren lasst, kann Deutschland nicht am Kongress teilnehmen. Und was dann los sein wird, das können Sie sich vorstellen!" Sein Komplize Jörg, der neben ihm sitzt, kann es kaum fassen, was für eine Nummer ihr Boss hier mal wieder abzieht.

Eine halbe Stunde später sitzen Hartung und seine Mannschaft wieder in ihren Autos. Niemand sagt etwas. Alle sind heilfroh, unbehelligt Richtung Norden brausen zu können.

Der Weg zurück führt sie auf schnellstem Wege an die ungarische Grenze. Sie befahren die Autobahn Richtung Zagreb. Die Autobahn ist leer. Unterwegs sehen sie rechts und links ausgebrannte Panzer. Kurz vor der Grenze nach Ungarn stoßen sie ausgerechnet noch auf einen Trauerzug, der die Straße sperrt. Die Fahrt führt über Feldwege, bis sie schließlich nach Ungarn kommen.

*

So geht das Geschäft weiter, Monat um Monat. Mehr als 100 Luxusautos stehlen und verkaufen Hartung und seine insgesamt 54 Mittäter in knapp eineinhalb Jahren. Auf 10,8 Millionen Mark Schaden beläuft sich ihre Bilanz – und das in dieser kurzen Zeit – so kann man es später in den Akten lesen. Wie viele Autos insgesamt entwendet wurden, kann nicht mehr ganz nachvollzogen werden. Hartung schätzt, dass es etwa 120 Luxuskarossen gewesen sein müssen, die sie rechtswidrig geöffnet, kurzgeschlossen, „überführt" und anschließend verkauft haben. Kaum ein Wagen ist neu weniger als 100 000 Mark wert. Zeitweise verdient er damit jede Woche so viel Geld, dass er kaum weiß, wohin damit. Er probiert alles Mögliche aus, was irgendwie Spaß verheißt. Sie gehen zusammen im Mittelmeer Jetski fahren, feiern große Partys, lassen es richtig krachen. Er kauft sich eine Paragliding-Ausrüstung, teure Markenklamotten, edle Uhren. Aber all das interessiert ihn nicht wirklich. Es ist ihm, so sagt er später, überhaupt nicht wichtig. Und es macht ihn nicht glücklich. Getrieben, wie er ist, geht es für ihn, dem sein eigenes Leben nichts mehr wert ist, um etwas ganz anderes: Die Grenze des Bösen auszuloten. Der Besitz in seiner Hand ist für ihn nicht mehr wert als Dreck.

Das Böse. Es scheint grenzenlos zu sein. Es ergreift mehr und mehr Besitz von ihm. Ein Jahr nachdem er sich geschworen hat, dass er alles auf eine Karte setzt, um einmal richtig reich zu sein, sich alles mit Gewalt zu nehmen, überschreitet er eine neue Grenze.

Er wird zum Mörder.

*

Paul ist sichtlich aufgeregt. „Ihr wart bis dahin doch eigentlich noch normale Autoschieber, oder?", fragt er vorsichtig.

Torsten nickt: „Das waren wir. Bis wir nach einiger Zeit in Berührung mit den ganz Großen aus dem Gewerbe gekommen sind. Bis dahin war es, so blöd das klingen mag, irgendwie noch ein großer Spaß: Mit dicken Autos durch halb Europa fahren, viel Geld in der Tasche, dauernd mit schönen Mädchen zusammen – aber irgendwann wurde es ernst. Je mehr wir uns in der Szene einen Namen machten, desto mehr interessierte man sich auch für uns. Eines Tages kamen ein paar Tschetschenen vorbei und der Boss von denen legte erst einmal seine Waffen auf den Tisch, quasi als Zeichen: Aufgepasst, jetzt wird es ernst."

Paul hatte in Geografie nicht immer gut aufgepasst. Er weiß nur, das die Tschetschenen irgendwo in einem Grenzgebiet zu Russland leben. Und dass es dort einen ziemlich heftigen Krieg gab.

Torsten klärt ihn auf. „Eigentlich waren es Kosovo-Albaner. Die gelten als besonders brutal und rücksichtslos. Das waren Killer. Deshalb hat man sie damals in der Szene überall ‚die Tschetschenen' genannt. Dass mit denen nicht zu spaßen war, merkten wir gleich.

Also, wie gesagt, gleich die erste Begegnung war heftig. Der Chef von denen packte gleich eine Skorpion, also eine tschechische Maschinenpistole, sowie seinen Revolver aus, entsicherte beides und legte die Waffen demonstrativ auf den Tisch. Und dann sagte er mir: ‚Lasst uns mal über Autos und über Preise reden.'"

Paul beugt sich vor. Seine Wangen röten sich. „Und mit solchen Kerlen hast du Verhandlungen geführt? Wie lief das denn? Warst du nicht völlig eingeschüchtert? Hattest du nicht die Hosen voll?" Pauls Fragen überschlagen sich geradezu.

Torsten bleibt ungerührt. „Warum denn?", fragt er zurück.

„Na, wenn mir einer eine entsicherte Maschinenpistole auf den Tisch haut, finde ich das nicht gerade die richtige Einleitung für ein Gespräch!", sagt Paul. „Oder sehe ich das jetzt komplett falsch?"

„Siehst du nicht!", sagt Torsten. „Ich will dir nämlich sagen, was ich auf die Waffennummer hin gemacht habe. Du kennst doch meinen Satz: Wenn du mich besiegen willst, musst du mich töten! Und wer nichts mehr in diesem Leben zu verlieren hat, der hat auch keine Angst mehr vor entsicherten

Maschinenpistolen und durchgeknallten Kosovo-Albanern, die ihr Handwerk im Bürgerkrieg gelernt haben!"

Paul bleibt stumm. Doch seine Frage ist ihm vom Gesicht abzulesen.

„Also, was habe ich gemacht?", nimmt Torsten die unausgesprochene Frage auf. „Ganz einfach: Ich bin den Jungs gegenüber richtig ausgeflippt, habe gesagt: ‚Seid ihr noch ganz dicht, ihr wollt hier mit uns verhandeln und legt als Erstes zwei Wummen auf den Tisch?' Und dann habe ich sie einfach angebrüllt: ‚Mit euch Idioten mache ich keine Geschäfte!'"

„Und dann?", fragt Paul und seine Stimme klingt bang.

Torsten lehnt sich zurück und lächelt – so als sei er selber noch nach all diesen Jahren darüber erstaunt, was nun geschah:

„Und dann – war Ruhe!"

„Aber wir bekamen natürlich richtig Angst. Und wer Angst kriegt, verliert seine Unschuld", sagt Torsten. „Bei uns hieß das: Ab da haben wir uns zum ersten Mal um Waffen gekümmert."

*

Hartung weiß: Es kann in Zukunft mehr als bisher brenzlige Situationen geben, in denen ihm seine Chuzpe, sein klarer Verstand, seine eiskalte Abgebrühtheit und sein durchaus komödiantisches Talent nicht mehr weiterhelfen werden. Die erste Waffe, eine türkische Militärpistole, 9 mm, kauft er in Berlin in einem Hinterhof für 800 Mark. Schießübungen macht er nicht. Er baut die Waffe drei-, viermal auseinander und setzt sie wieder zusammen, bis er weiß: So funktioniert das Ding, wenn ich es einmal brauche.

*

Autos zu verschieben ist das eine. Einen Menschen umzubringen etwas ganz anderes. Was ist damals geschehen? Paul will es wissen. Aber wie soll er das Gespräch beginnen? Will, ja, kann Torsten überhaupt darüber sprechen?

Torsten hatte lange genug Zeit, über alles nachzudenken. Und er weiß, dass er diesem jungen Mann, der ihm hier gegenübersitzt, nur dann helfen kann, wenn er gnadenlos ehrlich ist. Nichts verschweigt, sondern die ganze Wahrheit auf den Tisch legt. Denn Paul ist selbst gerade kurz davor, in die Welt des Verbrechens zu schlittern.

„Paul: Vor dir sitzt ein Mörder. Einer, der einem anderen Menschen, der vollkommen arglos war, berechnend und kalt in den Kopf geschossen hat!"

Die Worte durchschneiden wie ein Schwert die Gemütlichkeit im kuscheligen Ofenzimmer. Paul schweigt. Er traut sich nicht, Torsten in die Augen zu schauen, als dieser mit seinem Bericht beginnt. „Ich will, dass du erfährst, was es letztlich bedeutet, das Böse zu wählen! Im Nachhinein habe ich vieles erkannt, ich hatte im Knast ja auch genügend Zeit, darüber nachzudenken. Dass wir die Autos geklaut, Polizei und Zoll genarrt und mit der Mafia zusammengearbeitet haben – das war das eine. Wohin es führt, das habe ich erst viel später erkannt. Es führte direkt in den Abgrund. Am Ende klebte Blut an meinen Händen."

*

Das Geschäft läuft immer besser. Nach den ersten Anfängerpannen haben sie nun richtig Routine. Ein Rädchen greift ins andere. Die Nummer mit den Austauschschildern garantiert Torsten und seinem Team eine scheinbare Sicherheit: Solange die Autos, die sie geklaut haben, nicht als Diebesgut erkannt werden können, können sie in aller Seelenruhe ganze Konvois von Luxuslimousinen über die Grenzen nach Osten bringen.

Der Pate von Riga ist zufrieden. Er bestellt einen Wagen nach dem anderen und Torsten und seine mittlerweile auf 54 Mann angewachsene Organisation liefern prompt. Späher fahren in Berlin durch die reichen Wohnviertel, und suchen die Dublettenfahrzeuge aus, notieren die Nummern. Die Kennzeichenfälscher liefern jedes gewünschte Schild innerhalb von Stunden. Die Fälscherwerkstatt für die Papiere läuft auf Hochtouren. Seine Schlüsselexperten sorgen für die passenden Werkzeuge, mit denen man die Fahrzeuge in Sekundenschnelle knacken und starten kann.

Die Bande selbst vergnügt sich auf ihren Dienstreisen nach Möglichkeiten. Einmal trifft Torsten mit einer ganzen Gruppe von Komplizen und ein paar geklauten Luxusschlitten vor einer polnischen Disko ein. Einer der Fahrer hat Geburtstag und sie wollen das Ereignis gebührend feiern. Aber die Musik in der Disko ist lahm. Was tun?

Hartung geht zum Geschäftsführer, zieht ein Bündel Dollarnoten aus der Tasche und sagt: „Hier sind 5000 US-Dollar. Schmeiß die ganzen Gäste bis auf die hübschesten Mädels raus, der Abend in deinem Schuppen gehört uns!" Der Diskoboss kriegt große Augen, greift nach dem Geld und lässt die Disko räumen – wohlgemerkt: Bis auf die hübschesten Mädels. Dieser Abend gehört ihnen! Leben ist jetzt und hier, bunt und laut und wunderschön.

Alles läuft eigentlich bestens. Manchmal ist es Torsten richtig unheimlich. Doch die anderen beruhigen ihn: Was soll schiefgehen?

Es ist, wie immer, der menschliche Faktor, der ihrem blühenden Geschäft in die Quere kommt. Das Problem hat einen Namen: Dieter.

Auch er gehört zu jenen Knastkumpeln, aus denen sich die Mehrzahl der Bandenmitglieder rekrutiert. Aber er gehört nicht zur ursprünglichen Kerngruppe, ist erst später dazugestoßen.

Persönlich hat Hartung eigentlich wenig mit Dieter zu tun.

Er ist halt einer der Fahrer, übernimmt die gestohlenen Fahrzeuge meist in Berlin und bringt sie über die Grenze an ihren Bestimmungsort.

Auch unter Kriminellen gibt es einen Ehrenkodex: Wir halten zusammen und bescheißen uns nicht. Doch Dieter hat seinen eigenen Plan. Er kann den Hals einfach nicht vollkriegen, sein Anteil als Fahrer, 2000 Mark pro Tour, reicht ihm nicht. Auf einer Überführungsfahrt nach Litauen spürt Hartung, dass Dieter irgendwie anders drauf ist. Als sie schließlich Riga erreichen, fehlt Dieter und mit ihm der schwarze Mercedes SL, den er gefahren hat. Stunden später treffen sie ihn am vereinbarten Treffpunkt am Rand der Stadt. Dieter berichtet, dass ihm bei einer Pinkelpause der Wagen entwendet wurde. Und das, obwohl er nur wenige Minuten austreten war und den Wagen natürlich abgeschlossen hatte. Mit dem Taxi ist er die letzten Kilometer zum Treffpunkt gefahren. „So eine Sauerei – der blöde Ostblock – nichts ist hier sicher!" Dieter wirkt wirklich wütend. Aber an der Geschichte stimmt, das erfährt Hartung nur wenig später, kaum ein Wort.

Denn als sie wenig später beim Paten von Riga die bestellten Wagen abliefern, nimmt dieser Torsten Hartung zur Seite und schaut ihn durchdringend an. „Torsten, du hast ein Problem. Die Geschichte vom Mercedes, den du leider nicht liefern kannst, weil er einem deiner Männer auf einem Parkplatz geklaut wurde, die ist totaler Mist. Ein junger Deutscher hat die Kiste heute Mittag einem meiner Männer auf eben jenem Parkplatz kurz vor Riga zum Kauf angeboten. Wir haben den Mercedes natürlich auch genommen – es war genau das Modell, das wir gesucht haben. Und es war der gleiche Wagen, den du geklaut bekommen hast. Der Dieb war einer deiner Männer. Dieter heißt er. Du hast deine Leute scheinbar nicht im Griff. Du musst aufpassen, Torsten. Und du musst das Problem lösen. Bald, sehr bald. Das rate ich dir."

Wie sagte Dieter heute Nachmittag: „So eine Sauerei …"
Aber Torsten weiß es nun besser. Die eigentliche Sau ist Dieter. Der hat ihn in den letzten Wochen ohnehin schon mehrfach geärgert.

Per Zufall hatte er mitbekommen, dass ausgerechnet Dieter, dieser Wicht aus der dritten Reihe der Organisation, versucht hat, sich an seine Antje heranzumachen. Das geht gar nicht. Während er in Rumänien war, hat er jemand aus der Gruppe gesagt, dass er Antje gern mal zum Kaffee einladen will.

Antje hat schon vor Monaten mit ihm Schluss gemacht. Und doch darf ihm da niemand reinfummeln. Die Beziehung zu ihr ist ihm heilig, auch wenn sie inzwischen längst kein richtiges Paar mehr sind. Tief im Innersten weiß er das – wenn er es nur zulassen würde. Doch er lässt es nicht zu. Er will es nicht zulassen. Denn Antje ist für ihn immer noch die Frau seines Lebens. Jenes Mädchen, das ihn damals so bedingungslos angenommen und geliebt hat. Antje, die auf ihn gewartet hat, als er im Knast in Cottbus saß, um in die Bundesrepublik abgeschoben zu werden. Antje, die ihre Eltern, ihre Freunde und ihr ganzes Leben in der DDR zurückgelassen hat, nur um mit Torsten – kurz vor dem Mauerfall – in Berlin endlich in Freiheit zusammenleben zu können.

Längst ist Hartung auf jener Rutschbahn ins Verbrechen, die es ihm unmöglich macht, die Signale der Liebe zu deuten, geschweige denn sie zu seiner eigenen Erkenntnis zu nutzen. Er hat oft jede Nacht ein anderes Mädchen im Bett, nutzt diese Mädchen genauso wie das Kokain, um sich zu betäuben und dann nur eines zu tun: Sich noch tiefer in den Strudel des Unrechts zu stürzen.

Die Eifersucht dauert länger als die Liebe. Es gibt in einem solchen Fall nur eine Lösung. Die Frage lautet: Er oder ich? Der Gedanke kommt für Hartung wie aus dem Nichts: „Dieter, du bist schon tot. Aber du weißt es noch nicht."

Die Entscheidung ist gefallen. Er wird Ort und Zeit bestimmen, wann es geschieht.

*

Wie bringt man einen Menschen um? Paul räuspert sich. „Wie hast du es gemacht?", will er von seinem Gegenüber wissen.

„Wir hatten einen Tag vorher in Jurmala Vila noch eine Party gefeiert. Ich sagte zu Dieter: Sei morgen fit! Du musst den 560 SEC zum Treffpunkt fahren!"

„Hat Dieter etwas geahnt?", will Paul wissen.

„Keine Spur!", sagt Torsten. „Er war völlig entspannt. Am nächsten Morgen sind Dieter, Martin und ich mit den zwei Mercedes zunächst etwa fünfzig Kilometer außerhalb von Riga unterwegs gewesen", erzählt Torsten weiter. Er konzentriert sich auf die Tatsachen, spricht ruhig und bedächtig. Ihm ist es wichtig, dass er jetzt keine Emotionen in die Erzählung mengt – sie könnten Paul verwirren. „Wir mussten tanken. An einer Tankstelle sah ich eine dieser dort üblichen Feuerbekämpfungswände. Dort hängen Decken, Feuerlöscher, Spaten und anderes Brandbekämpfungsmaterial für den Fall der Fälle. Spontan habe ich den Spaten von der Wand genommen und in den Kofferraum meines Wagens gelegt."

„Wusstest du zu diesem Zeitpunkt schon, was du mit dem Spaten machen wolltest?" Pauls Gesicht hat rote Flecken bekommen, als er diese Frage stellt.

Torsten richtet sich auf, als er ihm antwortet: „Da kannst du dir sicher sein!"

*

Es ist der 20. Juni 1992. Ein heißer Sommertag. Die Luft flirrt. Der Wald, durch den sie fahren, duftet nach Kiefernharz. Insekten schwirren durch die Luft. Vögel zwitschern. Eine Idylle.

Heute Nachmittag wollen sie die beiden Wagen zum Treffpunkt fahren und beim Paten gegen Devisen eintauschen. Den Stadtrand von Riga haben sie vor 30 Minuten hinter sich gelassen. Während die beiden Wagen über eine entlegene Landstraße rollen, zerreißt ein Pistolenschuss das Idyll. Dieter, der in seinem 560 SEC vorausfährt, hört den Knall nicht, der Motor ist zu laut, die Scheiben geschlossen und der Wind trägt den Schall davon. Hartung will die Czeska-Pistole ausprobieren, damit später nichts schiefgeht. Er drückt ab, es knallt, er spürt den Rückstoß in der Hand. Gut. Das Ding tut das, was es soll. Er legt die Czeska neben sich auf die Mittelkonsole. Zuvor hat er die Waffe noch nie benutzt.

Martin, der mit Dieter im Wagen sitzt, lotst die Fahrzeuge auf eine entlegene Lichtung im Wald. Dieter ist völlig arglos. Torsten steigt aus und schlendert auf den zweiten Wagen zu. Die Pistole hat er am Rücken im Gürtel stecken, unsichtbar für sein Opfer. „Kannst du mir mal helfen? Ich glaube, da klemmt was am Vordersitz! Kannst du das richten? Ich möchte, dass alles in Ordnung ist, wenn die Geldkuriere zur Übergabe kommen."

Brav hockt Dieter sich neben der geöffneten Fahrertür nieder, vergräbt seine Hände in die Mechanik des Fahrersitzes, versucht sie in Gang zu setzen. Hartung steht hinter ihm. Unbemerkt zieht er die Pistole, zielt auf Dieters Hinterkopf und drückt ab.
 Ein Knall. Ein Einschussloch. Pulverschmauch.
 Dieter sackt neben Hartung nieder. Wie eine Fadenpuppe, der man den Hauptfaden abgeschnitten hat.
 Er ist sofort tot.

„Er hatte keine Chance." – Nur dieser eine Gedanke geht Hartung durch den Kopf, als er die Waffe wieder einsteckt. Es ist die erste Regung von Mitleid. Und es bleibt lange auch die einzige.

Martin und er ziehen die Leiche vom Auto weg in ein nahes Gebüsch, entkleiden sie und schleifen den nackten Dieter noch einige Meter tiefer in den Wald. Dort bedecken sie den Leichnam mit Ästen und Blättern – nicht, ohne ihm vorher seinen Ring, die Halskette und seine Papiere abgenommen zu haben. Die Ausweise und alle anderen Papiere nimmt Hartung an sich und verbrennt sie einige Kilometer weiter in einem anderen Waldstück. Die Kleider und den Schmuck des Toten packt er in eine Reisetasche und entsorgt sie auf der Fahrt in die Stadt in einem Müllcontainer.

Nichts taucht mehr auf. Kein Ring. Keine Kette. Kein Kleidungsstück. Bis heute suchen die Behörden nach der Leiche von Dieter. Sie wird nicht gefunden.

*

Paul schweigt.
Torsten auch.

Im Ofen glüht das Feuer nur noch schwach. Torsten weiß nicht recht, ob er Holz nachlegen soll. Es ist schon richtig spät geworden. Der neue Tag hat bereits begonnen. Doch sein Gefühl sagt ihm: Tu es. Lass Paul heute Nacht nicht mit dieser Botschaft schlafen gehen.

Nach einer Weile des Schweigens nimmt Paul den Faden wieder auf: „Was haben denn die anderen Kumpel gesagt, als du ohne Dieter zurückgekommen bist?"
    Torsten senkt ein wenig den Kopf, so als brauche er einen Moment Abstand zu dem, was er gerade erzählt hat.
    „Natürlich haben einige gefragt, als wir nur zu zweit nach Jurmala Vila zurückkkamen: ‚Wo ist Dieter?' Ich habe darauf erst einmal nur geschwiegen!"

Als ich dann auf Dieters Hotelzimmer kam, war da sein Zimmergenosse Stefan. Und der hat natürlich auch gleich nachgefragt, als ich begonnen habe, Dieters Klamotten, seine Schuhe und alles, was er sonst so dabeihatte, zusammenzuraffen und in eine Reisetasche zu stopfen.

„Sag schon, wo ist Dieter denn jetzt? Und warum packst du alles zusammen? Willst du ihm seine Sachen bringen? Warum kommt er nicht selbst, um sein Zeug zu holen?" Mann, der Stefan hat schon ganz schön genervt mit seinen Fragen. Ich habe ihm in die Augen geschaut und langsam gesagt: „Dieter ist abgereist." Da hat er natürlich noch mal nachgefasst: „Wie, abgereist? Wohin denn und warum?"

Scheinbar wollte er nicht begreifen, da musste ich deutlicher werden. „Dieter ist endgültig abgereist. Er kommt nicht mehr wieder. Und wenn du nicht gleich die Schnauze hältst, reist du auch gleich ab."

Ich bin dann mit der Reisetasche zum nächsten Müllcontainer gelaufen und habe das ganze Zeug verschwinden lassen.

Auch der Blutfleck auf Martins Hose ist ein verräterisches Indiz. Martin hat offensichtlich Sinn für makabre Scherze und deutet im Beisein der Kumpane auf den Blutfleck: „Das ist der Rest von Dieter!" Mehr noch, er prahlt dann auch noch mit der Schädeldecke, die angeblich durch die Gegend geflogen sei – obwohl er weiß, dass das alles gar nicht so war. Doch die Schauergeschichten tun die gewünschte Wirkung. Danach gibt es in der Hartung-Gruppe dafür das Bild vom „Waldbrand in Riga" – und wenn einer nun versucht über die Stränge zu schlagen, heißt es kurzerhand: „Halt die Klappe, sonst kommt der Waldbrand in Riga!"

Irgendwann hat es keinen mehr so richtig interessiert. Gut, Dieter war eben abgereist. Wer weiß, wo der jetzt war … Und wer zu viel fragt, der hat ein Problem. Alles klar.

Paul lässt nicht locker: „Das klingt alles total cool und

berechnend. Eisenhart. Aber tief in dir drin – wie war das? Wie hast du dich gefühlt? Hast du bereut, was du getan hast? Oder war auch Erleichterung dabei, weil die Russen dich wegen Dieter gewarnt hatten und das Problem nun beseitigt war?", will er wissen.

Torsten schaut ihn leicht erstaunt an: „Eine gute Frage. Und du hast das System begriffen!", sagt er. „Im Reich des Bösen herrscht der Terror des Stärkeren: Zeig mir, dass du deine Leute total im Griff hast, und ich vertraue dir. Und wenn ich spüre, dass du deine Leute nicht im Griff hast, bist du der Falsche. Dann bist du ein Problem. Und es wird nicht lange gefackelt … weil ein Problem oft das nächste auslöst. Wenn du mit unsicheren Kandidaten unterwegs bist, wirst du selbst schnell zum Risiko. Und der Pate von Riga kann kein Risiko gebrauchen …"

Torsten lehnt sich auf der Couch zurück und verschränkt die Arme. „Das Ganze hatte natürlich auch eine große Bedeutung für unsere Bande. Ich wusste instinktiv, dass ich ein Zeichen setzen musste. Er oder ich! Es war ein doppeltes Signal: Erstens an meine Auftraggeber. Und zweitens an meine Gruppe. Ich habe allen klargemacht, dass ich keine Abweichler dulde. In ihren Augen wäre ich sonst zum Schwächling, zum Versager geworden. Denk an den alten Löwen, der seine Kraft verliert. Die jungen Wilden aus dem Rudel merken das und versuchen ihn wegzubeißen. Das ist das Gesetz der Steppe: Es braucht das Zeichen, dass man noch die Macht in Händen hält – sonst wird man gnadenlos kaltgemacht!

Ich bin mir sicher: Der Pate von Riga hätte mich im ersten Augenblick von Schwäche fallen lassen – wahrscheinlich hätte er mich sogar eigenhändig abgemurkst, weil ich dann nicht mehr brauchbar für ihn gewesen wäre –, was hätte ihm einer genutzt, dem die eigenen Leute auf der Nase herumtanzen? Du brauchst Respekt. Jeder muss wissen, dass er die Schnauze halten muss und nicht aus der Reihe tanzen darf. Mit einer wackeligen Besetzung lassen sich keine Millionengeschäfte abwickeln!

Wenn die anderen Angst vor dir haben, wagen sie keinen Aufstand. Allein schon deshalb musste Dieter dran glauben!"

*

Wie fühlt es sich an, wenn man gerade einen Menschen erschossen hat? Wenn noch der Schmauch der Patrone am Zeigefinger klebt? Wie fühlt es sich an, wenn man einen Toten auszieht und ihn im Wald unter Zweigen verscharrt? Wie fühlt es sich an, wenn man dessen Habe und Papiere wortlos zusammenrafft, alles verbrennt oder in Müllcontainern verschwinden lässt?

„Paul – es klingt hart, aber ich habe damals nichts empfunden. Keine Reue, keine Schuld, einfach nichts. Dieter war mir total egal. Er war zum Problem geworden und er musste weg. Martin hat das genauso gesehen. Und er hat mir geholfen, ihn aus dem Verkehr zu ziehen, ihn auszulöschen. Ein für alle Mal. Eine endgültige Lösung. Abends haben wir dann noch zusammen gefeiert, richtig gesoffen. Und am nächsten Tag sind wir dann mit einem dicken Schädel in einem VW-Bus zurück nach Deutschland gefahren."

*

Die Gruppe erreicht unbehelligt Berlin. Seine Auftraggeber haben offenbar Wind von Hartungs entschlossenem Auftreten bekommen. Die Folge ist spürbar: Der Respekt vor dem drahtigen Autoschieber ist mächtig gewachsen. Anfang August bricht die Bande wieder mit einem Konvoi in Richtung Polen und Ukraine auf. Doch für Hartung ist der Lack ab. Er hat keinen Spaß mehr an dem, was er tut. Er fühlt sich ausgebrannt, müde, einfach fertig. Und er spürt, dass es nicht mehr lange gut gehen wird. Er hat den Bogen schon lange überspannt.

Was ihm momentan Trost gibt, ist Antje. Antje, seine große

Liebe. Antje, diese Frau, die allen Demütigungen zum Trotz zu ihm hält – auch wenn sie sich mittlerweile schon mehrmals voneinander getrennt haben. Antje, wegen der er nicht zuletzt auch Dieter erschossen hat – weil er versucht hatte, sich an sie heranzumachen.

Ende August fragt Antje ihn, ob er noch mal mit ihr in Urlaub fahren will. Er sagt Ja.

Denn er freut sich auf die Sonne, auf freie Zeit und vor allem das Zusammensein mit Antje.

Er ahnt noch nicht, dass er auf der Insel etwas erleben wird, was sein Leben verändert.

*

„Wir waren natürlich auch am Strand", sagt Torsten. „Aber Antje sorgte dafür, dass ich Mallorca auch ganz abseits der touristischen Pfade kennenlernte. Gleich an einem der ersten Tage waren wir im Kloster San Salvador, einem Wallfahrtsort. Damals lebten sogar noch Mönche dort. Von Felantix geht eine Serpentinenstraße hoch zum Kloster. Nach einer großen Pestwelle vor mehr als 650 Jahren hat man auf dem Berg eine Pilgerkirche errichtet. Neben der Klosterkirche steht ein hoher Turm, an dessen Spitze sich eine sieben Meter hohe Christusstatue befindet. Und dann gibt es auf dem Weg noch eine kleine Kapelle. Man kann von dort oben über die ganze Insel schauen. Hinter einem Gitter befindet sich am Fuß des Turmes mit der Christusstatue ein Relief, das ebenfalls Christus geweiht ist. Die Menschen pilgern dorthin und werfen Zettel mit ihren Gebetsanliegen hinter das Gitter. Zunächst habe ich gedacht: Das ist hier ja fast ein bisschen so wie bei ‚Wünsch dir was!' Denn das war mir schon ziemlich fremd.

Doch dann kam mir ein Gedanke: Entweder es bleibt alles so, wie es jetzt ist. Oder ich habe einen einzigen Wunsch frei, und

Gott, wenn es ihn gibt, wird diesen Wunsch erfüllen! Ich merkte: Das ist vielleicht meine Chance. Aber ich hatte keinen Zettel, um meinen Wunsch aufzuschreiben. Antje gab mir einen Kassenbon von unserem Besuch in einer Bodega. Ich schrieb drauf: ‚Ich wünsche mir ein Leben in Glück!' Natürlich habe ich Antje nicht gezeigt, was ich geschrieben habe. Dann habe den Zettel durch das Gitter geworfen. Und erst viel, viel später habe ich wieder dran gedacht."

*

„Das ist komisch", wirft Paul ein. „Der große Autoschieber, der gefürchtete Bandenchef, der, wenn es brenzlig wird, alles auf eine Karte setzt – der formuliert unbeholfen an einer Wallfahrtskirche einen Wunsch an Gott: ‚Ich wünsche mir ein Leben in Glück!' Was ist denn damals los gewesen, dass du auf einmal einen solchen Drang verspürt hast? Du hattest doch eigentlich alles. Geld, große Autos, schöne Frauen, alles, was man sich wünschen kann. Und doch hattest du diesen Wunsch. Warum?"

Torsten zuckt die Schultern. „Das wusste ich in diesem Augenblick auch nicht. Aber es war offensichtlich ein Zeichen. Es blieb nicht das einzige."

„Was war denn da noch?", will Paul wissen.

„Am nächsten Tag wollte ich meinen Paragliding-Schirm ausprobieren und bin von einer Bergspitze aus losgesegelt. Über mir der blaue Himmel. Und ab!

Ich kam nicht weit. Schon nach wenigen Metern erfasste mich eine heftige Windböe, der Schirm klappte schlagartig zusammen und ich stürzte mit voller Wucht auf die Felsen!"

„Und?", will Paul wissen. Seine Augen sind aufgerissen. „Was ist dabei mit dir geschehen?"

Torsten lächelt nachdenklich: „Das hätte wirklich böse ausgehen müssen. Aber ich habe diesen Absturz überlebt, mit einem heftigen Bluterguss am Po – so groß wie ein Handball. Am Abend war alles grün und blau."

*

Einige Zeit später trifft Torsten am Strand ein und spricht mit Antje über das, was ihm passiert ist. „Eigentlich hätte ich tot sein müssen nach diesem heftigen Sturz", sagt er ihr, immer noch ziemlich mitgenommen von den Erlebnissen.

Antje ist nicht sonderlich fromm, eigentlich überhaupt nicht. Aber sie sagt in diesem Moment zu ihm einen Satz, der für Hartung erst viel später sehr wichtig werden wird: „Du bist nicht tot, weil Gott noch was mit dir vorhat!"

7. EINZELHAFT

Das Feuer ist endgültig heruntergebrannt. Torsten hat kein Holz mehr nachgelegt. Die Wanduhr schlägt halb zwei in der Nacht. Paul gähnt. So spannend die Erzählung war, so müde ist er jetzt. Ein aufregender Tag liegt hinter ihm.
„Ab ins Bett!", sagt Hartung. „Morgen ist auch noch ein Tag. Frühstück um halb neun!"
Dann verabschiedet er den jungen Mann mit einem festen Händedruck. Sein Gepäck hat Paul ja schon vor dem Abendessen in sein zukünftiges Zimmer unter dem Dach gebracht. Das Bett sieht altmodisch aus, ganz aus Holz ist es. Darüber hängt ein Kreuz – müde fällt der junge Gast in die Kissen. Und träumt unruhig.

Vor seinem inneren Auge bewegen sich in dieser Nacht silberne Mercedes-S-Klasse-Autos und schwarze 7er-BMW im Pulk in Richtung Grenze. Paul träumt von zuckenden Blaulichtern, von ahnungslos salutierenden Grenzpolizisten, von gut gekleideten jungen Männern, die sich im Rausch einer vermeintlichen Allmacht abseits aller Gesetze bewegen. Männer, für die alles möglich zu sein scheint, die keine Grenzen mehr kennen. Dann träumt er von einem Mann, der sich über einen Autositz beugt und versucht die Mechanik zu richten. Von einer Pistole, die jemand an seinen Hinterkopf drückt. Von einem Knall. Und Blut.

Verstört wacht Paul auf, reibt sich die Augen. Was hat er alles von Torsten Hartung gehört? Er hat den Abend mit einem Mörder verbracht. Einem, der von sich behauptet, der bösartigste Mensch überhaupt zu sein. Er hat einem Mann gegenübergesessen, der eiskalt einem anderen Menschen in den Kopf geschossen, ihn ausgelöscht hat. Kann das alles wahr sein?

Denn da ist noch ein ganz anderer Mensch, den Paul gestern kennengelernt hat: Torsten Hartung, der Mann mit dem klaren Blick und der ruhigen Stimme. Einer, der richtig gut zuhören kann, der ihn scheinbar wirklich versteht. Mehr noch, einer, der sich für ihn interessiert, der sich für ihn einsetzen will. Einer, dem er nicht egal ist. Und dessen zarte Hände eher einem Maler denn einem Mörder zugehörig scheinen.

Torsten Hartung – ein sympathischer Typ, der jeden Blick aushält.

Und gleichzeitig einer, der mit brillanter Schärfe sein früheres Leben unter die Lupe nimmt. Der schonungslos mit sich selbst umgeht, geradezu brutal sein eigenes Versagen benennt. Der ihm alles, wirklich alles anvertraut. Wozu – er hat es gesagt, aber es bleibt ihm ein Rätsel. Dazu muss er ihm noch mehr erzählen!

Unruhig legt sich Paul wieder hin. Die beiden Bilder kriegt er nicht schlüssig übereinander. Was Torsten Hartung beinahe in den Abgrund getrieben hat, das weiß er nun. Dass es in jedem Leben eine Entscheidung für oder wider das Böse zu treffen gibt. Torsten hat die dunkle Seite gewählt. Aber wie hat er es am Ende geschafft, da wieder herauszukommen? Und wieso nimmt er nun solche Gestalten wie ihn bei sich zu Hause auf? Er nimmt sich vor: Ich werde Torsten das morgen fragen, gleich als Erstes. Dann schläft er endlich wieder ein.

*

Kaffeeduft in der Küche, dazu der Geruch frisch aufgebackener Brötchen. Butter, Käse, Wurst und Marmelade stehen auf dem Tisch. Ein uralter, scheinbar abgeschliffener Esstisch. Dahinter ein großes, farbiges Bild. Ein Mann, der die Arme ausbreitet. Claudia, die er gestern nur kurz gesehen hat, bringt gerade ein

Tablett mit klein geschnittenen Früchten, Ananas, Orangen und Kiwistücke ... Torsten hat sie ihm als seine Frau vorgestellt. In seinen Worten schwang mit, dass er von Paul größten (!) Respekt erwartet, wenn er mit Claudia spricht, sie etwas fragt, sie etwas von ihm will. Er ist gespannt, wie sich das Zusammensein auf Sicht gestalten wird. Er hat eigentlich keine Lust, sich schon wieder irgendwo unterzuordnen.

Doch jetzt sieht alles richtig nett aus. Claudia ist riesig freundlich, sie lächelt immerzu. Aus Korea kommt sie, das hat er nun schon erfahren. Und sie spricht leise. Er muss genau hinhören, um sie zu verstehen.

*

Torsten hat Paul gebeten, ihm dabei zu helfen, einen großen Stapel Pflastersteine aus dem Hof in die angrenzende Scheune zu bringen und dort zu stapeln. Irgendetwas hat er damit noch vor. Überhaupt gibt es im Haus und im Hof noch viel zu tun. Und er wird dabei helfen. Daran lässt Torsten keinen Zweifel.

Wenig später stehen sie wieder im grün gestrichenen Wohnzimmer. Es riecht angenehm nach gewachstem Holz, warm und heimelig. In der Ecke – gestern Abend hat er immer wieder hinübergestarrt aber es nicht richtig erkennen können – steht eine Statue. Streckt ihm die Arme entgegen. Aber die eine Hand ist abgebrochen.

Was wollte er Torsten doch noch gleich fragen? Richtig: Wie es denn damals nach dem Mallorca-Urlaub weiterging und wie er es letztlich geschafft hat, aus der ganzen Autoschiebernummer und der Sache mit dem Mord wieder herauszukommen?

„Das ist eine lange Geschichte", antwortet ihm Torsten. „Vor mir lag noch ein weiter Weg. Lass mich erst erzählen, wie ich meine Freiheit verlor. Und was es für mich bedeutet hat, plötzlich aus meinem Leben gerissen zu werden."

*

„Du bist nicht tot, weil Gott noch etwas mit dir vorhat!" Antje ist, wie viele Menschen ihrer Generation, die in der DDR aufgewachsen sind, nicht sonderlich religiös. Ja, natürlich hat sie ein Gespür dafür, dass es im Leben noch eine übergeordnete Instanz gibt. Aber richtig gläubig? So würde sie sich sicherlich nicht beschreiben.

Und dann sagt sie ihm völlig unvermittelt am Strand von Mallorca so einen Satz: „… weil Gott noch was mit dir vorhat!" Torsten steht noch unter dem Schock des Absturzes. Und sein Hintern tut richtig weh! Aber er total Glück gehabt. Kaum zu glauben, dass er sich nicht alle Knochen gebrochen hat. Kann man das ein Wunder nennen?

„Nein!", sagt Torsten. „Das zu behaupten, wäre vermessen. Aber es war ein Zeichen. So habe ich es wenigstens verstanden, vor allem, als Antjes Satz langsam in mein Bewusstsein eingesickert ist."

Doch noch ist er nicht so weit zu begreifen, was dies alles für ihn bedeutet. Erst einmal ist die gemeinsame Zeit auf der Ferieninsel Mallorca für sie beide so etwas wie ein letztes Aufzucken ihrer Beziehung. Es wird mit Antje nicht mehr so sein, wie es einmal war – damals, als sie, verliebt bis über beide Ohren, zusammenzogen. Merkwürdig teilnahmslos nimmt Torsten zur Kenntnis, wie weit sie sich schon von ihm entfernt hat. Er hat zu diesem Zeitpunkt immer noch nicht begriffen, was Liebe zwischen zwei Menschen bedeuten kann. Und dass Antje ihn bedingungslos geliebt hat, wohl wie kein Mensch in seinem Leben vorher. Er hat zudem noch nicht begriffen, dass diese Frau in ihrer Langmut und Herzenswärme dabei weit über jede Grenze des Ertragbaren gegangen sein muss, Grenzen der

Demütigung und Missachtung, die Torsten ihr gegenüber jahrelang überschritten hat. Weil er nicht wusste, was er ihr damit antat – und weil es ihm letztlich auch egal war.

Antje ist längst klar, dass sie so nicht mehr weiterleben kann. Für sie gibt es zu diesem Zeitpunkt nur noch zwei Optionen: die Beziehung zu Torsten aufgeben – oder sich selbst aufgeben. Ehrlich, wie sie ist, spricht sie dies auch ihm gegenüber aus. Und Torsten Hartung, der in diesem Abschnitt seines Lebens nur wenig zu fühlen vermag, fühlt wenigstens das: Er spürt, dass schon weit vorher Schluss für Antje war, als sie ihm sagt, dass sie ihn nicht mehr liebt.

Da sind die beiden seit siebeneinhalb Jahren zusammen.

*

War es nur eine Episode? Ein kurzes Innehalten? Wahrscheinlich nicht mehr. Denn nach dem Mallorca-Urlaub dreht sich das wahnwitzige Lebenskarussell des Torsten Hartung mit wachsender Geschwindigkeit weiter.

Die Russen wollen noch mehr dicke Mercedes-S-Klassen, vornehmlich in Schwarz und Silber. Sie rufen wieder und wieder an: Und habt ihr auch noch fünf 7er-BMW, am besten in der L-Variante mit verlängertem Radstand? Kein Problem. Hartung und seine Bande liefern ebenso zuverlässig wie abgebrüht.

Die Zeichen stehen auf Expansion. Hartung weiß: Irgendwann werden auch die schläfrigsten polnischen Grenzbeamten wachgerüttelt sein – wenn er und seine Kumpel wieder und wieder mit einem Konvoi von Luxuslimousinen durch den Schlagbaum Richtung Osten brausen. So richtig lange, das ist ihm klar, kann das nicht mehr gut gehen.

Also braucht er neue Ideen. Und vor allem: eine neue Route.

Zwischendurch begeht er mit zwei Kumpanen in Mecklenburg-Vorpommern einen Banküberfall. Er hat im Fernsehen den Film „Gefährliche Brandung" gesehen, das hat ihn beeindruckt. Und er will sehen, ob es ihm auch gelingen kann, eine Bank zu knacken. So besorgen sie sich Faschingsgummimasken – Ronald Reagan und Helmut Kohl – und versuchen es. „Masken auf, schnell rein, Hände hoch, Geld her – und schnell wieder raus." Der Plan gelingt. Und Hartung kann sich damit brüsten: Wir haben's gemacht!

Dass Hartung und seine mittlerweile auf mehr als fünfzig Leute angewachsene Schieberbande echte Prominenz genießen, wird dem Boss klar, als ihn wenige Tage nach dem Mallorca-Trip über einen Mittelsmann eine freundliche Anfrage erreicht. Sie stammt aus den Kreisen der deutschen Autoversicherer. Man habe gehört, dass Herr Hartung vielleicht etwas Einfluss hat, um die in den letzten Monaten sprunghaft angestiegene Zahl von Luxusfahrzeugen, die auf Nimmerwiedersehen verschwunden sind, wieder zu reduzieren. Wäre es denkbar, dass man vielleicht zu einem Kompromiss kommen könne? Immerhin betrage der Schaden mittlerweile schon fast elf Millionen Mark. Vielleicht wäre es möglich, bei einem vertraulichen Hintergrundgespräch in einem hübschen Berliner Hotel zu einer Lösung zu kommen …? Sein Kumpel Jörg, in solchen Dingen etwas naiv, scheint verhandlungsbereit zu sein. Aber Hartung findet die Idee absurd. Was soll er da? Das bringt doch nur Ärger. Er will keinen Kompromiss, er will kein Abkommen, er will den Kick. Er will auch kein Geld, damit er stillhält. Erstens hat er selbst genug davon. Und zweitens ist es für ihn nicht mehr als Dreck. Er benutzt es eigentlich nur, um der ganzen Welt gegenüber seine Verachtung auszudrücken, den anderen zu zeigen, wer das Sagen hat.

JVA Tegel, Haus 3

Blick in die Zelle

1996 in der JVA Moabit

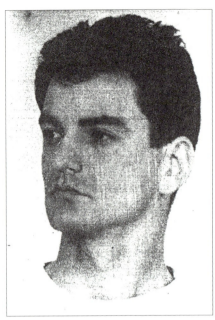
15. Oktober 1992, Verhaftung

Mai 2000 in der JVA Tegel, kurz vor der Taufe

Meine Zelle in Haus 3, JVA Tegel

„Das Haus der Barmherzigkeit" wird am 8. Dezember 2012 eingeweiht. Zum Festgottesdienst kommen über 80 Personen.

Im Wohnzimmer steht eine alte Statue: Christus.
Eine Hand ist abgebrochen – die andere zeigt auf das Herz.

Wie wenig Geld für ihn bedeutet, zeigt er kurz vor seiner Verhaftung. Als er in Schwerin ist, schaut er bei seinen Eltern vorbei. Mit einer dicken Mercedes-Limousine parkt er schwungvoll vor der Haustür und klingelt. Er will seinen Vater demütigen. Er knallt den verschreckten Eltern ein Bündel mit 50-Mark-Scheinen auf den Tisch, lächelt süffisant und sagt: „Hier habt ihr tausend Mark. Eure Armut kotzt mich an!" Spricht's und verschwindet, ohne sie eines weiteren Blickes zu würdigen.

*

Torsten merkt, dass er seinem Zuhörer diesen merkwürdigen Mechanismus, der ihn damals zu solchem Zynismus angetrieben hat, genauer erklären muss. „Wir haben uns als Kinder so sehr Zeit mit unsren Eltern gewünscht. Aber mein Vater sagte stets nur: Nein, ich habe keine Zeit, ich muss Geld verdienen. Deshalb habe ich Geld von jeher keine Bedeutung zugemessen, mehr noch, ich habe es gehasst!"

Paul nickt nachdenklich. „Aber, Torsten, in den Zeiten, wo ihr die dicken Schlitten geklaut habt, hast du doch mit Geld um dich werfen können – oder?"

Torsten beugt sich zu Paul vor, als wolle er ihm ein Geheimnis verraten: „Merk dir: Wer sich für das Böse entscheidet, dem geht es nicht um Geld!"

Paul schaut verunsichert. „Worum denn dann?"

Torsten lächelt in sich hinein: „Es geht nur um eines: den Rausch der Macht!"

*

Zum Rausch der Macht kommt in der Bande zunehmend auch der Rausch der Drogen. Schon bei den ersten Fahrten hatte in der Gang das Kokaintütchen gekreist – als Aufputschdroge, um manchmal 1000 Kilometer an einem Stück zu fahren. Mehr und mehr gehörte das Rauschgift bei ihren Touren einfach dazu. Torsten Hartung nimmt die Droge, weil er das Gefühl „high" zu sein liebt.

Denn unter Koks bricht sein ohnehin vorhandener Charme noch stärker durch. Was Hartung – neben seiner Tatkraft, seiner Führungsstärke, seinen brillanten strategischen Analysen und ungewöhnlichen Ideen – besonders auszeichnet, ist seine Eloquenz. Hartung kann reden, bis seinem Gegenüber schwindlig wird.

Und er versteht es, zielstrebig Menschen für sich und seine Ideen zu gewinnen.

Er sehnt sich nach Geborgenheit und Liebe und geht dennoch oder gerade deswegen mit brutaler Entschlossenheit vor, wenn er etwas haben will.

In der Abenddämmerung seiner kriminellen Karriere zeigt sich Hartung zwiespältiger denn je. Ein heller Kopf, der sich mit Kokain zudröhnt; voller Verachtung für das Leben und gleichzeitig so darin verwickelt, dass es unmäßiger kaum sein könnte; Mädchenschwarm und Mörder zugleich. Die Party, so scheint es, taumelt auf ihren Höhepunkt zu.

Sie tut es auch auf andere Weise. Die Polizei ist nicht untätig geblieben, nachdem innerhalb kürzester Zeit Hunderte von Luxusautos in Richtung Osten abtransportiert worden sind. Eine Sonderkommission ermittelt. Interpol interessiert sich brennend für die Aktivitäten der Bande. Und ein Maulwurf gräbt sich in Hartungs Gruppe ein.

Der Boss selbst macht sich keine Illusionen: Einer aus einer solchen Gang redet irgendwann immer – sei es aus Neid, Enttäuschung, Angst oder dumpfem Geltungsdrang. Doch was hat Hartung zu verlieren? Nichts außer dem, was er ohnehin schon meint, vor 18 Monaten aufgegeben zu haben: sein Leben.

Vielleicht ist es gerade diese unfassbare Gleichgültigkeit gegenüber seinem Schicksal, die ihm zu dieser Zeit das Charisma des Unangreifbaren, des Unnahbaren verleiht. So einer hängt Polizeistreifen ab, ohne mit der Wimper zu zucken. So einer schreckt auch vor einem Mord nicht zurück. So einer geht durch Feuerwände.

*

„Wie haben sie dich denn erwischt?", will Paul wissen.
„Dämlicher geht's nicht!", sagt Torsten und lächelt verschmitzt.
„Du glaubst nicht, wie leichtfertig wir waren", schildert er die Vorgeschichte zur Verhaftung. „Martin und ich waren zu zweit unterwegs. Wir hatten einen geklauten Wagen, einen schicken weißen Mercedes 500 SL Cabriolet, dabei und wollten nach Schweden, um eine neue Route über Finnland oder das Baltikum auszubaldowern!"
„Stimmt", erinnert sich Paul. „Du hattest ja gesagt: Ihr hattet Sorge, dass die Polen-Route irgendwann nicht mehr klappen würde!"
Torsten nickt. „Wir beide dachten, das verbinden wir mit einem flotten Kurzurlaub in Stockholm", erzählt Torsten weiter. „Flott waren wir auf jeden Fall in der Nacht vor der Überfahrt. Da haben wir beide in Schwerin in einer Diskothek Kokain geschnupft. In Sassnitz haben wir die Fähre genommen, aber in Trelleborg war dann Schicht.

Bevor die Fähre anlegte, kamen zwei Zollbeamte vorbei und fragten, wo wir hin wollten. Martin, natürlich leicht benebelt, sagte schleppend: ‚Koooopenhaaaagen'. Und ich sah sofort, wie sich die Stirn des Beamten in Falten legte. Das war die falsche Antwort. Das musste auffallen. Stockholm – das hätte er eigentlich sagen müssen, das wäre unverdächtig gewesen. Mit unserem Luxusschlitten waren wir zwei Kerle ohnehin verdächtig.
‚Dann steigt mal aus!', forderte uns der Beamte auf. Was blieb uns übrig? Zehn Minuten später kamen dann andere

Zollbeamte mit einem Drogenhund. Und der schlug natürlich gleich an."

Paul stockt der Atem: „Habt ihr etwa versucht, Kokain mit über die Grenze zu schmuggeln?"

„Nein!", sagt Torsten entschieden und schüttelt den Kopf. „Wir haben allerhand krumme Dinger gedreht – aber mit Drogenschmuggel haben wir nie was am Hut gehabt! Das wäre allein schon wegen der Gefahr für unser Autogeschäft absurd gewesen!"

*

Es ist der 15. Oktober 1992, als der Drogenhund in Trelleborg anschlägt. Seit Hartungs Entschluss, sich alles zu nehmen, was er bekommen konnte, waren jetzt ziemlich genau 18 Monate vergangen, und sein Pakt ging in Erfüllung.

Hartung und sein Kumpel Martin haben sich offensichtlich in der Nacht zuvor so viel Koks reingepfiffen, dass dem schwedischen Drogenhund noch Stunden danach alle Sicherungen durchbrennen. Die beiden Köpfe der Bande, die eigentlich nur eine neue Route ausprobieren und nebenbei ein bisschen Urlaub machen wollen, sehen sich im Handumdrehen in den Fängen der schwedischen Polizei.

Sie werden sofort verhaftet. „Aussteigen, Hände aufs Autodach, keine Bewegung", herrscht sie der eine der beiden Beamten auf Englisch an. Wenig später sitzen sie in einem Streifenwagen und werden zum nächstgelegenen Polizeirevier gebracht, wo man sie sofort in getrennte Zellen steckt, damit sie sich nicht absprechen können. Gleichzeitig wird der Mercedes, mit dem die beiden angekommen sind, intensiv durchsucht. Jeder Winkel, jeder Hohlraum, alles wird durchsucht. Zwar findet sich im Auto nichts mehr von dem Stoff – doch die Reste von Kokain, die an Hartung und seinem Kumpel festgestellt werden, reichen für eine Verhaftung: illegaler Drogenbesitz und -konsum, Drogen am Steuer.

Was Hartung erst später erfährt: Offensichtlich gibt es schon seit Längerem zwei Maulwürfe in ihrer Bande. Man hatte die beiden damit geködert, dass man ihnen mildernde Umstände zubilligen würde. Und die beiden sammeln seit Monaten fleißig Informationen und geben sie an die Polizei weiter. Es existieren mittlerweile internationale Haftbefehle, auch einer gegen ihn, die aufgrund von Zeugenaussagen aus dem Kreis der Beteiligten zustande gekommen sein mussten. Zwischenzeitlich sind die Ermittlungsakten bereits auf über 28 000 Seiten angewachsen. Interpol versucht in ganz Europa die Aktivitäten der Gruppe nachzuvollziehen – und zu stoppen. Nicht nur Hartung und sein Kumpel Martin springen über die Klinge: Nach und nach verhaftet die Polizei in den nächsten Wochen alle 54 Beteiligten. Damit wird die Autoschieberbande komplett zerschlagen.

Auch in der Untersuchungshaft in Trelleborg werden Hartung und Martin getrennt voneinander untergebracht. Das Amtsgericht Trelleborg fällt am 11. November 1992 ein erstes, rasches Urteil wegen Hehlerei gegen ihn und Martin. Das schwedische Gericht verurteilt Hartung zu einem Jahr Haft. Nun soll er so rasch wie möglich ausgeliefert werden, so fordert es auch die deutsche Justiz.

Hartung gibt noch nicht auf und will einen Fluchtversuch wagen. Es scheint ganz einfach zu sein: Nur zwei Elektrozäune umgeben das Gebäude der Auslieferungshaft, in dem er einsitzt. Doch er begeht einen entscheidenden Fehler: Er versucht seinen Zellennachbarn mit 5000 DM zu bestechen, damit er ihm bei einem Ausbruchsversuch hilft. Doch der andere macht sich offensichtlich Hoffnungen, eine mildere Strafe zu bekommen, wenn er sich der schwedischen Polizei gegenüber als kooperativ erweist. So plaudert er gegenüber der Anstaltsleitung. Damit ist der Fluchtplan vereitelt. Hartung wird nach Växjö in einen deutlich sichereren Knast verlegt.

*

Auch ein anderer Weg ist endgültig zu Ende. Antje besucht Hartung in Schweden noch ein letztes Mal. Sie reden nur kurz, sie sind sich fremd und sie geht, ohne sich umzudrehen. Da weiß er, dass es endgültig vorbei ist. Dieses Gefühl reißt ihn förmlich von den Füßen. Er hat diese einzigartige Chance, die ihm die Liebe seines Lebens geboten hat, vertan. Er hat die Liebe, die ihm mit so viel Nachsicht und Langmut angetragen wurde, missachtet, mit Füßen getreten, weggeworfen. Nun ist er allein. Ganz allein.

Es kommt noch dicker. Als Kopf einer inzwischen europaweit gesuchten Bande kommt er wegen Verdunklungsgefahr sofort in Einzelhaft – zunächst in Schweden, dann in Deutschland.

Insgesamt vier Jahre, neun Monate und zwei Tage wird er keinen anderen Menschen mehr sehen als den Gefängniswärter, der ihm die Tür auf- und zuschließt.

*

„In Växjö wurde ich nach dem gescheiterten Fluchtplan erst einmal in einen Hochsicherheitstrakt gebracht", berichtet Torsten. „Dort wartete ich auf die Auslieferung nach Deutschland. Irgendwann kam der Tag.

Als ich bei der Hafenpolizei im Büro sitze und darauf warte, abgeholt zu werden, sehe ich: Das Fenster im Büroraum steht weit offen. Erdgeschoss. Kein Problem, da rauszukommen!"

„Und?", fragt Paul. „Was hast du gemacht? Hast du noch mal versucht, abzuhauen?" Paul scheint geradezu mit Torsten mitzufiebern. So wie er ihn bislang kennengelernt hat, lässt der Kerl nichts anbrennen.

Torsten schüttelt den Kopf. „Zunächst kam da wirklich keiner, der mich abholt. Unglaublich, oder?" Dann fährt er fort: „Doch bei mir war an diesem Punkt die Luft raus. Ob du es glaubst oder nicht, lieber Paul: Ich hatte keinen Bock mehr auf Flucht. Ich bin einfach sitzen geblieben!"

Paul pfeift kurz durch die Zähne. Ist das noch der Torsten Hartung, den er in den Erzählungen der letzten eineinhalb Tage kennengelernt hat?

„Auf dem Schiff wurde ich zunächst in einen geschlossenen Raum geführt", erzählt Torsten weiter. „Aber nach dem Ablegen ließ man mich zu meinem großen Erstaunen einfach ohne Handschellen auf dem Schiff frei umherlaufen. Die Polizisten dort gingen offensichtlich davon aus, dass man nicht von Bord springt!"

Ein letztes Mal atmet Torsten Hartung auf der Überfahrt nach Deutschland die Luft der Freiheit. Er ahnt noch nicht, dass dies für eine sehr lange Zeit das letzte Mal gewesen sein wird. Die Fähre landet in Sassnitz. Dort eröffnet die Polizei den beiden Autoschiebern neue Haftbefehle.

*

Zurück in Deutschland spürt er, dass hier ein anderer Wind weht. Da sind erst einmal die zusätzlichen Haftbefehle, die ihm und seiner Gruppe dramatisch mehr Straftaten vorwerfen als jene, die ihm bislang in Schweden vorgehalten wurden. In Deutschland gibt es auch plötzlich keine offenen Fenster mehr, keine ungestörten Hofgänge, keine handschellenfreie Bewegung wie auf dem Schiff.

Hartung erinnert sich sehr gut an sein damaliges Gefühl: „Ich wusste, jetzt ist die Kacke am Dampfen …"

Der Spaß ist endgültig vorbei. Er und seine Bande sind für die Justiz keine gewöhnlichen Autoschieber – sondern Mitglieder des organisierten Verbrechens.

Nach seiner Ankunft in Deutschland, Ende April 1993, wird Hartung über die Justizvollzugsanstalt Stralsund nach Berlin in das Gefängnis Alt-Moabit gebracht, in den sogenannten F-Flügel. Am 4. Mai 1993 trifft er dort ein.

Der Unterschied zu seinem Leben in den letzten eineinhalb Jahren ist eklatant. Der Bau ist mehr als hundert Jahre alt, die Einrichtung der Zelle spartanisch: eine 40-Watt-Birne, ein Tisch, eine Pritsche. Ein vergittertes Fenster hoch oben an der Wand lässt Tageslicht herein. Er sitzt nun nicht mehr im Luxuswagen oder auf dem schicken Ledersofa eines Fünf-Sterne-Hotels, sondern auf einer harten Bettkante. Das tut er, um schreiben zu können. Denn die Zelle ist so klein, da bleibt kein Platz für einen Stuhl. Bei Hofgängen nehmen ihn zwei Beamte in die Mitte oder er ist allein. Man isoliert ihn total, weil die Staatsanwaltschaft fürchtet, dass er seine ehemaligen Kumpane einschüchtert und sich mit ihnen abspricht. Und man fürchtet die Macht der internationalen Autoschiebermafia: Würde die vielleicht sogar versuchen, einen ihrer gewitztesten Köpfe aus dem Knast zu befreien? Das Risiko will die Justiz nicht eingehen.

*

Fast eineinhalb Jahre wartet Hartung auf den ersten Prozess. Am Ende werden es insgesamt fünf Prozesse werden. Für ihn sind es bekanntlich nicht die ersten Erfahrungen mit der Justiz: Außer den zwei Jugendstrafen, die er in der DDR schon abgesessen hatte, und der – nach der Wiedervereinigung – offiziell wieder einkassierten Haftstrafe wegen ‚Republikflucht‘, sammelt sich mit den Jahren ein erhebliches Strafkonto unter dem Namen Torsten Hartung an. Die Akten, die in der Justizvollzugsanstalt Tegel über ihn geführt werden, legen davon ein beredtes Zeugnis ab. Im März 1989 wird er wegen „grob verkehrswidrigem falschem Überholen" zu einer saftigen Geldbuße von 2400 Mark verurteilt. Nur ein halbes Jahr später fällt er wegen „Fahrens ohne Fahrerlaubnis" auf – 1500 Mark muss er nun berappen.

Die Delikte werden heftiger: Im November 1991 notiert die Behörde: ‚Versuchte Nötigung, vorsätzliche Körperverletzung, Sachbeschädigung.' Das ergibt 80 Tagessätze als Strafe.

Und nun geht es um die Abrechnung jener 18 Monate, in denen Torsten Hartung abgetaucht ist in die Welt des organisierten Verbrechens: Ein Jahr Gefängnis verpasst ihm das Amtsgericht in Trelleborg wegen Hehlerei, bevor er wieder zurück in seine Heimat kommt. Rund zwei Jahre nach seiner Auslieferung nach Deutschland verurteilt ihn das Landgericht Berlin wegen versuchtem Bandendiebstahl und gewerbsmäßiger Hehlerei in zwei Fällen sowie Urkundenfälschung zu drei Jahren, ein Jahr später wegen weiterer ähnlicher Delikte, die in Zusammenhang mit seiner Autoschiebertätigkeit stehen, zu sieben Jahren und sechs Monaten Freiheitsstrafe. Wiederum zwei Jahre später fällt man im Jahr 1996 ein weiteres Urteil gegen ihn. Inzwischen ist klar, welchen riesigen Umfang die Bandentätigkeit hatte. Und schließlich trauriger Höhepunkt der Gerichtskarriere von Torsten Hartung: Im November 1998 wird er wegen Mordes, schwerer räuberischer Erpressung in Tateinheit mit Nötigung und unerlaubtem Waffenbesitz verurteilt. Alles zusammen ergibt 15 Jahre Haft.

*

„Kannst du dir vorstellen, was es heißt, sechs Jahre und zehn Monate in Untersuchungshaft zu sein?", fragt Hartung.

Paul schüttelt den Kopf. Das knappe Jahr Knast, das er gerade hinter sich hat, reicht ihm voll und ganz als Erfahrung. Mehr muss nicht sein. Deshalb ist er froh, nun bei Torsten Hartung gelandet zu sein. Jemand, der ihm helfen will, ein neues Leben zu beginnen.

Torsten reicht ihm aus dem Lederkoffer, der noch immer offen vor ihnen liegt, ein Foto der Polizei. Es ist aufgenommen nach der Verhaftung in Schweden. „Hier, mach dir selbst ein Bild!"

Paul betrachtet das Bild lange. Nein, das kann nicht der Mann sein, dem er jetzt gerade gegenübersitzt, mit dem er sich über die schwierigsten Fragen des Lebens ganz offen unterhält. Denn auf dem Bild sieht Paul einen jungen Mann, der voller Hochmut, voller Verachtung, verschlossen und trotzig in die Kamera blickt. Torsten hat neben das Foto geschrieben: „Ich – ohne Gott".

„Kaum zu glauben, dass du das bist, 1992." Paul schaut Torsten blinzelnd an.

„Ja, das war ich – wie neben dem Bild steht – ohne Gott", sagt Torsten. „Meine Haltung damals war absolut lässig: Ihr müsst mir erst mal was nachweisen. Doch das könnt ihr gar nicht!"

„Darin warst du dir so sicher?" Paul kann das nicht glauben.

„Und wie!", antwortet Torsten. „Ich war damals auch der eingebildetste Mensch der Welt. Diesen Mord, wer wollte mir den jemals nachweisen? Man hatte keine Leiche gefunden – übrigens bis heute nicht. Es gab keine Mordwaffe. Es gab keine Zeugen, die irgendetwas aussagten. Und es gab kein Spuren. Was also sollte geschehen?"

Paul pfeift kurz durch die Zähne. Torsten weiß nicht, wie er das jetzt einordnen soll: Ist das Respekt oder Ablehnung? Aber er fragt nicht nach, sondern fügt nur an: „Diesen Trotz hielt ich noch lange durch. Bis ich ein merkwürdiges Erlebnis hatte."

*

Es folgen Beweisaufnahmen, Verhöre, Indizienprozesse über Jahre. Manchmal hat Hartung an zwei Tagen in der Woche Prozesstermine. Bei einem der Prozesse sind es, er zählt akribisch nach, im Laufe der Zeit über 100 Termine. Immer wieder tauchen neue Zeugenaussagen auf. Einige aus der Bande haben scheinbar das Leugnen aufgegeben und die Strategie gewechselt. Nun arbeiten sie mit der Staatsanwaltschaft zusammen und beschuldigen die führenden Köpfe der Gruppe, vor allem Martin und Torsten. Doch Hartung bleibt unerschütterlich: Was wissen denn schon die Staatsanwälte? Sie haben beileibe genug zu tun, allein schon die Details der Autoschiebereien aufzuarbeiten. Richter und Anklagebehörden versinken geradezu in Papier, als sie versuchen, Licht in das Dunkel der Autoschieberaktivitäten zu bringen. Selbst Torsten Hartung schafft es nach einigen Jahren gar nicht mehr, alle Delikte in die richtige Reihenfolge zu bringen.

*

Hartung bleibt Draufgänger und Hasardeur – auch im Knast. Wie alle Gefangenen wirft er ein Auge auf Manuela. Sie ist eine überaus hübsche Vollzugsbeamtin, die im Haus ein Praktikum absolviert, und zudem freundlich und aufgeschlossen. Jeder inhaftierte Mann, der in Moabit sitzt und auf Frauen steht, hat nur einen Traum: Diese Frau einmal auf seine Pritsche zu legen.

Es ist Hartung, der es schafft. Wahrscheinlich durch seine Beredsamkeit, seinen Charme, seine Selbstsicherheit. Vielleicht war sie auch einfach nur fasziniert von seiner Kompromisslosigkeit, die er zur Schau stellt. Jedenfalls gibt ihm Manuela eines Tages zu verstehen, dass sie zu mehr als dienstlichem Kontakt bereit sei.

Im Tagebuch notiert Hartung:

24. April

Seit einigen Wochen beobachtet mich eine Beamtin beim Sport und sucht das Gespräch. Hat sie sich verliebt, oder was ist ihre Absicht? Im Gespräch werden oft doppelsinnige Worte benutzt. Wenn sie Sex will, bin ich nicht abgeneigt nach 31 Monaten Einzelhaft, aber wie und wo kann es gelingen, bei meiner Isolation?

2. Mai

Manu, die Vollzugspraktikantin, ist auf meine Äußerungen und sexuellen Anspielungen angesprungen.
Sie kam auf meine Zelle und sagte mir, dass ich einen Arzttermin habe, und zwinkerte mit den Augen, dabei fügte sie hinzu, dass wir mit dem Lift fahren müssten – 4 Etagen unbeobachtet! Im Lift signalisierten unsere Hände die Absicht des Wollens. Wir denken über eine Lösungsmöglichkeit des Könnens nach.

Wenig später setzt sie ihr Vorhaben in die Tat um: Vor dem offiziellen Zelleneinschluss bringt sie Hartung in das Büro des Sozialarbeiters, zieht sich aus und gibt sich ihm hin. Nach dem exzessiven Schäferstündchen lässt sich Hartung von Manuela unbemerkt wieder in seine Zelle einschließen.

19. Mai

Heute Morgen um null Uhr, hatte ich ein Date im Zimmer des Sozialarbeiters. In meiner Aufregung wäre beinahe eine alte Schreibmaschine vom Regal gefallen.

Das Verhältnis der beiden entwickelt sich über Monate weiter, bis sie schließlich in flagranti ertappt werden. Die Vollzugsbeamtin wird strafversetzt. Hartung geschieht nichts. Wozu auch: Viel schärfer kann seine Strafe nicht mehr werden.

Dem Tagebuch vertraut Torsten Hartung seinen Kummer an:

14. Juni

Die Praktikantin und ich, wir sind aufgeflogen.
 Sie wird wohl ihren Job verlieren und ich werde verlegt – was das kleinere Übel ist.

Einige männliche Beamte sind stocksauer auf mich. Eigenartigerweise nur die, welche, wie mir Manu sagte, ein Eigeninteresse an ihr bekundeten. Sie lassen mich ihren Frust spüren. Manu, wir kannten das Risiko und die Konsequenzen und hatten uns entschieden. Mein Preis ist klein, deiner größer.

*

Solche Erlebnisse sind ziemlich die einzigen Abwechslungen, die Hartung das Leben im Knast beschert. Allein in der Einzelhaft bleibt er vier Jahre, neun Monate und drei Tage. Das sind 1733 Tage, in denen er keinen Mitgefangenen offiziell sehen, geschweige denn sprechen kann. Nur beim Essenfassen oder beim Hofgang trifft er wenigstens für einige Augenblicke am Tag auf andere. Doch es sind Beamte. Und die zeigen sich – berufsbedingt – auch im Gespräch mit Hartung reserviert.

„Kannst du dir vorstellen, wie das ist: Beinahe fünf Jahre keine Menschenseele zu haben, mit der du dich mal aussprechen kannst?", fragt Hartung seinen Gast.

Eine rhetorische Frage. Denn natürlich schüttelt Paul wie schon bei der Frage zuvor den Kopf. „So was will und kann ich mir gar nicht vorstellen!", sagt er. „Wie hast du das durchgehalten? Hast du nicht irgendwann eine Knastmacke gekriegt?"

„Das wohl nicht!", sagt Hartung, „aber schließlich habe ich mir ein ziemliche Depression eingehandelt. Noch war ich nämlich nicht so weit, mich mit all dem, was ich seit meiner Jugendzeit angestellt hatte, wirklich auseinanderzusetzen", sagt Torsten. „Ich verdrängte immer noch meine Schuld, fraß das Böse weiter in mich hinein wie eine vergiftete Nahrung. Da kann eine Seele nicht gesund werden!"

Paul ahnt, was kommt: „Hast du daran gedacht, Schluss zu machen?", will er von Torsten wissen.

„Und wie oft! Irgendwann macht dich dieses Alleinsein fertig. Irgendwann kocht es dich ein! Du weißt nicht mehr, wo oben und unten ist. Und vor allem: Mir war mein Leben bis dahin sowieso immer egal gewesen…" Torsten hat die Hand an seine Schläfe gelegt, während er seine Erinnerungen teilt.

„… wenn du mich besiegen willst, musst du mich töten!", murmelt Paul leise.

Torsten nickt. „Ich war ganz kurz davor, es zu tun. Mit einem Seil aufhängen? Mir die Adern aufritzen? Tabletten vom Krankenrevier horten und schlucken? Von der Brüstung des Gefängnistreppenhauses in die Tiefe springen? Ich hatte mich eigentlich aufgegeben, und es fehlte nur die Gelegenheit, die Gedanken Wirklichkeit werden zu lassen.

Vielleicht liest du mal einige Seiten aus meinem Tagebuch, dann kannst du besser verstehen, was ich meine. Gestern habe ich vieles seit einigen Jahren das erste Mal wieder gelesen und mir extra Zettel hineingelegt."

30. März 1994

Mir wurde heute eröffnet, dass die Staatsanwaltschaft die besonderen Sicherungsmaßnahmen meiner Einzelhaft aufrechterhält.
Werde ich diese Belastungen noch lange tragen können?
Seit fast 18 Monaten lebe ich in Isolationshaft. Die einzige Begegnung mit Menschen findet am Abend statt, kurze Gespräche mit meinem Zellennachbarn am Fenstergitter, ohne jemals seine Körperlichkeit gesehen zu haben.
Aber wenigstens eine solche Form der Begegnung, der Gemeinschaft, denn ohne diese wäre es nur sehr schwer zu ertragen.
Werde ich am Ende noch Mensch sein?

30. April 1994

Wenn ich die Gelegenheit habe, von anderen Gefangenen ihre schicksalhafte Lebensgeschichte bruchstückhaft in Erfahrung zu bringen, dann muss ich immer wieder mit Erschrecken feststellen, wie groß doch die Übereinstimmungen sind.
Was für Beziehungsdramen sich hier abspielen – tiefe Einschnitte in die Seelenwelt – Verletzungen, neue, immer wieder neue, gleiche?
Wie ein Hamster im Laufrad, ein sich ständig wiederholendes Muster, welches einen selbst und andere verletzt.
Ein Klammern an Wünsche, fern von jeder Realität.
Fakten, die einem nur so um die Ohren fliegen.
Wahrheiten, die die Dunkelheit meiner Lebenslüge wie ein leuchtendes Lichtschwert zerschneiden und mir, einer an Lüge und Finsternis gewöhnte, ängstliche Gestalt, einen Schrecken einjagt.

Obwohl es das Beste wäre – wer kann loslassen, die Wahrheit annehmen?

Mein Leben geht weiter, will es mich noch?

19. Juni

Wie lange muss ich warten, dass dieser Tag endet?
   Wie lange muss ich warten, dass der neue Tag beginnt?

Ich brauche nicht zu warten, denn der neue Tag wird wie der alte Tag sein!

15. Juli

Wurde wieder verlegt.
   Habe den Stall sechseinhalb Stunden gereinigt. Psychoterror vonseiten der Sicherheitsabteilung. „Tötet mich und ihr habt euren Kampf gewonnen."
   Da ist es wieder, das „Schlag mich doch tot".
   Ach ja, seit 34 Monaten Einzelhaft, 23 Stunden am Tag in einer 8-m²-Zelle.

23. Juli

Eben, 6:30 Uhr, wurde Hausalarm gegeben, auf der Zelle 212 hat sich einer aufgehängt, sie konnten ihn nicht mehr reanimieren. Er hat's geschafft!

1. August

Heute habe ich die neuen Haftbefehle abgeholt, Autos, Mord, Banküberfall.
Die Zeit wird mir zeigen, was noch kommen muss, um mein Leben zu ändern.
Um mich abzulenken, Training verschärft.
Als würde ich versuchen, mich selbst zu töten, mein Leben lang schon.

23. August 1994

Man lebt, man stirbt. Welche Rolle spielt der Wille bei all dem?

...

Ist Selbstmord eine Lösung?

...

Ich und andere Menschen leiden unter diesem, meinem Leben!

In mir tobt ein gigantischer Kampf, das Ego gegen das Selbst, die Lüge gegen die Wahrheit und die Dunkelheit gegen das Licht.
Es scheint mir, als gäbe es keinen festen Zustand, den ich erreichen kann.
Und ganz gewiss bin ich seit Langem tot, emotional tot, mein Selbst-Mord hat schon stattgefunden.
Mein Ego hat mich in den Selbst-Mord getrieben!

Ich verspüre kein Verlangen nach dem Tod, sondern eher das Verlangen, nicht zu sein, niemals diesem Zeitvertreib aus Dummheit, Abdankung, Verneinung und abgestumpften Begegnungen – die selten stattfinden – verfallen zu sein, der das Ego Torsten Hartung ist, das viel schwächer ist als er. Das ICH dieses umherirrenden Krüppels, das von Zeit zu Zeit kommt, um seinen Schatten anzubieten, auf den ich schon seit Langem gespuckt habe, dieses an Krücken gehende und sich dahinschleppende Ego, das sich dennoch in der Wirklichkeit zurechtfindet. Niemand hat seine Schwäche wie ich empfunden, die die hauptsächliche, wesentliche Schwäche der Menschen zu sein scheint.

Fürs Zerstören, fürs Nichtexistieren.

Bin total zerrissen!

15. Oktober

Heute Morgen, um 8 Uhr, vor drei Jahren, wurde ich von Interpol in Schweden verhaftet.

Drei Jahre Einzelhaft, begleitet von Fragen und Antworten, welche mich ständig aufheben und fallen lassen. Wie Getreide, welches im sanften Wind immer neu geworfen wird, um die Spreu vom Weizen zu trennen.

Beide schweigen. Torsten nippt an seinem Tee.

„Und", fragt Paul gedehnt, „wieso hast du dich dann doch nicht umgebracht?"

„Das", sagt Torsten, „ist eine ganz eigene Geschichte."

8. DIE UMKEHR

Zwischen Mai 1993 und Februar 1996 verzeichnen die Akten über Torsten Hartung insgesamt siebenmal die Verhängung von „besonderen Sicherheitsmaßnahmen". Diese durch das Gericht beschlossenen „Sicherungsverfügungen" legen unter anderem fest, dass er in Einzelhaft bleibt und sein Kontakt nach draußen in besonderem Maße überprüft und eingeschränkt werden kann. Gleichwohl versteht es Hartung, sich immer wieder kleine Freiräume zu verschaffen, diese zu nutzen – und damit gegen die Anstaltsordnung zu verstoßen. Teilweise kurios liest sich eine Liste seiner neun Verstöße, die die Haftanstalt in dieser Zeit festhält.

Im Oktober 1994 etwa handelt sich Hartung einen Rüffel wegen der „unerlaubten Übergabe von Gegenständen (19 Kastanien) an einen Mitgefangenen während der Freistunde sowie verbale Auseinandersetzungen mit dem Aufsichtsbeamten" ein.

Es wird Hausalarm ausgelöst und gleich vier Beamte „begleiten" ihn auf die Zelle. Einen Monat später wird ihm eine „unerlaubte Kontaktaufnahme durch mehrfaches Rufen aus dem Zellenfenster" angekreidet. Die „Inempfangnahme von Speisen, welche Mitgefangene in seinem Auftrage zubereitet hatten", führt im Mai 1995 zu einem erneuten Verweis, genauso wie ein ähnlicher Vorfall fünf Tage später.

Gravierender im juristischen Sinne ist der Versuch Hartungs, über eine Justizangestellte die richterliche Postkontrolle zu umgehen – das wird im Juni aktenkundig. Und im gleichen Monat fällt auch sein erotisches Verhältnis zu Manuela, einer anderen Mitarbeiterin des Vollzugsdienstes auf – die junge Dame muss daraufhin ihren Posten räumen.

Noch drei andere Regelverletzungen Hartungs werden bis 1996 aktenkundig. Dazu gehören solche Aktionen wie die „unerlaubte Übergabe" eines Telespiels an einen Mitgefangenen, die Kontaktaufnahme zu anderen Gefangenen oder der Versuch, Unterlagen fotokopieren zu lassen.

*

„Im Vergleich zu dem, was du vorher draußen angestellt hast, war das ja wohl eher harmlos", sagt Paul. Er kennt die strengen Regeln im Knast aus eigenem Erleben. Und noch besser kennt er die Subkultur, die sich dort regelmäßig bildet: Gewalt, Erpressung, Drogen, sexuelle Nötigungen sind an der Tagesordnung. „Dagegen bist du ein richtig braver Junge geworden!", sagt Paul und grinst.

Torsten grinst zurück: „Vor allem die Übergabe von 19 Kastanien fällt natürlich ziemlich ins Gewicht. Aber mit deiner Beobachtung hast du recht: Ich habe mich im Gefängnis verändert."

„Wie hat sich das gezeigt?", will Paul wissen.

„Ganz einfach dadurch, dass ich in der Einzelhaft angefangen habe, das erste Mal richtig über mein Leben nachzudenken. Von Wand zu Wand waren es vier Schritte, in der Länge etwas mehr", erzählt Torsten. „Was kannst du da tun? Du kannst schlafen. Du kannst verzweifeln. Du kannst versuchen, Schluss zu machen. Oder du fängst irgendwann einmal an nachzudenken!"

*

Tagebucheintrag vom 13. August 1997

Die Summe des ertragbaren Negativen – Erwartungshaltung einer 25-jährigen Haftstrafe – ist schon lange überschritten und trotzdem ist der Fluss des Bösen nicht mehr aufzuhalten.

Gebt alle Eimer und Wannen her, denn meine Unersättlichkeit mit Negativem ist noch nicht vollkommen!

Scheißspiel.

Bin total aggressiv unterwegs. Dabei kam es heute beinahe zu einer Auseinandersetzung.
Ein ausländischer Mitgefangener profilierte sich lautstark in der Schachgruppe. Meine Dünnhäutigkeit und der in mir kochende Hass suchten nach einem Ventil. Nachdem ich einige Zeit sein Rumgegröle hinnahm, sagte ich dann doch im Brustton der Gelassenheit: „Du bist wie ein kleiner Hund, der mit einem Stock spielt."
Alles Getuschel brach sofort ab.
In der Stille des Raumes richteten sich aller Blicke auf die zu erwartende Reaktion des Südländers. Wie aus einem überquellenden Topf ergoss sich eine Schimpftirade über mich: „Ich ficke deine Mutter, deine Schwester ..."
Meine Reaktion war, die Dame auf das Feld zu stellen, um meinen Schachpartner zum Weiterspielen zu animieren.
Da mein Blick das Schachbrett nicht verließ, legte der von mir beleidigte Südländer verbal nach: „Ich schlage dir die Augen blau und die Zähne raus", und kam dabei auf wenige Meter an meinen Tisch.
Die restlichen Mitgefangenen standen von den Tischen auf und stellten sich an die Wand, in Erwartung des Showdowns.
Ohne vom Schachbrett aufzublicken sagte ich: „Wenn du mich angreifst, dann geht es nicht um blaue Augen oder rausgeschlagene Zähne, sondern ich werde versuchen, dich zu töten. Ob einmal lebenslang oder zweimal ist nicht wichtig."

Da war es wieder: „Komm, schlag mich tot, wenn du gewinnen willst."
Durch diese Auseinandersetzung habe ich mir keinen Freund gemacht.
Es geht hier um Hierarchie, ein ständiges Belauern.
Der Umstand meiner langen Isohaft und das langsame Bekanntwerden meiner Straftaten hat mich mystisch auf eine Position gebracht, die ich nicht wollte und mit der ich entweder

umzugehen lernen oder aufgeben muss, um nicht ständig in Kampfbereitschaft sein zu müssen.

15. August

Die Situation scheint zu kippen.
Der beleidigte Mitgefangene sucht unter seinen führenden Landsmännern die Zustimmung zu erlangen, um mich für die Demütigung abzustrafen.
Jetzt beginnt automatisch ein Mechanismus der Positionierung.
Die Gegner klopfen durch unscheinbare Gespräche mit den Wortführern anderer ethnischer Gruppen ab, ob Sympathie oder Antipathie für meine Person vorhanden ist.
So schätzt der Gegner ab, ob ein Angriff auf meine Person ohne großen Schaden für den Angreifer ausgehen kann.
Die angespannte Situation wird in der Freistunde sehr deutlich, wo sich ca. 50 bis 80 Gefangene auf einem Hof befinden, um eine Stunde Frischluft zu tanken.

Von den Deutschen habe ich keinerlei Hilfe zu erwarten, denn da gibt es nur Splittergruppen von maximal drei Gefangenen.
Doch die Jugoslawen, die Albaner und die Araber signalisierten seit Bekanntwerden einer eventuellen Eskalation Beistand.

Die Gefahr ist noch nicht vorbei!

16. August

Es scheint ernst zu werden! Einige arabische Freunde nehmen Dinge mit in die Freistunde und fordern mich auf, in ihrer Nähe zu bleiben.

Draußen stehen ca. 15 Südländer in einer Ecke konzentriert ohne mich aus den Augen zu lassen, verfolgen sie jede Geste, wer grüßt mich, wen grüße ich, wer führt das Gespräch, ist es freundschaftlich oder ernst.
Ein Verhaltenspsychologe hätte seine wahre Freude an dieser Situationsgestaltung gehabt. Für mich ging es um mehr! Ein Wortführer löste sich aus der Traube.
Die Eingeweihten achteten genau auf seine Hände.
Er ging zu dem Jugochef, der mit seinen Leuten auf der gegenüberliegenden Seite des Hofes an der Umzäunung stand und abwartete.
Bevor er die Jugos erreichte, löste sich der Jugochef, ignorierte den ankommenden Boten und kam mit einer lauten, theatralischen, einladenden Geste auf mich zu, umarmte mich vertrauensvoll, legte seinen Arm auf meine Schulter und lud mich mit einem sanften Druck zu einem langsamen spazierenden Rundgang ein, vorbei an der Ecke, wo die ca. 15 Gefangenen standen, welche alles genau beobachteten.

Ahmet, ein arabischer Wortführer, der den Anfang des Szenarios verpasst hatte, brüllte schon von Weitem: „Habibi Torsten, alles in Ordnung, mein Bruder?"
Wie auf ein Stichwort löste sich die Traube der 15 Gefangenen in kleine Gruppen auf und verlor sich im Gefangenenhof, aber nicht ohne dass Ahmet einen alles sagenden Blick und Fluch in die Ecke der Gegner schickte. Seine herzliche Begrüßung zog mich in die Mitte seiner Landsmänner und Bato, der Jugochef, lächelte mir in Siegerpose zu.

*

Vier Jahre, neun Monate und zwei Tage Einzelhaft. Prozess folgt auf Prozess. Die scheinbare Selbstsicherheit des einstmals mächtigen Torsten Hartung, sie bröselt Stück für Stück zusammen.

Irgendwann sind alle Hüllen, die sich der Verbrecher als Panzer umgeschnallt hat, gefallen, und er kommt mit seinem Inneren in Berührung. Alle Krusten, alle Verletzungen kommen zum Vorschein. Gegenüber der Außenwelt kann er den Schein noch wahren, er kommt ohnehin mit kaum jemandem wirklich ins Gespräch. Doch in diesen Jahren der Gefangenschaft geschieht etwas, das Hartung nicht mehr loslässt. Ein Wandel kündigt sich an.

*

„Ich begann, mich die ganze Zeit über mit grundsätzlichen Fragen zu beschäftigen.
 Wo komme ich her? Wie bin ich der geworden, der ich bin? Wonach sehne ich mich? Was vermisse ich? Und vor allem – diese Frage konnte ich damals natürlich kaum aussprechen: Wie kann ich mit meiner Schuld umgehen? Ich merkte mehr und mehr, was alles ich anderen Menschen angetan, was ich angerichtet hatte."

Paul schweigt. Doch dann drängt sich ihm eine Frage auf, die er nicht zurückhalten mag: „Meinst du, es gibt so etwas wie ein Gewissen? Etwas, das unabhängig von unserem Willen existiert und das uns dazu bringt, irgendwann einmal, auch wenn wir es gar nicht bewusst wollen, eine Bilanz unseres Lebens zu ziehen und Rechenschaft abzulegen?" Paul ist fasziniert von diesem Gedanken, weiß aber nicht recht, ob er ihn für möglich halten soll.
 Torsten schweigt ein paar Sekunden. Dann spricht er leise weiter: „Weißt du, Paul, damals habe ich das nicht für möglich gehalten. Ein Gewissen? Was für ein Unsinn, so dachte ich! Denn – was soll das sein? Das, was der Herr Pastor einem sonntags in der Kirche einzureden versucht? Damit hatte ich damals bestimmt nichts am Hut, das kannst du mir glauben!"

Paul lässt nicht locker. „Aber da muss doch etwas gewesen sein! Irgendetwas muss mit dir geschehen sein. Etwas, das dich dazu gebracht hat, plötzlich anders zu denken, anders zu fühlen – und vielleicht auch anders zu handeln."

„Ich kann nicht sagen, wann und wie es angefangen hat", stellt Torsten fest. „Aber im Laufe der Monate habe ich all die Gesichter der Menschen, die ich gedemütigt, belogen, verletzt und beraubt habe, vor meinem geistigen Auge gesehen. Und natürlich kam mir auch immer wieder jene Nacht in den Sinn, in der ich Dieter getötet habe. Immer wieder der Satz: ‚Er hatte keine Chance.'

In meiner Lebensgeschichte habe ich nach Antworten auf die Frage nach der Schuld gesucht. Warum bin ich so geworden, wie ich geworden bin?"

*

Hartung durchlebt eine Achterbahn der Gefühle. Immer wieder hat er depressive Schübe, nach fast fünf Jahren in Einzelhaft keineswegs ungewöhnlich. Doch er versinkt nicht in der Depression, bleibt nicht in ihr stecken. Dass er professionelle therapeutische Hilfe in Anspruch nehmen kann, ist für ihn ein Lichtblick. Auch wenn er später zu Protokoll geben wird, er hätte während dieser Stunden „auch bloß Kaffee trinken können" – so helfen ihm die Gespräche dennoch wirklich weiter.

Wichtiger noch als diese relativ wenigen Gespräche mit dem Therapeuten wird ihm jedoch sein Tagebuch, das er zu schreiben begonnen hat. Stundenlang sitzt er auf seiner Pritsche und schreibt alles auf, was ihn beschäftigt. Das Tagebuch wird ihm in Zeiten der Einsamkeit und Verzweiflung zum Gegenüber. Das Formulieren hilft, die Gedanken zu ordnen; das wiederholte Lesen, den Sinn hinter vielem zu begreifen. Vier große Kladden wird Hartung am Ende seiner Haftzeit mit in die Freiheit nehmen – dicht beschrieben mit Erinnerungen, Auseinandersetzungen, Zweifeln und Gewissheiten, Fragen an sich und sein Leben. Diese Tagebücher begleiten Hartung auf seinem Weg aus der Umklammerung, der Erstarrung und des Nichtwahrhabenwollens. Unerbittlich wird er mit seiner Lebensgeschichte konfrontiert, begreift er mehr und mehr, was geschehen ist. Rechtfertigungen, das spürt Hartung, haben da keinen Platz. Denn schon seit seiner Kindheit geht er viel zu radikal mit seinem Leben um, als dass er sich jetzt selbst noch einmal betrügen könnte.

*

Tagebucheintrag, 9. Januar 1995

Meine Kindheitserinnerungen und Erfahrungen greifen immer mehr Raum und weisen mir einen äußerst narbenreichen – schmerzvollen Weg, vorbei an blutroten Quellen von Seelenwunden und tiefen Verletzungen.

Verblasste Bilder erhalten ihren Ort und eine schneidende Schärfe, Personen, ihre gewaltige Kraft, verzerrte Gesichter, ihre Stimmen und Panik macht sich breit, Gefühle beginnen hastig zu atmen, in totaler Angst ...

„Hör auf, hör auf, du schlägst ja den Jungen tot!", schrie meine Mutter in das Stimmengewirr von Flüchen und einen schon ins Wimmern übergegangenen Schrei um Leben meinen Vater an. Die Schläge ebbten ab und das zwischen Couch und Fernsehschrank kauernde Häuflein Elend weinte still in sich hinein, denn der Donner des sich eben auf ihn entladenen Gewaltgewitters grollte ihm unmissverständlich zu: „Hör auf zu jammern." Sekunden später folgte ein „Ab ins Bett mir dir, ohne Abendbrot", was Hoffnung gab, diesen Wogen der Gewalt entfliehen zu dürfen.

Die Angst vor neuen Schlägen ließ mich einen Weg an meinem Vater vorbei wählen, der den größten Abstand ermöglichte.

Langsam, voller Misstrauen, setzte ich mich in Bewegung, und als ich kurz vor seiner Armreichweite war, beschleunigte ich das Tempo, direkt bis in mein Bettchen.

Der da vor wenigen Augenblicken um sein Leben schrie, war ein zehnjähriger Junge namens Torsten. Er schrie nicht zum ersten Mal um sein Stück Scheißleben.

Drei Jahre zuvor zerschlug die Mutter sein Trommelfell und wollte sich anschließend vor ihm erst vergasen, was das kleine Menschenkind verhindern wollte, indem es verzweifelt die Gashähne in alle Himmelsrichtungen drehte, was die Mutter wiederum mit einer Rückhand belohnte und ständig sagte: „Du bist an allem schuld."

Als meine kleinen Hände trotz der Schläge unentwegt versuchten die Gashähne zu erreichen, vernahm ich den Satz meiner geliebten Mutter: „Ich kann nicht mehr, ich hänge mich auf und du bist an allem schuld", nur wie ein Echo, da meine kleine Schwester mit mir um die Wette weinte und aus Leibeskräften schrie.

Das Knallen der Bodentür und das nun bemerkte Fehlen meiner Mutter in der Küche ließ mich nach einem Kartoffelmesser und der Hand meiner Schwester greifen, um – sie hinter mir herziehend – an die Bodentür zu gelangen.

Die Stufen zum Trockenboden waren für mich sehr hoch und für meine Schwester unmöglich zu überwinden, sodass ich sie am Treppenabsatz stehen lassen musste.

Auf dem Trockenboden sah ich meine geliebte Mutter, stehend auf einem alten Stuhl, eine Wäscheleine um den Hals knotend. In Panik versuchte ich Knirps, erst den Stuhl und dann ihren Körper zu erklimmen.

Sie schüttelte mich ab und ich stürzte zu Boden.

Völlig unbeholfen, mit ständigen „Bitte, bitte, Mama, bitte nicht", schnippelte ich sinnlos mit dem Messer am Ende der Wäscheleine rum.

Mein „Bitte, bitte, Mama", wurde durch einen Stoß ihres Fußes jäh beendet.

Sie schrie mich an: „Lass die Leine heil, die gehört Möllers", und stieg vom Stuhl.

Kannst du dir vorstellen, geliebte Mama, was da in mir alles kaputtging, zerschlagen wurde?

Mit meinen wenigen Lebensjahren bemerkte ich überdeutlich, dass in diesem Moment in mir etwas Großes zerbrach.

Was da in mir zerbrach, weiß ich nicht genau, vielleicht mein Herz und mein Urvertrauen. Alles, alles was hiernach noch an Gewalt auf mich zukam von euch, meinen geliebten Eltern, war eh nur das Herumspringen auf den Scherben eines von euch zerstörten heiligen Gefäßes.

Mit neun Jahren stellte ich mich vor meine geprügelte Mutter mit den Worten: „Hör auf, meine Mama zu schlagen." Und es war mir egal, ob mein Vater mich dafür totgeschlagen hätte, denn ich war innerlich schon tot.

So lernte ich schon sehr früh, wie Ehestreitigkeiten oder andere Probleme gelöst werden. Bei Gewalt verstummen die Argumente!

Ich war wohl zwölf, als ich in der Schule das erste Mal nicht verhauen wurde, sondern mit wachsendem Hass austeilte. Und auf einmal nahmen mich Menschen wahr, grüßten mich und lächelten mir zu. Es war Angst, welche sie dazu bewegte, freundlich zu sein. Da ist mein anfängliches Tätersein!

Ich gab meine Angst weiter, versetzte andere in Angst, und das gute zwanzig Jahre lang.

Mein Vater hat nicht mich, aber meine Gefühlswelt totgeschlagen. Bei einer verbalen Auseinandersetzung, ich war 15, fing er wieder an zu schlagen. Doch diesmal war es anders, ich schrie nicht, zuckte nicht mit der Wimper und fragte ihn bei jedem neuen Schlag: „Was, das ist alles? Na komm, komm, schlag mich doch endlich tot, mach schon."

Ja, ich war damals im Stadium tiefsten Hasses und größter Verachtung vor meinem und dem Leben anderer. Ich bin euch egal, ihr seid mir egal, alle.
   Von diesem Tag an ging ich meinen Weg.

Nun verlor mein Vater seine Gewaltherrschaft über mich. Ich war nicht mehr berechenbar für ihn, sondern zeigte, unbeeindruckt von seiner Gewalt, erste Anzeichen von Rebellion. Das machte wiederum meinem Vater Angst, der er mit Verbannung begegnete. Er setzte mich vor die Tür mit den Worten: „Wer sich gegen den Vater auflehnt, hat in diesem Haus nichts mehr zu suchen."

Da stand ich nun mit meinen fünfzehn Jahren, ohne Geld, Wohnung, Arbeit und Liebe. Tagelang stöberte ich nach etwas Essbarem oder einem Schlafplatz suchend, durch die Stadt. Im Herzen ein leises Weinen um die verlorene Heimat. Wo ist mein Zuhause? Später ging ich zu den Eltern und forderte mein Recht auf Essen und Unterkunft, denn Liebe gab es eh nicht auf dieser Scheißwelt.

Mein Hass wuchs ins Unermessliche. Ich suchte nicht das Leben, eher den Tod.
   Denn das Leben, so schien es mir jedenfalls, wollte mich nicht.
   Da ich den Tod suchte, wurden meine Schlägereien immer brutaler und meine Provokationen immer hochmütiger.
   Mein ganzes Auftreten war arrogant und lebensverachtend.
   Und da war es auch wieder: „Wenn du gewinnen willst, dann musst du mich totschlagen!" Diese Entschlossenheit stand in meinen Augen und sprach ihre ureigene Sprache in den Schlägereien selbst.

Jede Auseinandersetzung war wie ein Überbrückungsventil, das sich öffnete, um den in mich hineingeschlagenen Hass auf andere zu verlagern.

*

26. Februar 1995

Was für eine Tragödie spielt sich hier ab?
  Hilflos schaue ich auf mein Leben, wie es an mir vorbeirauscht.
  Warum nehme ich nicht daran teil?
  In einem Raum am Tisch sitzend, nicht allein, gegenüber die Angst, rechts neben mir der Hass und links die Ohnmacht.
  Diese Tischgemeinschaft stumpft mich ab, lässt mich emotional veröden.

*

9. April 1995

Wo ist der Platz für Emotionen? ...
  Wo kommt das Misstrauen her?
  Warum kann – will ich nicht vertrauen, nicht mal mir selbst?
  Das Selbst-Vertrauen.
  Es scheint, dass ich in einem inneren Gefängnis sitze, gefesselt. Ein Teufelskreis ...

*

Zwischen den Buchdeckeln beschreibt er das Papier, anfangs unsicher und fahrig, später immer klarer – bis es zu einer entscheidenden Wende kommt. Eine Wende, die ihn bis ins Mark erschüttert und sogar seine Schrift verändert. Ab diesem Tag schreibt er anders. Selbstbewusst. Klar, fast künstlerisch schön ist seine Schrift nun.

*

Am 15. Mai 1998 ist Hartung schon fast sechs Jahre in Haft. Zurzeit läuft sein letzter Prozess. Es geht um einen Banküberfall – und einen Mord. Noch immer lautet die Parole für Hartung und seine Komplizen: Es wird dichtgehalten. Doch die Front bröckelt. Die alte Weisheit bewahrheitet sich auch hier: Irgendjemand redet immer.

So fliegt auch letztlich die gesamte Bande auf. Durch die Kronzeugenregelung kommt der Staatsanwalt zu wichtigen Aussagen, und es wird klar, wer wann was angeordnet, auf den Weg gebracht und getan hat.

Stefan, der mit dem Mordopfer Dieter damals in Riga ein Zimmer teilte, erzählt der Polizei, wie Hartung ins Hotel kam und Dieters Sachen packte, wie er davon sprach, dass sein Zimmergenosse „endgültig abgereist sei". Und natürlich auch von dem Blutfleck auf Martins Hose. Aber beweisen lässt sich nichts.

Andere erzählen, dass Hartung sie bedroht hat, dass er sie gezwungen hat mitzumachen, damit es keinen „Waldbrand in Riga" gibt. Einer sagt: „Torsten ist unberechenbar. Wir wussten nie, was wir von ihm zu erwarten hatten."

Dieter bleibt übrigens nicht der einzige Tote im Umfeld der Autoschieberbande. Ein Leibwächter der Russenmafia mit Namen Iwan sagt, als er geschnappt wird, gegen seinen Chef und die anderen Bandenmitglieder bei der Polizei aus, um seine eigene Haut zu retten. Kurz darauf stirbt er bei einem Handgranaten-„Unfall" in einem Café in Riga.

*

„Waldbrand in Riga!" Wieder einmal pfeift Paul durch die Zähne. „Das hört sich nach einer richtigen Parole an. Hat das echt ausgereicht, um die anderen zu bewegen, in Sachen Mord die Schnauze zu halten?"

„Offensichtlich ja!", sagt Torsten. „Ich habe in den ersten vier Prozessen nie etwas ausgesagt – und erst recht nicht gegen die anderen. Erst bei meinem fünften und letzten Prozess habe ich zum Mord etwas gesagt.

Mit allen Leuten, die uns auch am Rande geholfen haben, waren es insgesamt 52 Personen, die verhaftet worden sind. Allerdings haben von denen einige wegen Geringfügigkeit ihrer Delikte auch nur Bewährungsstrafen kassiert.

Die Kameraden aus dem engsten Kreis haben dichtgehalten, bis auf Jörg. Der war ein echter Depp!"

„Wieso?", will Paul wissen.

„Stell dir vor, der hat Kassiber geschrieben, 12 Blatt im Format A4 – und da stand quasi sein ganzes Geständnis drin!" Torsten schüttelt bei dieser Erinnerung heute noch den Kopf. „Natürlich ist der Kassiber entdeckt worden und beim Staatsanwalt gelandet. Da brauchten die Herrschaften vom Gericht gar keine weiteren Ermittlungsakten mehr! Dass er damit viele andere, auch mich, mit hineingerissen hat, fand ich nun völlig doof."

„Und ist durch den Kassiber auch dein Mord aufgeflogen?", will Paul wissen.

„Nein!", sagt Hartung. „Ich wäre auch nicht zu packen gewesen! Natürlich kam es zur Eröffnung eines neuen Haftbefehls wegen Mordes, über 100 Verhandlungstage lang ging die ganze Veranstaltung, doch es war mir einfach nichts zu beweisen! Keine Leiche, keine Zeugen, keine Indizien."

*

Die Staatsanwaltschaft beißt sich an Hartung die Zähne aus. Der Prozess ist nun schon über zwei Jahre im Gange. Immer wieder folgen neue Beweisanträge, doch immer ist alles umsonst. Hartung ist nicht zu kriegen.

Natürlich, es gibt Hinweise. Ja, es gibt Andeutungen. Ja, man weiß, eines der Mitglieder der Bande ist bei einer der Reisen nach Riga spurlos verschwunden, nachdem er mit Hartung zusammen war. Aber solche Mutmaßungen allein reichen nicht aus, um eine juristisch haltbare Entscheidung zu treffen. Das wissen auch die Richter. Sie kommen mit dem Prozess nicht voran, solange Hartung schweigt. Der Angeklagte selbst hat sich – obwohl juristischer Laie – perfekt vorbereitet. Er ackert in seiner Zelle tagelang das Strafgesetzbuch durch, dazu die Strafprozessordnung und weiß auf jede Situation im Gerichtssaal zu reagieren.

Was Hartung erstaunt: Sein Anwalt will nicht wissen, ob er es war oder nicht. „Als Verteidiger bin ich schließlich ein Strafvermeider", sagt er zu ihm. Es sieht alles so aus, als würde er in diesem Fall tatsächlich eine Strafe für Hartung vermeiden können.

*

„Du warst doch eigentlich ganz fein raus, oder?" Paul zieht eine Art Zwischenfazit. „Den Prozess hättest du in Ruhe aussitzen können, keiner hätte dir was nachweisen können. Und dann hätte es auch keine Strafe wegen Mordes gegeben."

Torsten nickt. „Ja, genau so hätte es laufen können, wenn ich der Alte geblieben wäre", sagt er. „Aber das konnte ich nicht!"

Paul schaut ihn an, sagt aber nichts. Er fühlt: Jetzt wird ihm Torsten etwas Wichtiges sagen.

„Ich hatte in der Zelle Zeit, mir mein Leben genauer anzuschauen. Und dabei habe ich zunehmend etwas gespürt, was ich bis dahin weder für andere noch für mich selbst kannte", erzählt Torsten: „Ich begann, Mitleid zu empfinden, ich konnte mit meinen Opfern mitfühlen, spüren, was ich ihnen angetan hatte. Und immer wieder stand plötzlich riesengroß eine Frage vor mir: Wie gehe ich mit meiner Schuld um, mit meiner riesigen Schuld?"

„Und wie hast du diese Frage beantwortet?"

Torsten schüttelt den Kopf. „Ich selber konnte es nicht."

*

Tagebucheintrag vom 19. Februar

Ein neuer Tag, der an mir vorbeigleitet, ohne eine wesentliche Spur zu hinterlassen.

Eine Gedankenwoge an Johanna sucht den brechenden Strand.

Meine liebe Tochter!

Ich danke deiner starken Mama, dass sie Ja zu deinem Leben gesagt hat.

Meine Unreife und Feigheit bitten dich um Verzeihung.

Die Wunden in deinem kleinen Herzen, welche ich euch zugefügt habe, sind jetzt auch meine Wunden. Verzeiht, ihr Lieben.

Vielleicht werden wir Gelegenheit haben, später, denn ...

Was magst du wohl für eine Charakterpersönlichkeit haben?

Ein Foto wäre mir ein Seelenpflaster.

Doch ich will keinen Kontakt aufnehmen, um Irritationen zu vermeiden.

Du hast deine Familie, Mutter und Vater.

*

Im Knast beginnt Hartung ein Fernstudium in Psychologie. Er will sich endlich selbst verstehen. Zum ersten Mal wälzt er systematisch Lehrbücher, gräbt sich in die Gedankengänge wissenschaftlicher Betrachtung und Analyse ein. Je mehr er sich mit dem Thema „Aggressivität" beschäftigt, desto deutlicher erkennt er, dass die Ursachen für sein ungeheures Gewalt- und Aggressionspotenzial in seiner Kindheit liegen müssen. Ihm wird zugleich klar, wie vielen Menschen er mit seiner Form von Aggression, mit Machtausübung und Gewalt im Laufe der Jahre Unrecht angetan hat. Hartung erkennt den merkwürdigen Zusammenhang zwischen seiner eigenen Opferrolle und dem Drang, dadurch selbst zum Täter zu werden. Er ist eben nicht nur in seiner Kindheit Opfer, sondern vor allem ein Täter in seinem eigenen, selbst bestimmten Leben. Alles das wird ihm jetzt klar.

In seinem Tagebuch notiert er am 31. März 1995:

Das Psychologie-Fernstudium macht mir sehr viel Spaß. Es öffnet mir Türen. In diesen verborgenen Räumen warten die Antworten auf mich. Antworten, die die Frage „Wer bin ich?" immer mehr be-er-leuchten. Es ist ein äußerst schmerzhafter Weg, denn die Wahrheit ist nicht immer nur angenehm. So muss und möchte ich lernen, die Ursachen meines „so Seins" zu erkennen.

Was bin ich, wer bin ich, wie bin ich – vor mir selbst?

Dieses „Warum" und „Wozu", das Fragenspiel im Selbstdialog lässt mich nachsinnen. Mir scheint es, als würden mich die Erkenntnisse aus einer Art Todesumarmung befreien.

Mut zur eigenen Wahrheit.
  Emotional ist es ein ständiges Aufgehoben- und Fallengelassenwerden.
  Ein Rütteln, ein Sieben, ein Ausgerichtetwerden.

Ja, ein Werden!

Viel lernt er mit den Studienbriefen, die man ihm schickt – doch die wichtigste Frage bleibt für ihn dennoch unbeantwortet: Wie kommt man aus dieser Nummer wieder raus? Die Antwort, da ist er sich inzwischen sicher, liegt jenseits rationaler Überlegungen. Torsten muss tiefer gehen, das spürt er.

Wohin soll er, der Schläger, Dieb, Betrüger, Hehler, Bankräuber und Mörder, bloß mit all seiner Schuld?

Die einzige Möglichkeit, seine Gedanken zu ordnen, sie zu teilen und sich seine Schuldgefühle gleichsam von der Seele zu schreiben, bleibt sein Tagebuch. Ihm vertraut Hartung über die Tage, Monate und Jahre seine tiefsten Geheimnisse an. Viele Ängste, Zweifel, Sorgen, Überlegungen, depressive Gedanken – in einer zögerlichen, tanzenden, kleinen Schrift.

Hartung weiß: Was er anderen angetan hat, ist nicht wiedergutzumachen.

Andererseits will er unbedingt aus diesem Gedankenkarussell ohne Perspektive raus. Er will nicht in diesem Sumpf von Verbrechen und Schuld kleben bleiben, um auf Dauer darin zu versinken.

Am 20. Dezember 1997 schreibt er in sein Tagebuch:

Wenige Tage vor Weihnachten wird mir sehr deutlich bewusst, was mir am meisten fehlt: eine Familie!

Gott, gib mir die Chance, meine Träume und Wünsche zu verwirklichen.
Gib mir die Kraft, um die Haft unbeschadet zu überstehen!
Das mir, der an Gott nicht glaubt.

28. Dezember

Antje lässt mich nicht los, oder eher gesagt, meine Gedanken an Antje lass ich nicht los. Je länger ich über unsere Beziehung nachdenke, umso größer wird mein schlechtes Gewissen und eine damit verbundene schwere Last.
Es scheint so, als würden alle Personen, denen ich tiefes Leid zugefügt habe, gegen mich aufstehen, um mich anzuklagen.

Einzelne Ereignisbilder finden einen verborgenen Weg aus der Dunkelheit meiner Vergangenheit, um im Licht der Gegenwart ihre Stimme zu erheben.
Ein inneres Echo ruft mir sanft zu: „Was hast du da getan?"
Und meine Antwort flieht vor dieser Frage.
In wenigen Wochen müsste ich mein letztes Urteil bekommen.
Vielleicht hilft mir Gott, oder wer auch immer dafür zuständig ist, dafür zuständig sein mag, noch einmal aus der Scheiße.

27. Januar

Mein Lebenswandel war eh nie die Suche nach Leben. Ich suchte den Tod, denn das Leben hat mir und ich anderen wehgetan.
Dass ich hier bin, in dieser Situation, ist ein Produkt meiner Lebensflucht, meines „Ich hasse das Leben".
Was für ein Drama für meine Wegbegleiter und mich!

17. März

Zufall?
Am 12. Dezember sah ich Antje im Fernsehen.
Was hat das Leben nach meiner Haftentlassung für mich bereit, so in circa 25 Jahren?

Bekomme ich dann ein Stück vom Glück? Oder besteht meine Lebensaufgabe im Aufenthalt im Gefängnis, in zweistelliger Jahreszahl?
Wo ist dann mein Nutzen?
Gott, gib mir eine zweite Chance ...
Womit soll ich mir mein Leben ausfüllen?
Gib mir das Sehen in der Dunkelheit.

*

Zu Ostern 1998 wird im Gefängnis in Berlin-Moabit ein Jesus-Film gezeigt. Hartung – der inzwischen nicht mehr in Einzelhaft schmoren muss – schaut ihn sich zusammen mit Mitgefangenen an.

Kurz darauf ertappt er sich dabei, dass er seinem Tagebuch den Satz anvertraut, der ihm völlig fremd vorkommt: „Jesus, du hattest deine Auferstehung. Gib auch mir eine zweite Chance! Schenk mir ein neues Leben!"

*

„Du hast angefangen zu beten?" Paul schaut Torsten fragend an. Klar, er weiß schon, dass hier im Haus einige Kruzifixe hängen, Marienbilder und Heiligenstatuen viele Wände und Ecken schmücken – aber dass der harte Torsten so mir nichts, dir nichts damit anfängt, mit Jesus zu sprechen, erscheint ihm doch etwas ungewöhnlich.

Torsten nimmt den Unterton bei Pauls Frage wahr. Er versteht auch Pauls Erstaunen. „Klingt komisch, oder?", fragt er zurück. „Einer, der so gut wie nie eine Kirche von innen gesehen hat, beginnt plötzlich, sich an Gott zu wenden. Und das, obwohl er eigentlich nie etwas Gescheites über Religion und Glauben gehört hat. So einer spricht plötzlich mit Jesus. Unglaublich oder?" Torstens Stimme bleibt ruhig und klar.

Keine Spur von Unsicherheit über Pauls Zweifel schwingt darin mit.

Torsten weiß: Er hat damals keine Wahnvorstellungen gehabt, er hat keine Knastmacke erlitten. Mit ihm ist in jenen Tagen in Berlin-Moabit etwas ganz anderes passiert.

*

Einige Wochen nach Ostern liegt Torsten auf seinem Gefängnisbett. Es ist der 15. Mai 1998. Seit Monaten ist er mit seiner Schuld beschäftigt und weiß nicht, wohin damit. Er fürchtet, in eine tiefe Depression zu fallen. Kein Ausweg in Sicht. Nirgendwo. Hartung liegt auf der Pritsche in seiner Zelle und sieht, wie sich das weiße Laken, das er wegen der Hitze vors Fenster gespannt hat, durch den Luftzug aufbläht und dann wieder ans Fensterkreuz legt. Die Gitterstäbe sehen durch das Tuch aus wie ein großes Kreuz.

Bei diesem Anblick kommt ihm wieder seine Bitte an Jesus in den Sinn, die er nach dem Film an Ostern in seinem Tagebuch notiert hat. „Gib auch mir eine zweite Chance. Schenk mir ein neues Leben!" Und er fühlt tief in sich eine Sehnsucht. Da ist etwas, das auf dich wartet. Da ist vielleicht jemand, der dir zuhört. Da ist so etwas wie Hilfe.

Er schaut erneut auf das Fensterkreuz, das sich durch das Laken abzeichnet. Für ihn wird es in diesem Moment zu einem Zeichen.

Er denkt daran, was er anderen Menschen angetan hat. An all die Wut, den Hass und die Gewalt. An all das, was er sein ganzes Leben mit sich herum geschleppt hat.

Die gekreuzten Gitterstäbe werden für ihn an diesem Nachmittag in der Zelle zu einem Stoppschild. Sie durchkreuzen sein bisheriges Leben.

Hartung ist erschüttert.

Er beginnt in den Raum zu sprechen: „Gott, ich weiß nicht, ob es dich gibt. Aber wenn es dich gibt, dann gib mir eine Antwort. Schenke mir ein neues Leben! Schau nur, was ich getan habe! So viel Leid, so viel Hass, so viel Zerstörung, so große Lieblosigkeit. So wenig Hoffnung. Ich bin ein böser Mensch!"

Hartung spricht diese Worte nicht bewusst. Sie strömen aus ihm heraus. Und er spürt: Diese Worte kommen ganz tief aus seiner Seele. Und sie verhallen nicht einfach.

„So will ich nicht länger leben!", bricht es aus ihm heraus.

Plötzlich fängt er heftig an zu weinen, zu schluchzen, zu zittern. Die Bilder seines Lebens ziehen an ihm vorbei. Er legt die Hände über das Gesicht und weint wie ein kleines Kind.

Er weint über die Liebe, die er vergeblich seinem Vater nachgetragen hat. Er weint um die Zärtlichkeit, die er bei seiner Mutter so sehnsüchtig suchte – und so verzweifelt vermisste. Er weint über den kleinen, schmächtigen Jungen, der stets verprügelt wurde, weil er sich nicht wehren konnte. Er weint über den Hass, der in ihm wuchs, über die Entscheidung, sich „eher umbringen als besiegen" zu lassen. Er weint über die Frauen, die von ihm benutzt wurden, um seine Lust zu befriedigen. Er weint über ein Kind, sein eigenes Kind, das er mit einer flüchtigen Bekannten gezeugt und noch nie gesehen hat. Er weint über Dieter, den er kaltblütig ermordet hat. Und er weint über Antje, von der er nur eines weiß: Niemals hat ihn ein Mensch so sehr geliebt. Und niemals wird er sie wiederlieben dürfen.

*

Wie lange er hier nun schon auf der Pritsche liegt und weint? Sein ganzes Leben beweint, den Schmerz und die Gewalt – Torsten weiß es nicht.

Er liegt ausgestreckt auf seinem Bett und bereut.

Und dann, mit einem Mal, begegnet dem Verzweifelten ein Gegenüber. Er selbst beschreibt diesen Moment so: „In diesem Augenblick hörte ich eine Stimme, die ganz liebevoll und barmherzig sagte: Ich weiß".

Für Torsten ist es ein Damaskus-Erlebnis. „In diesem Augenblick ist mein ganzes Weltbild in sich zusammengefallen. Denn da wusste ich auf einmal, dass es Gott wirklich gibt. Er war bei mir."

*

Paul schweigt. Er hat die Sorge, dass selbst ein Atemzug diesen Augenblick stören könnte. Dann fährt Torsten mit seiner Erzählung fort: „Weißt du, Menschen reagieren vor allem immer auf den Klang einer Stimme, nicht nur auf den Inhalt des Gesagten. Für mich hatte der Klang dieser Stimme etwas total Neues. Sie war völlig ohne Anklage, sie klang vielmehr liebevoll.

Ich merkte: Da ist einer, der mich kennt, dem nichts verborgen ist, der weiß, wie es um mich steht. Jemand, der mich liebt. Er verurteilt mich nicht, sagt stattdessen zum bösartigsten Menschen, den ich kenne, ganz einfach: Ich weiß.

Das hat mich umgehauen."

*

Hartung zittert, als ob er Schüttelfrost hätte, aber er ist nicht krank, er friert nicht. Inzwischen regnet es draußen, ein leichter Sommerregen geht nieder.

Wieder blickt er auf das Bild des Kreuzes am Fenster: vertikal, horizontal. Dann stellt er eine Frage, die ihm selbst so vorkommt, als stamme sie von einem kleinen Kind: „Also, es gibt euch doch! Warum kann man euch nicht sehen?"

– Wieso sagt er eigentlich *euch*?

Und wieder hört er diese Stimme. Eine klare Stimme. Keine Suggestion. Eine deutliche Botschaft. Nichts Eingebildetes. Sie sagt ihm: „Schreib auf!"

Torsten gehorcht und schreibt einen Satz auf ein Stück Notizpapier: *„Das Auge kann nicht sehen, was dein Geist nicht erfassen kann. Was dein Geist erfasst, das kann es nicht erfassen, was dein Auge nicht sehen kann."*

Torsten spürt ein warmes Glücksgefühl, wie er es bisher noch nie erlebt hat. Bilder vermengen sich, fließen ineinander: das Kreuz am Fenster. Wassertropfen, die auf den Gitterstäben funkeln. Plötzlich ist für ihn die Zelle ein anderer Raum. Die Gitterstäbe lösen sich auf, ihn umfängt so etwas wie ein Orchester von Tönen und Farben. Die Wassertropfen spielen nun für ihn ein Konzert in den Pfützen am Hofboden. Jeder Tropfen klingt wie eine Note, ein unterschiedlicher Ton, der ins Wasser fällt. Torsten öffnet das die Augen für das Mysterium der Natur – und der Schöpfung.

Danach rollt er sich auf seiner Pritsche zusammen und schläft ein wie ein kleines Kind.

*

Pauls Blick fällt auf die Figur in der Ecke des Raumes. Ein Christusbild. Er streckt dem Betrachter die Hände entgegen, eine Hand ist abgebrochen, an mehreren Stellen fehlt der Lack.

„Weißt du, Paul, dieser Augenblick hat alles total verändert. Es war ein Einbruch von Liebe und Verständnis in mein Leben, den ich so zuvor noch niemals wahrgenommen hatte. Zum ersten Mal hatte ich ein liebevolles Gegenüber, nach dem ich mich mein ganzes Leben lang gesehnt hatte!"

Torsten unterbricht seine Erzählung und fragt unvermittelt: „Sag mal, Paul, wie ist eigentlich dein Vater?"

Die Frage überrascht den jungen Mann sichtlich. „Du … du meinst, wie mein Vater … wie er so ist?" Paul gerät ins Stottern.

„Ja", sagt Torsten, „einfach, wie er für dich so ist. Wie er sich verhält dir gegenüber. Interessiert er sich für dich und dein Leben? Kennt er deine Ziele? Deine Träume? Deine Ängste? Deine Lieblingsfarbe?"

Torsten kommt bei seiner Aufzählung in Fahrt. Genau alles dies hätte er sich nämlich selbst so sehr gewünscht, von seinem eigenen Vater zu erleben: Zuwendung, Wertschätzung, Achtung, Geborgenheit, Anerkennung, Liebe. Er weiß: Nichts davon hat er bekommen. Geld war genügend da, er war versorgt, immerhin – denn das bekommen ja auch nicht unbedingt alle Väter hin –, aber er sehnte sich nach so viel mehr.

Nun will Torsten wissen, wie Paul sein Vaterverhältnis beschreibt. Der Junge hat einen roten Kopf bekommen, schließlich beginnt er ein bisschen unsicher zu sprechen: „Also, mit meinem Vater, das ist nicht so einfach!", sagt er. „Es ist nämlich so – ich habe ihn in den ersten zehn Jahren meines Lebens überhaupt nicht gekannt! Er war nach meiner Geburt einfach verschwunden und hatte meine Mutter jahrelang alleine gelassen – und als er später wieder einzog, begann für mich eine ziemlich harte Zeit!"

Torsten nickt, ohne ein Wort zu sagen. Er kann sich vorstellen, wie die Rollen in der neuen Konstellation verteilt waren. Für Paul, so seine Vermutung, war da nur noch wenig Platz übrig. Er hatte nun einen Vater – doch das war eher der Mann der Mutter als ein wirklicher Vater. „Es … es war nicht einfach. Es gab mordsmäßigen Stress … mein Vater hat mich oft verprügelt …" Paul bricht ab. Es scheint, als schäme er sich, davon zu erzählen.

Torsten klopft ihm sanft auf die Schulter, und sagt: „Du brauchst es nicht weiter zu schildern! Ich weiß, wovon du sprichst."

*

Hartung notiert an jenem denkwürdigen 15. Mai 1998 in seinem Tagebuch den Satz: „Vater gesehen!" Dieses Erlebnis verändert alles in seinem Leben. Was er gehört hat, die Stimme jener unsichtbaren Macht, krempelt den alten, unnahbaren, hochmütigen, zynischen, menschenverachtenden Hartung komplett um. Er wird zu einem anderen Menschen. Und er weiß: Sein Leben lief bis zum 15. Mai 1998 wie ein falscher Film ab. Er ist der verlorene Sohn, der nun heimkehren darf.

Hartung beginnt, sich für jenen unbekannten Gott, der zu ihm gesprochen hat, zu interessieren. Er will mehr, er will alles über ihn erfahren. Es ist eine neue, große Liebe in ihm. „Schmetterlinge im Bauch."

Über den Gefängnispfarrer bekommt er eine Bibelausgabe, in der er gleich zu lesen beginnt. Das Gleichnis vom verlorenen Sohn, der von seinem Vater, allen Enttäuschungen zum Trotz, wohlwollend aufgenommen wird, streicht er sich im Neuen Testament an.

In der biblischen Geschichte wird die Rückkehr des Sohnes, der sein Erbe verprasst und alles verloren hat, ausgiebig gefeiert. Der ältere Bruder, zielstrebig und fleißig, beschwert sich bei seinem Vater, dass ausgerechnet der heimgekehrte Nichtsnutz, der sein Erbteil verprasst und verschleudert hat, mit allen Ehren begrüßt werden soll. Doch davon lässt sich der Vater nicht beirren, im Gegenteil. Dies beeindruckt Torsten Hartung am meisten. Der Großmut, den der Vater seinem gefallenen Sohn gegenüber beweist. Es ist egal, was du bisher getan hast. Wenn du umkehrst, weil du dein Leben bereust – dann wirst du mit offenen Armen empfangen. Kein Wort über Schuld und Versagen. Offene Arme, Liebe. „Ich weiß."

Für Hartung ein Bild, das ihn nie wieder loslassen wird.

*

Als Hartung am nächsten Morgen aus seiner Zelle tritt, halten ihn manche seiner Mithäftlinge für durchgedreht. So haben sie den sonst so abgebrühten Schwerverbrecher, der die letzten Jahre weitgehend in Einzelhaft saß, ja noch nie erlebt. Er trägt ein Lächeln auf den Lippen, begrüßt Mitgefangene und Vollzugsbeamte mit einem freundlichen Nicken. Beim Freigang auf dem Hof stellt er eine Veränderung fest und notiert anschließend in seinem Tagebuch:

Komisch; seit gestern habe ich einen tiefen Frieden in mir und eine strahlende Freude begleitet mich seit dem Aufstehen. Auf dem Freistundenhof heben sich meine Augen zum Himmel und bestaunen die Schönheit der Wolkenformation. Einfach herrlich!
Das ist alles da gewesen.
Warum habe ich diese Schönheit der Natur nicht wahrgenommen? Als hätte ich bis gestern einen Schleier über meinen Augen gehabt.
„Sehen tun wir nur mit dem Herzen gut."

Was ist hier passiert?
Ich möchte es verstehen.

Erstmals nimmt er bewusst die Schönheit des Lebens auch im Kleinen wahr. Er spürt: Gestern ist mit ihm etwas Außergewöhnliches, etwas Großes passiert.

Seine Handschrift im Tagebuch verändert sich nach diesem Erlebnis total. Die Buchstaben stehen nun selbstbewusst zueinander. Es ist keine kleine, verzagte Schrift mehr, es ist ein völlig anderer Ausdruck geworden: kraftvoll, lebendig. So wird Torstens Tagebuch auch in der äußerlichen Form zum Zeugnis seiner radikalen Wandlung.

*

Paul schaut Torsten an. Sein Blick spiegelt eine Frage wider. „Was haben denn die anderen gesagt, als du dich plötzlich so verändert hast?"

Torsten grinst: „Meine Geschwister, zu denen ich noch ab und zu Kontakt hatte, waren ziemlich verstört. Sie konnten mich nicht verstehen. Für die bin ich seitdem ein Jesus-Spinner!"

„Und die anderen Leute im Knast?", will Paul weiter wissen.

„Da war alles dabei: von offener Verhöhnung durch die Mitgefangenen bis zu einer nachdenklichen Unterstützung bei manchen Vollzugsbeamten. Aber die meisten haben wohl am Anfang gedacht: Jetzt hat es den Hartung fett erwischt! Der hat nun das, was du schon befürchtet hattest – eine Knastmacke – der ist völlig durchgeknallt."

Torsten lächelt, während er das sagt. Dann wird er wieder ernst: „Klar klingt so etwas erst einmal völlig wild. Wenn du es selbst für dich noch nicht einmal ganz verstehen kannst – wie sollen es dann fremde Leute verstehen, die dich kaum kennen!" Torsten merkt, dass er noch ein wenig mehr erklären muss, damit Paul ihn verstehen kann.

„Dieser Augenblick hat mein ganzes Leben verändert", hebt er an. „Jahre oder noch vielleicht einige Monate zuvor wäre ich überhaupt nicht in der Lage gewesen, das zu hören, was ich dann auf einmal an jenem Tag im Mai 1998 vernommen habe. Ganz einfach deshalb, weil ich nicht offen dafür war!" Torsten versucht es mit einem weiteren Beispiel.

„Stell dir vor, du rennst dein halbes Leben mit einem Kopfhörer durch die Gegend, ganz egal wo du bist, ganz egal, was du machst: Du donnerst dir immer nur Led Zeppelin mit 100 Dezibel in die Birne!" Er schaut Paul erwartungsvoll an. „Was geschieht dann mit dir?"

„Dann habe ich wahrscheinlich irgendwann mordsmäßig Kopfschmerzen – und außer Led Zeppelin nichts in meinem Leben gehört!", mutmaßt Paul.

„Richtig!", sagt Torsten. „Ich hatte mein ganzes bisheriges Leben einen solchen Kopfhörer auf. Ich habe meine Umwelt nicht richtig wahrgenommen. Doch das ist jetzt vorbei. Ich will nicht mehr kämpfen und gewinnen. Ich muss nicht mehr beweisen, wie böse ich bin. Ich will nicht mehr hassen und andere verachten. Mein Leben und Denken hat sich auf den Kopf gestellt. Ich bin einfach ein von Gott ver-rückter Mensch, das bin ich. Und nun will ich einfach da sein, wo ich hingehöre."

Paul schweigt einen Augenblick.

„Du meinst: bei deinem Vater?"

„Ja", sagt Torsten. „Ich habe bei meinem himmlischen Vater, dem dreimal einen Gott, ein Zuhause gefunden. Erst viel später habe ich gemerkt, warum ich damals ‚Warum kann man *euch* nicht sehen?' gesagt habe. Gott hat viele Gesichter."

*

Torsten weiß: Diese Begegnung in der Zelle, das „Ich weiß!" ist ein Anker. Eine Hoffnung und zugleich eine Kraft. Wenn er dieses Worte nicht gehört und angenommen hätte, wäre er vermutlich schon längst zerfressen von Hass und Rache, vielleicht sogar tot, weil das Leben für ihn vorher keinen Wert mehr hatte.

Und nun erlebt er plötzlich das Gegenteil: Ihm fließt Kraft zu. Es gelingt ihm aufzustehen aus dem Sumpf von Selbstmitleid und Schuld. Und das mit einer geradezu sachlichen Klarheit. Konsequent, wie er ist, beginnt er sich schlauzumachen über das, was ihm begegnet ist. Er will alles über diesen großen Gott erfahren, der so liebevoll zu ihm gesprochen hat.

Er, der in der Schule gerade die 10. Klasse geschafft hat und dann eine Dachdeckerlehre absolvierte, beginnt plötzlich, täglich in der Bibel zu lesen, und besorgt sich andere christliche Literatur. Texte von Simone Weil, Romano Guardini oder Dietrich Bonhoeffer. Bücher vieler berühmter Theologen oder

Mystiker, die er sich über den Gefängnispfarrer besorgt, verschlingt er regelrecht: Edith Stein, Paul Tillich, Karl Rahner, Elisabeth von Thüringen, Johannes vom Kreuz, Thomas von Aquin, Aurelius Augustinus, Franz von Assisi oder Katharina von Siena. Seine Mitgefangenen und die Aufseher kommen aus dem Staunen nicht heraus.

Die Worte, die Dietrich Bonhoeffer während seiner Haft im Dritten Reich schrieb, bekommen für ihn eine besondere Bedeutung. Er hat den Text auf einem längst vergilbten Blatt notiert und zeigt ihn nun Paul:

Wer bin ich? Sie sagen mir oft,
ich trete aus meiner Zelle
gelassen und heiter und fest
wie ein Gutsherr aus seinem Schloss.

Wer bin ich? Sie sagen mir oft,
ich spräche mit meinen Bewachern
frei und freundlich und klar,
als hätte ich zu gebieten.

Der Mann, der vor seiner Verhaftung kriminelle Pläne entwickelte, um die Polizei halb Europas zu foppen, wälzt nun theologische Texte, die er mit seiner analytischen Schärfe aufsaugt und für sich fruchtbar umsetzt.

Die Wände seiner acht Quadratmeter schmücken von nun an Zettel mit wichtigen Sätzen, die er in den gelesenen Büchern als wesentlich empfunden und deshalb abgeschrieben hat.

Er sucht immer wieder im Gebet den Dialog mit Gott. Freiwillig verzichtet er auf Hofgänge, freiwillig bittet er um früheren Einschluss, um keinen Besuch von den Zellennachbarn empfangen zu müssen, freiwillig verzichtet er auf Alkohol, den es durchaus auch im Knast gibt, Drogen und das Rauchen, um sicher vor Sinnestäuschungen zu sein, freiwillig verordnet er sich Fastenzeiten, in denen er sich vornehmlich von Bergen von Zwiebeln ernährt mit dem Ziel, sich einen klaren Kopf zu verschaffen.

Weil er all das freiwillig tut: Deshalb wird die Zelle für ihn zum Ort des Glücks.

Plötzlich bedeutet seine Zelle nicht mehr den Entzug von Freiheit, ganz im Gegenteil: Sie wird der Platz, an dem er seine innere Freiheit zum ersten Mal findet. Die neue Liebe, seinen Glauben an Gott, lebt er mit jeder Faser. Er bleibt sich treu, bleibt, was er immer war: ein Radikaler im ursprünglichen Sinne des Wortes. Das ist jemand, der keine Kompromisse macht, sondern stets an die Wurzel gehen muss.

Seine überbordende Lektüre der Bibel, die Lebensgeschichten von Kirchenvätern, Heiligen und Mystikern sollen ihm dabei helfen. Geradezu besessen seine Leseliste, geradezu übermenschlich sein Lesepensum: Torsten nutzt jede freie Minute, um mehr zu erfahren. Er liest, betet, zweifelt, kämpft. Und ist sich am Ende sicher: Ich bin auf dem richtigen Weg. Ihm ist klar geworden: Gott lässt sich nicht im Getümmel der Welt finden, sondern in der Einsamkeit. Wir müssen uns ganz Gott hingeben.

Ein Kumpel aus dem Knast sagt zu dieser Zeit über ihn: „Ich habe von Torsten nichts anderes erwartet. Wenn er sich für etwas entscheidet, dann entscheidet er sich ganz und gar."

Hartung beschäftigt sich auch intensiv mit der Kirchengeschichte, die ihm in ihrer eigenen Brutalität immer wieder vor Augen führt, dass die Unzulänglichkeit der Menschen überall ihre Spuren hinterlässt. Das ist erhellend und tröstlich zugleich.

Immer klarer wird für ihn die Bedeutung des Wortes „Barmherzigkeit". Er notiert sich: *„Lass dich nicht durch deine oder die Schwächen anderer Menschen irre machen: Gott schreibt auch auf krummen Zeilen gerade."*

*

Wo ist solch ein Gott, wie du bist, der die Sünde vergibt und erlässt die Schuld denen, die übrig geblieben sind von seinem Erbteil; der an seinem Zorn nicht ewig festhält, denn er ist barmherzig! Micha 7,18

*

Tagebucheintrag vom 15. Juli

Warum schreibe ich Tagebuch? Wozu?
Mir scheint, für mich, für meine Tochter Johanna (!), Antje, Ulrike und Angela.

Meine liebe Johanna,
noch nie sah ich dich, weiß nichts von deinem Leben, deinen Wünschen, Träumen und Sehnsüchten. Nun bist du schon sechs Jahre alt.
Warum ich keinen Kontakt gesucht habe?
Weil ich damals, liebes-, beziehungsunfähig war und absolut kein Verantwortungsbewusstsein hatte, nicht einmal für mich selbst.
Darum bin ich auch hier gelandet, im Gefängnis, kurz vor einer Verurteilung zu mindestens 25 Jahren Haft.
Vielleicht wirst du nie von meiner lebendigen Existenz erfahren, denn deine liebe Mutter ist mit Recht auf mich wütend, denn als du in ihrem Bauch warst und ich davon erfuhr, bekam ich Panik und ließ euch beide im Stich.

Deine Mama muss diesen, meinen Verrat als tiefe Verletzung erfahren haben.

Doch deine liebe Mama hat trotz meines erbärmlichen Versagens ein lautes Ja zu deinem Leben gesagt und gelebt, was bestimmt nicht immer leicht gewesen ist.

So bin ich in Freude, dass du auf der Welt bist und in der Liebe deiner lieben Mama geborgen aufwächst.

Vielleicht schenkt mir Gott die Chance, dir einmal einiges aus meiner damaligen Sicht zu erklären, wenn du es möchtest.

Im Vordergrund steht für mich, dich und deine Mama zu verstehen, denn nur so werde ich die Möglichkeit haben, einen Teil eurer inneren Verletzungen nachempfinden zu können.

So lebe ich aus der Vergebung, denn ich bereue alle meine herzlosen Taten, was auch immer es gewesen sein mag, aus tiefstem Herzen und tiefster Seele.

Aus eurer Vergebung meiner Schuld gegen euch kann Neues beginnen.

Du siehst, mein Engel Johanna, so verteilen sich die Fehler, die Schwächen meines Lebens auf dem Weg durchs Leben. So trage ich auch Schuld an vielen Schmerzen deiner kleinen Seele. Manchmal konnte ich sie spüren, denn ich befand mich oft in deiner Gefühlswelt.

Und dieses Nachspüren hatte mir die Empfindung geschenkt, bei dir, in deiner Nähe zu sein. Hab dich aufgefangen, wenn die Schaukel dich fallen ließ, nahm dich in den Arm, küsste deine Augen, wohnte in deinem Herzen, haben abends miteinander im Bettchen geflüstert, miteinander geweint und gelacht, manchmal warst du zornig auf mich, hast nach Antworten gesucht. Ich auch, mein geliebter Engel Johanna.

Wenn ihr könnt, verzeiht mir, liebe Angela und liebe Johanna.

*

„Hat sich eigentlich in dieser Zeit dein Alltag im Knast auch sonst verändert?", will Paul wissen. „Nein, der alltägliche Ablauf blieb im Großen und Ganzen gleich. Aber ich habe mich auch im Rahmen der Möglichkeiten mit ganz neuen Dingen beschäftigt", erzählt Torsten. „Ich war vor allem auf der Suche nach anderen Christen, mit denen ich mich austauschen konnte. So bin ich letztlich in eine katholische Bibelgruppe gekommen. Zunächst war ich aber bei den ‚Evangelischen' – ich merkte schnell, das war nichts für mich. Als ich mit der Heiligen Schrift unterm Arm ankam, wurde ich als Erstes gefragt: Wat willste denn hier? Denn den Typen ging es nur um Kaffee und Kuchen. Beides gab es immer bei den Zusammenkünften. Und vor allem wollten sie vom Dienstzimmer des Pfarrers aus kostenlos mit ihren Verwandten und Freunden telefonieren. Das gemeinsame Bibelstudium interessierte keinen außer mir."

„Und dann bist du zur anderen Fraktion rübergewandert, oder?", fragt Paul.

„Richtig", sagt Torsten. „Aber das auch erst nach einigem Zögern. Denn einige Zeit litt die katholische Gruppe im Knast unter dem Ruf, einen etwas eigenwilligen Seelsorger zu haben."

Pauls Neugierde ist geweckt. „Im Knast sind doch eigentlich fast nur eigenwillige Typen zusammen, oder?"

„Wie man's nimmt", sagt Torsten. „Vorher gab es angeblich bei den Katholiken einen anderen Pfarrer, der die Leute ziemlich rustikal angegangen ist. Es gab dann ziemlich Ärger und irgendwann stand ein Neuer in der Tür: Pater Clemens. Der Mann hatte das Herz am richtigen Fleck, das merkte ich gleich. Und in seiner Gruppe fand ich Menschen, denen der Austausch über den Glauben, das Bibellesen und das Gebet wichtig war. Ich wusste: Hier bin ich richtig."

*

Zwei Menschen werden für Torsten Hartung in der folgenden Zeit zu wichtigen Begleitern: der katholische Gefängnispfarrer Erwin Probst und Pater Clemens Kleine, ein Mann mit Charisma. Sobald der Geistliche in der Vollzugsanstalt auftaucht, geht ein Ruf durch das ganze Haus: „Clemens ist da!" Mit ihm führt Hartung tief greifende Gespräche über Sünde, Schuld, Vergebung und andere Themen, die ihm wichtig sind. „Kann es denn wirklich sein, dass ich Gott hören kann? Welche Chancen habe ich noch, meinem Leben eine neue Richtung zu geben?" Die beiden Priester stehen Hartung in manchen Stunden zur Seite – in seinem Hoffen, in seinem Zweifel, in seinem Glauben. Und beide versorgen den lesedurstigen Hartung mit immer neuem Nachschub an Büchern.

Von einem der beiden, Pater Clemens, muss Hartung noch während seiner Haftzeit Abschied nehmen. Seinen ersten Freigang ohne Begleitung bekommt Hartung zu Pfarrer Clemens' Beerdigung genehmigt. An diesem Abend weint Hartung in seiner Zelle.

*

Torsten Hartung hat sich entschieden, und er will sich nun auch taufen lassen, um ganz zu Gott zu gehören. Als Taufnamen wählt er Petrus, den Namen einer der zwölf Jünger Jesu. Petrus, der Fels. Vorgeschlagen hat ihm den Taufnamen Mutter Veronique, die Priorin eines Klosters in Marseille. Zwei Tage vor dem Tauftermin erreicht ihn ihr Brief. Sie schreibt: „Eigentlich hätte man Dich Paulus nennen müssen, denn Du bist den Weg vom Saulus zum Paulus gegangen!"

Als Weihenamen wählt er Maria. Die Person der Mutter Gottes fasziniert ihn. Er notiert sich dazu folgenden Gedanken: *„Sei du meine Mutter, die ich nie hatte. Sei du meine geistige Mutter, die mir zur Seite steht."*

Am 20. Juni 2000 lässt Hartung sich in der Kapelle der Justizvollzugsanstalt Berlin-Tegel von Pfarrer Erwin Probst taufen. Erst später wird ihm bewusst, dass die Taufe auf den Tag genau acht Jahre nach dem Mord an Dieter stattfindet. Mehr als vier Wochen hat er sich auf seinen Tauftag vorbereitet, gefastet, gebetet und biblische Texte gelesen.

*

Torsten Hartung meint es ernst mit seinem neuen Leben. Eines Tages schrillt der Hausalarm in Tegel. Hartung wird vermisst! Ist der Langzeitknacki etwa entwischt? Nirgendwo ist er zu finden, nicht in seiner Zelle, nicht beim Arzt, nicht auf der Krankenstation, nicht im Besuchszimmer. Fieberhaft durchkämmen Beamte den gesamten Gefängnistrakt. Schließlich findet ihn einer der Vollzugsbeamten in der Gefängniskapelle. Hartung kniet dort vor dem Allerheiligsten, versunken in ein Gebet.

*

Aber Torsten Hartung weiß: Eines steht noch aus, wenn er wirklich ein neues Leben beginnen will. Er kann, er will nicht länger mit seinem Wissen um den Mord leben. So reift in ihm der Entschluss, einen ungewöhnlichen Schritt zu gehen. Obwohl sich sein Prozess seit Monaten zäh hinzieht, obwohl die Staatsanwaltschaft bei dem Versuch schier verzweifelt, Hartung irgendetwas vor Gericht Verwertbares an Schuld nachzuweisen, obwohl sein Anwalt davon überzeugt ist, dass er eine Verurteilung wegen Mordes verhindern kann: Torsten will jetzt raus mit der Wahrheit.

Tagebucheintrag vom 21. September

Meine Entscheidung! Vor zwei Tagen habe ich meinem Anwalt einen Brief geschrieben mit einem kompletten Geständnis meiner Taten.

Dann beginnt er zu erzählen, stundenlang. Erst ist der Anwalt misstrauisch, dann neugierig, schließlich schreibt er mit. Hartung will ein „Lebensgeständnis" ablegen, schonungslos sich und seinen Taten gegenüber. Er bittet den Anwalt, dies der Richterin mitzuteilen. Aber vorher will er mit seinem alten Kumpel Martin reden, der damals dabei war.

Kurz darauf findet die entscheidende Verhandlung statt. Martin wird rechtskräftig verurteilt, kommt aber schon nach neun Jahren in den offenen Vollzug und nach 11 Jahren frei. Torsten erwischt es härter. Aber auch er bekommt am Ende ein relativ mildes Urteil. Wenn man alle Einzelstrafen zusammengerechnet hätte, wäre er für 28 Jahre hinter Gittern verschwunden. Er bekommt letztlich 15 Jahre.

„Die Richterin sagte in ihrer Urteilsbegründung:
　Torsten Hartung hat sein Leben geändert. Deshalb kann er nicht lebenslänglich verurteilt werden! Das Urteil war von ihr so gut begründet, dass der Staatsanwalt, der eigentlich ‚lebenslänglich und Sicherungsverwahrung' durchsetzen wollte, keine Revision einlegte!"

Paul pfeift wieder einmal durch die Zähne. „Kompliment! Dann muss auch sie gesehen haben, dass du es ernst meintest."
　„Das hat sie", sagt Hartung. „Aber erst nachdem ich reinen Tisch gemacht habe mit meiner Vergangenheit – und dem Mord!"

*

Tagebucheintrag:

Danke, Gott, für deine Zusage einer neuen Lebenschance.
Morgen mehr, ich muss diese neue Situation erst mal verdauen und betrachten.
Zufall?!
Morgen ist Buß- und Bettag!

Der Staatsanwalt hat gegen das Urteil Revision eingelegt.
Er möchte für mich eine lebenslange Strafe (25 Jahre) und anschließende Sicherheitsverwahrung wegen hoher gewaltbereiter krimineller Energie.
Wieder ein Bangen und Hoffen.
12.04 Uhr, das Urteil heißt 15 Jahre Zeitstrafe!

9. GEZEICHNET

Ein neuer Tag. Nach den aufwühlenden Gesprächen von gestern und heute gehen Paul und Torsten erst einmal ins Freie. Es gibt vieles zu tun – am und ums Haus, das Torsten und seine Frau gerade aufgebaut haben, um straffällig gewordene Jugendliche aufzufangen und mit ihnen gemeinsam einen Weg für ein Leben ohne Kriminalität einzuüben.

Im Hof hinterm Haus muss eine Drainage erneuert werden, die bei den Bauarbeiten durch einen Bagger beschädigt worden ist. Erstaunt bemerkt Paul, mit welcher Zielstrebigkeit, Umsicht und Akribie Torsten die Arbeiten in Angriff nimmt. Gemeinsam buddeln die beiden Männer mit Hacke und Schaufel den verfestigten Boden im Hof auf, räumen Steine und zerborstene Platten zur Seite und arbeiten sich zur alten Drainage in einem Meter Tiefe vor. Sie besteht aus Tonröhren, ist durch die Last der Baugeräte zusammengebrochen. Deshalb staut sich das Wasser an der Ostwand des 110 Jahre alten schmucken Backsteinhauses. Die Rohre müssen allesamt ausgetauscht werden, damit das Wasser wieder ordentlich abfließen kann und keine größeren Schäden entstehen.

Paul schuftet und schwitzt genauso wie Torsten. Und auch wenn der Schweiß dem jungen Mann in den Kragen rinnt, hat er das Gefühl: Es ist gut, was du hier machst. Es hat einen Sinn. Oft hat Paul solch ein Gefühl im Leben noch nicht empfunden.

*

Nach dem Mittagessen ziehen die beiden sich wieder in das Ofenzimmer zurück. Paul liebt es schon jetzt. Nicht nur wegen der Gespräche, die ihn bis ins Mark berühren. Der Raum ist einfach total gemütlich: der abgeschliffene Dielenboden, die grün gestrichenen Wände, die wohlige Wärme ausstrahlen, die fein restaurierten Fenster und Türen, das bequeme Sofa.

„Woher hast du eigentlich das schöne Sofa?", fragt er Torsten, der damit begonnen hat, seine Tagebücher wieder sorgsam in einer stabilen Kartonmappe zu verstauen.

„Wie fast alles hier wurde es gespendet", sagt Torsten. „Wir haben wenig Geld. Aber es gibt eine Reihe von Menschen, die an das glauben, was wir hier gemeinsam aufbauen. Und diese haben uns zum Beispiel auch dieses Sofa geschenkt!"

Paul kommt aus dem Staunen nicht heraus. „Es ist irgendwie seltsam: Du bist ein Mensch, der einiges auf dem Kerbholz hat, der fast zwei Jahrzehnte im Gefängnis verbracht hat. Das ist ja nicht gerade ein anregender Ort, um zu lernen, wie man Räume schön gestaltet. Aber das alles hier, das ganze Haus, das ist so liebevoll und voller Geschmack eingerichtet. Wo hast du das gelernt?"

Torsten lacht. „Ich weiß, was du sagen willst. Glaub mir: Einmal sicherlich von meiner Frau und ihrem ästhetischen Empfinden. Aber zweitens auch aus mir heraus. Ob du es glaubst oder nicht: Ich hatte immer schon ein Gefühl für schöne Farben und Umgebungen. Aber hier ist der erste Ort, an dem ich das ganz in Ruhe umsetzen kann. Und ich merke, dass die Bilder, die Heiligenfiguren, die Farben und all das eine ungemein positive Wirkung auf mich und alle anderen, die hier wohnen, haben."

*

Die Lebensbeichte bringt Torsten die maximale Freiheitsstrafe von 15 Jahren ein. Doch zugleich befreit sie Torsten aus seinem inneren Gefängnis. Es klingt paradox – aber es ist der gleiche Mechanismus, der ihn auch seine Zelle als Klosterzelle erleben lässt.

Hartung weiß: Gott lässt sich nicht im Getümmel der Welt finden. Viel weniger noch in der kompliziert gestrickten Welt einer Justizvollzugsanstalt, in der kriminelle Hierarchie, Drogen, Geld, Bestechung und Gewalt an der Tagesordnung sind. Jahrelang hat sich Hartung dieses System selbst zunutze gemacht. Er war, trotz seiner langen Einzelhaft, immer auch Mitspieler in diesem System.

So einer wie Hartung bekommt auch hinter Gefängnismauern Respekt entgegengebracht. Die anderen sprechen über ihn: Hast du gehört, der hat mit der Russenmafia Geschäfte gemacht? Hast du gehört, vor dem haben selbst die Kosovo-Albaner Respekt? Hast du gehört, der hat einen eigenhändig kaltgemacht, als er in seiner Bande aufmüpfig wurde? Kaum einer im Knast kennt ihn nicht. Kein Wunder, denn die Zeitungen in Berlin haben monatelang über seine Taten und den Prozessverlauf berichtet. Unter seinesgleichen ist der alte Hartung eine wirklich große Nummer.

Gewesen.

Denn nun ist alles anders. Er hat die Seiten gewechselt. Vom Dunkel ins Licht. An seiner Gefängnistür hängt ein großes Christusbild. Er liest stundenlang in der Bibel und in den Büchern christlicher Autoren. In seiner Gefängniszelle fühlt er sich wohl. Er lässt sich freiwillig wegschließen, um seine Ruhe zu haben. Was er sechs Jahre lang schmerzlich als Kerker empfand, wird ihm nach seiner Umkehr zu einem Ort der Befreiung. Torsten wird später von seiner „Kartäuserzelle" in der Justizvollzugsanstalt Tegel sprechen.

Tagebucheintrag:

Gitterdias, in welche der Wind weiße Wolken von Feld zu Feld treibt.
Meine Zelle, beladen mit den Habseligkeiten des Haftlebens.
Ein Raum der gedrungenen Enge, gefüllt mit einem Schrank, einem Stuhl, einem Bett, einem Klo, einem Waschbecken, einem Tisch und einem Regal mit Büchern.
An der Wand einige Fotos, welche sich mühen, die Monotonie mit bunten Flecken der Vergangenheit zu brechen.
Eine kleine Welt der Ohnmacht.
Die klinkenlose, graue, mit einem Spion geschmückte Stahltür wirkt bedrohlich.
Hilflos versucht dieser Raum seine Wirklichkeit zu entziehen, in dem ich mich in meinen lichten Innenraum zurückziehe – ein Palast mit großen, bunten, warmen Zimmern.

*

Torsten Hartung sucht nach Antworten auf die großen Fragen des Lebens, auf die Frage nach dem Sinn des Daseins. Und die kann er nur finden, wenn er genau hinhört.

Alles, was ihn dabei stört, muss weichen. Am Anfang hat Torsten noch einen Fernseher in der Zelle. Für die meisten Gefangenen ist das der letzte Zipfel Normalität, das Schlüsselloch zur Außenwelt, das ihnen dabei hilft, nicht ganz den Kontakt zur realen Welt zu verlieren. Doch Torsten fühlt zunehmend, wie ihn das Gerät von dem abhält, was er als wesentlich betrachtet – Zeit für Gott zu haben. Deshalb entschließt er sich, den Fernseher auszustöpseln und auf das oberste Regal zu verbannen. Die Versuchung bleibt: So einen Naturfilm, den kann man sich doch mal anschauen, oder etwa nicht? Also zieht Torsten das Gerät wieder hervor und schließt es an. Er merkt, dass er eine richtige Entscheidung treffen muss. Kurzerhand verschenkt er die ganze Kiste samt Kabeln und Fernbedienung an einen Zellennachbarn, der kein Gerät hat.

Der freut sich. Und fragt sich vermutlich im Stillen, ob der Hartung nicht doch langsam eine Knastmacke abbekommen hat.

„Hast du die Kiste nicht irgendwann vermisst?", will Paul noch wissen.

„Nein, niemals mehr!", sagt Torsten. „Denn man braucht keinen Fernseher, wenn man nach innen blicken will", ergänzt er. „Und genau das habe ich für eine lange Zeit gemacht."

*

„Sag mal, du hast doch nicht den ganzen Tag allein auf den Knien gelegen und gebetet oder gelesen?" Paul scheint diese Lebensform doch ein bisschen einseitig – und damit auch ein bisschen unglaubwürdig.

Torsten hat mit dieser Frage gerechnet. Er lächelt wieder. „Nein, so musst du dir das nicht vorstellen!", antwortet er. „Obwohl ein Satz für mich ganz wichtig geworden ist, der mit dem Knien zu tun hat."

„Wie lautet der?", will Paul wissen.

„Ganz einfach: Auf den Knien ist der Mensch am größten!"

Paul schweigt. Er hat den Satz irgendwie noch nicht ganz begriffen.

„Warum ist er auf den Knien am größten?", fragt er schließlich vorsichtig nach.

„Weil erst die Demut die Größe des Menschen ausmacht."

Torsten setzt diesen Satz, ohne ihn weiter zu erklären.

Paul braucht noch einen Moment. Dann nickt er.

Doch Torsten will den Gedanken ohnehin für ihn noch etwas entfalten. „Denk an den Pakt mit dem Bösen, das uns vorgaukelt, wir hätten alle Macht der Welt. Was für ein maßloses, ungeheures Überschätzen der menschlichen Fähigkeiten." Torsten legt ein neues Stück Holz in den Bollerofen, dessen Flammen sogleich wieder munter aufflackern. „Demut ist nichts anderes als die Erkenntnis, wie groß der Mensch in seiner Kleinheit ist!"

*

Der Mensch ist nie größer, als auf seinen Knien. Zwei Jahre hat Torsten in seiner diesmal freiwilligen Einsamkeit genutzt, um seine Gedanken zu sortieren, Psychologie zu studieren und einfach Gott nahe zu sein. In der Rückschau sind es für ihn zwei Jahre, die zu den schönsten in seinem Leben gehören. Er geht durch einen Prozess, der kaum klarer und härter sein kann. All das, was er sein Leben lang vermisst hat, analysiert er nun mit der brutalen Härte, die ihm eigen ist. Er erkennt, wie sehr er unter seinem abwesenden Vater gelitten hat. Er trauert um jene Liebe und Zärtlichkeit, die er sich einst als Kind so ersehnt hat – damals vergeblich. Doch er bleibt nicht in der Suche nach seinem verlorenen Vater stecken. Sondern weiß, dass es einen anderen Vater gibt, der liebend an seiner Seite steht.

Irgendwann merkt er, dass er etwas tun muss. Er möchte mit anderen in Kontakt kommen, ihnen helfen und von dem erzählen, was ihm so viele Türen geöffnet hat. Also schreibt er einen Antrag an die Anstaltsleitung. Es gibt eine freie Stelle als Hausmeister in der Schulabteilung der Haftanstalt, auf die Torsten sich bewirbt. Zu seiner Überraschung wird dem Antrag stattgegeben, er darf die Aufgabe übernehmen. So erweitert sich sein Wirkungskreis schlagartig.

Torsten überlegt nicht lange. Erst einmal bringt er den Hausmeisterraum auf Vordermann, kratzt den Dreck aus den Ecken und macht die Bude halbwegs wohnlich. Die Besenkammer wird für ihn eine Art Kapelle, einen Sanitätsschrank mit rotem Kreuz nutzt er, um darin ein Jesusbild aufzuhängen. Eine Kochplatte, auf der man Kaffee oder Tee kochen darf, gehört auch zu seinem neuen Reich.

Er hat viel zu tun, überall und immer ist etwas zu reparieren, defekte Schalter sind auszutauschen, das ganze Haus muss in Ordnung gehalten werden. Und er nutzt die Zeit mit den Mithäftlingen, die dort jeden Tag zu ihren Kursen einlaufen, zum Gespräch. Denn auch das ist Torsten Hartung: Er kann reden. Er will reden. Und er hat viel zu sagen.

*

Paul schaut ein bisschen irritiert. „Wie hast du es denn geschafft, dass dir die anderen überhaupt zugehört haben, die meisten werden ja wahrscheinlich für irgendwelche Glaubensthemen nicht viel übrig gehabt haben – oder?"

Torsten lacht. „Ich habe in meiner Hausmeisterbude ein paar Bibeltexte an den Wänden aufgehängt, wie in meiner Zelle. Wenn einer vorbeikam, zum Beispiel um einen Tafellappen oder den Kasten mit der Kreide für seinen Kurs abzuholen, habe ich ihn auf eine Tasse Kaffee eingeladen. Meist hat es nicht lange gedauert, bis der Blick meines Besuchers an einem der Texte hängen geblieben ist. Dann konnte ich ihn fragen: ‚Was denkst du, wenn du den Satz liest?' Und schon waren wir mitten im Thema. So einfach ist das, ins Gespräch zu kommen!"

Irgendwie kann sich Paul das trotzdem noch nicht ganz vorstellen, wie Räuber, Diebe, Heiratsschwindler und Totschläger gemütlich bei Torsten Hartung Kaffee schlürfen und dabei über den lieben Gott reden. „Warum sollten die das tun?", fragt er. „Die haben doch ganz andere Probleme, als ausgerechnet im Knast über Bibeltexte zu reden!"

Torsten nickt. „Das stimmt sicherlich. Sie haben oft eine große Schuld auf sich geladen. Sie haben ihre Frauen, Kinder oder Freundinnen da draußen zurückgelassen, nach denen sie sich sehnen. Sie sind aus der bürgerlichen Gesellschaft ausgestoßen. Sie wissen: Sie werden ewig das Stigma Knastbruder mit sich herumtragen. Fast alle sind zudem bis über die Ohren verschuldet, sodass ein Neuanfang da draußen erst einmal brutal unrealistisch erscheint. Du hast recht, Paul, all das beschäftigt sie mehr als das Bedürfnis, in der Bibel zu lesen!" Torsten lässt die Seiten seiner zerlesenen Ausgabe durch seine Hand laufen.

„Aber gerade weil alles andere hoffnungslos verloren erscheint, gibt es bei vielen Häftlingen eine tiefe Sehnsucht nach einem Rückhalt, stellt sich die Sinnfrage viel mehr als bei denen, die frei herumlaufen und alles haben können. In den Geschichten der Bibel kann man erfahren, dass Gott Vergebung schenkt für alles, was man in seinem Leben getan hat. Diese Botschaft trifft die meisten, wenn sie dafür offen sind, mitten ins Herz. So wie mich."

*

Torsten Hartung lebt die biblische Botschaft im wahrsten Sinne des Wortes auf den Knien vor. Anlass dazu gibt ihm eine architektonische Eigenheit des Schulungstraktes, den er als Hausmeister betreut. Der gesamte Trakt ist mit einem Industriefußboden aus Gummi ausgelegt, der mit Noppen versehen ist, um die Rutschgefahr zu mindern. Schön und gut, aber natürlich sind diese Zehntausende von Noppen vor allem eines: perfekte Schmutzfänger für Dreck aller Art: Kaugummireste, Fussel, Holzspäne, Glasreste – alles, was man sich nur vorstellen kann.

Auf den Knien ist der Mensch am größten – dieser Satz kommt Torsten wieder in den Sinn, als er sich den Boden ansieht. Und dann fasst er einen Plan: Er will diesen Boden von seinen

Ablagerungen befreien. Torsten bearbeitet mit Bürste, Neutralseife und Wachs jede einzelne Noppe, befreit sie von Dreck und Glassplittern. Dazu kniet er Tag für Tag auf dem Boden. Neben sich legt er stets einen kleinen Zettel mit Psalmen aus der Bibel, die er auswendig lernen will. Während er hin und her rutscht und den Boden scheuert, spricht er die Verse laut vor sich hin. So schrubbt er Tag für Tag, Woche um Woche. Torsten Hartung auf den Knien – das wird ein vertrautes Bild für die Mitgefangenen. Mehr als 1800 Männer sind in der Haftanstalt Tegel eingesperrt.

In der brutalen Hierarchie des Knasts ist ein gestandener Mörder und Bandenchef üblicherweise ganz oben.

Doch Torsten will keine Macht mehr ausüben, er will niemanden mehr beherrschen. Er weiß, zu welchen Katastrophen sich sein Leben durch seine Wünsche des „Nach-oben-Kommens" mit allen Mitteln entwickelt hat. Doch die meisten der Knastinsassen sind weit davon entfernt, Hartung und seine Wandlung zu begreifen. Ungläubig die Frage eines Mitgefangenen, als Torsten wie jeden Tag hingebungsvoll mit einer Bürste den Noppenboden reinigt: „Was machst du da?", will er von ihm wissen. Torsten antwortet: „Ich reinige den Boden." Sein Gegenüber grinst: „Liegst du mir jetzt zu Füßen?" – „Nein", antwortet Torsten, „ich liege Gott zu Füßen!"

Pause.

Verblüfft fragt der Besucher nach: „Und, biste jetzt glücklicher?"
Torsten antwortet: „Ja, das bin ich. Denn auf den Knien ist der Mensch am größten!"

*

„Wie lange hast du gebraucht, um diesen Boden sauber zu kriegen?", will Paul wissen.

„Ich habe eineinhalb Jahre gebraucht, bis ich alles sauber hatte. Eineinhalb Jahre auf den Knien!" Torsten huscht ein Lächeln über das Gesicht, während er sich erinnert. „Aber ich habe die Zeit gut genutzt! Nach der Zeit konnte ich die meisten Psalmen wirklich gut."

„Eineinhalb Jahre ..." Paul denkt nach. Dann stellt er nüchtern fest: „Eineinhalb Jahre, genau so lange hat auch deine Zeit als Autoschieber gedauert."

„Ja. Diese eineinhalb Jahre auf Knien sind für mich ein Gegenpol zu den eineinhalb Jahren meines Hochmuts", erklärt Torsten. „Und sie sind ein Ausdruck dafür, meinen Lebenswunsch aus San Salvador auf Mallorca wahr werden zu lassen: Endlich glücklich zu leben!"

*

Aber es ist nicht alles eitel Sonnenschein für Torsten Hartung. Immer wieder ringt er mit seinem alten Ego. Die meisten anderen aus seiner Bande sind längst entlassen worden, jetzt sitzen nur noch Martin, Jörg und er hier fest.

Er will raus. Aber er kann nicht. Und es gibt immer wieder auch Zeiten tiefer seelischer Dunkelheit. Im Gebet mit Gott ringt er um Fassung, um Kraft, um Gelassenheit.

Es gibt Rückschläge, aber es hat sich wirklich etwas verändert. Die Albträume sind weniger geworden. Und er wartet nicht mehr auf eine Stimme, die ihm sagt, wohin die Reise gehen soll. Gott begegnet ihm in den Menschen, denen er begegnet. Er benutzt andere, um ihm zu antworten. Trotz aller Enge wird ihm die Zelle weit.

*

Sein Leben ist anders geworden. Ein Gutachten aus der Haftanstalt beschreibt den Wandel von Torsten Hartung im Jahre 2004 folgendermaßen: „Zwar hat der Inhaftierte zum Tatzeitpunkt Alkohol und illegale Drogen konsumiert, eine aktuelle Alkohol- oder Drogenproblematik ist jedoch nicht erkennbar." Hartung habe, so das Gutachten weiter, „die Kontakte zu seinem alten Milieu abgebrochen. Da er sich zu einem heute nicht mehr näher bestimmbaren Zeitpunkt der Religion zuwandte, verlegte er seine sozialen Bindungen in diese Richtung."
Gruppenbetreuer und Vollzugsbeamte beschreiben den neuen Torsten Hartung als „eher unauffällig und zurückhaltend". Er nehme nur wenig am Stationsgeschehen teil und unterscheide sich „darin insgesamt in seinem Auftreten von den anderen Inhaftierten deutlich". Für die Beamten, die mit Hartung zu tun haben, wird durch das Verhalten des Inhaftierten laut Gutachten eines deutlich: Die „hier gezeigte religiöse Hinwendung, die damit augenscheinlich auch verbundenen intensiven Studien bzw. Bibellesungen des Gefangenen" haben den Menschen verändert.
Torsten arbeitet an sich, ohne Unterlass. Er will weiter. Raus aus dem Sumpf von Schuld und Trauer. Raus aus der Spirale des sozialen Versagens. Er hat mittlerweile so viel dazugelernt – vielleicht gibt ihm ja auch das System Haftvollzug eine Chance.

Die wünscht sich Torsten, als er vom Programm der sogenannten „Sozialtherapeutischen Anstalt", kurz: SOTHA, auf dem Gelände der Justizvollzugsanstalt erfährt. Dort, so hat er gehört, kann man seine Wiedereingliederung vorantreiben, Bildungsangebote nutzen, fit für das Leben draußen gemacht werden. Der Gedanke gefällt Torsten. Denn genau das will er erreichen: Sich auf den Neuanfang draußen vorbereiten. Also schreibt er einen Antrag, bekommt einen Gesprächstermin. Denn so mir nichts, dir nichts kriegt kein Gefangener einen der begehrten

Plätze in der SOTHA. Dazu ist der Andrang viel zu groß. Hartung muss sich also einem Aufnahmegremium stellen. Es besteht aus zwölf Sozialarbeitern und Therapeuten.

Die SOTHA hätte zu diesem Zeitpunkt mit Torsten Hartung quasi einen Musterschüler bekommen. Zwei Einzeltherapien, der intensive Austausch mit Seelsorgern und Glaubensbrüdern – alles das hat Torsten bereits grundlegend verändert. Doch das Aufnahmegespräch läuft ganz und gar nicht so, wie er sich das vorgestellt, ja, ersehnt hat. Er geht mit großer Enttäuschung aus diesem Gespräch: Die wollen mich einfach nicht!

*

„Du warst ziemlich sauer darüber, oder?" Paul macht sich keine Illusionen über Torstens Gefühle nach dem Aufnahmegespräch. „Ja!", sagt Torsten und ein bisschen erregt klingt seine Stimme heute dabei noch. „Ich habe regelrecht mit Gott gehadert. Ich habe ihm im Gebet gesagt: Herr, ich würde da so gerne hin!"

„Und was hast du für eine Antwort bekommen?", fragt Paul vorsichtig. Er kann das mit dem Beten nicht so recht nachvollziehen und nimmt sich deshalb in seiner Formulierung sehr zurück. Torsten zuckt mit den Schultern. „Drei Tage habe ich intensiv damit gerungen, eine Antwort auf die Frage nach dem ‚Warum' gesucht."

„Und dann?", will Paul wissen.

„Dann bekam ich völlig unverhofft eine Einladung zu einem zweiten Gespräch, vier Wochen nach dem ersten Termin. Seltsam, oder?"

Paul nickt. „Das ist doch ungewöhnlich, oder? Kurz hintereinander zwei solche wichtigen Einladungen!"

„Das dachte ich auch", sagt Torsten. „Aber noch viel wichtiger war mir etwas anderes. Als ich betete, hörte ich eine Stimme, die mir sagte: ‚Die Entscheidung, die dort getroffen wird, ist mein Wille!' Damit war plötzlich für mich der Druck weg!"

*

Was für eine merkwürdige Situation! Zum zweiten Mal innerhalb von zwei Wochen steht ein verurteilter Schwerverbrecher vor der Aufnahmekommission einer sozialtherapeutischen Einrichtung im Gefängnis – und muss erklären, warum er unbedingt in ein bestimmtes Therapieprogramm aufgenommen werden möchte.
Torsten Hartung hat längst aufgegeben, eine bestimmte Rolle zu spielen, um sein Ziel zu erreichen. Das hat er früher lange genug getan. Der Trickser war einmal.
Es ist die Zeit für Ehrlichkeit.

Als er den Raum betritt, sitzen ihm wieder die gleichen zwölf Leute gegenüber. Eine Sozialarbeiterin fällt Torsten sofort ins Auge. Zwischen ihren üppigen Brüsten pendelt im Ausschnitt ein Ying-Yang-Medaillon. Es hebt und senkt sich spürbar beim Atmen. Torsten nimmt dieses Detail sofort mit seinem wachen Blick ein, während ein anderes Mitglied des Gremiums ihn fragt: „Wie geht es Ihnen denn jetzt so nach unserer ersten Ablehnung?"

Was soll Torsten antworten? Die Wahrheit natürlich. Also sagt er ohne Rücksicht auf Vorbehalte oder Konventionen: „Ich habe mit Gott gesprochen!"
Einige Mitglieder der Gruppe raunen, andere zwinkern sich zu. Doch einer mit Knastmacke?

„Und", fragt ein anderes Mitglied der Aufnahmekommission nach einer Pause weiter, „was hat Gott Ihnen denn gesagt?"

Torsten bleibt gnadenlos ehrlich und antwortet: „Gott sagte mir, was hier geschieht, das ist mein Wille!"

Einer der Sozialarbeiter bricht in Gelächter aus, andere schmunzeln und einer sagt schließlich in breitem Berlinerisch: „Hohoho! Hier entscheidet nich' Gott, sondern icke, wa!"

Während des kurzen Dialogs blickt Torsten ab und zu auf das Medaillon. Die Dame scheint zunehmend aufgeregt. Denn das Ying-Yang-Medaillon springt deutlich sichtbar zwischen den beiden Brüsten des tief ausgeschnittenen Dekolletés zitternd hin und her. Plötzlich muss Torsten grinsen. Wenn es eine Parodie auf das gibt, was hier gerade geschieht, dann ist es das vibrierende Ying-Yang, das er auf bebendem Fleisch auf und ab tanzen sieht.

Während er noch mit diesem Gedanken beschäftigt ist, wendet sich die Medaillon-Trägerin direkt an Torsten. Sie fragt ihn: „Wo gehen Sie denn mit Ihren Aggressionen hin?"

Torsten antwortet unbekümmert und wahrheitsgetreu: „Ich gehe zu Gott!"

Das war es dann. „Danke, wir haben genug gehört, bitte warten Sie einen Moment draußen vor der Tür, Herr Hartung."

Was Torsten aus diesem Gespräch mitnimmt, ist die Botschaft: Diese Gruppe will von mir Unterwerfung. Die Zulassung wird zum Machtmittel, um zu prüfen, ob diese Unterwerfung funktioniert. Doch Torsten ist für diesen Preis nicht zu haben. Das ist ihm zu billig. Er weiß, wohin er gehört.

Nach kurzer Beratung fällt die Aufnahmekommission der SOTHA an der Justizvollzugsanstalt Tegel die Entscheidung, die Torsten nun schon erwartet. Sie lautet: „Sie entziehen uns mit Ihrem Glauben die Basis, Sie zu therapieren!"

SOTHA ade.

Am gleichen Tag, zwei Stunden später, wird Torsten in der Gefängniskapelle getauft.

*

Hat Torsten das traurig oder gar wütend gemacht? Nein. Selbst die Gutachter aus Tegel bescheinigen ihm, welch hohe Frustrationstoleranz er auch gegenüber dieser Entscheidung beweist. Er bleibt ruhig. Hadert nicht. Betet stattdessen. Geht konsequent seinen Weg des inneren Wandels weiter.

Nach 13 Jahren Haft erhält Torsten schließlich Hafterleichterungen. Er kommt für ein Jahr in den halb offenen Vollzug. Schließlich folgt der offene Vollzug im letzten Jahr seiner Haft. Er arbeitet zunächst tagsüber in einer Gärtnerei und geht abends im Knast schlafen.

Eine Bekannte aus der Berliner Lukasgemeinde besorgt ihm dann einen Job als Hilfsarbeiter auf dem Bau. Torsten rackert. Das kann er und das hat er oft genug bewiesen. Er ist ehrgeizig, denn schließlich ist er gelernter Handwerker.

Dann geschieht das Malheur: Auf der Baustelle verletzt er sich den Rücken. Doch er will durchhalten, nicht drei Tage vor dem Urlaub eine Krankschreibung vorlegen.

Torsten quält sich, rackert weiter, nimmt starke Schmerzmittel, aber es hilft nichts. Am letzten Tag vor dem Urlaub geht nichts mehr. Er arbeitet im Knien auf der Baustelle. Nach der Arbeit geht er auf dem Weg ins Gefängnis zunächst in eine Kirche, um zu beten. Vor dem Altar liegt er auf dem Boden, die Schmerzen sind übermächtig.

Mit der U-Bahn fährt er in Richtung Tegel. Als er ausgestiegen ist, muss er sich auf dem Bahnsteig hinknien, weil er nicht mehr weitergehen kann. Die Schmerzen sind einfach zu groß, er hat außerdem Lähmungserscheinungen im linken Bein.

Der Gefängnisarzt lässt ihn ins St.-Hedwig-Krankenhaus bringen.

*

Eine Kernspintomografie wird gemacht. Die Diagnose lautet: akuter Bandscheibenvorfall. Kurze Zeit später wird Hartung operiert. Zwei Wochen liegt er im Krankenhaus. Er steht zwar kurz vor der Haftentlassung, wird danach aber ordnungsgemäß in die Anstalt nach Tegel zurückgebracht.

10. NEUANFANG

Der Bandscheibenvorfall beschäftigt Torsten auch in den letzten Monaten seines Gefängnisaufenthaltes. Natürlich kehrt er brav nach der Krankenhausbehandlung in seine Zelle zurück, natürlich absolviert er alle Arbeiten gewissenhaft wie immer. Und natürlich ist er bis zum letzten Augenblick für seine Haftgenossen da. So zum Beispiel für einen seiner Mitgefangenen namens Jonny, einen Afrikaner. Der wünscht sich seit Längerem eine englische Bibel, weil er das Deutsche nur holprig beherrscht. Torsten betet dafür, dass Jonnys Wunsch in Erfüllung geht.

Zwei Tage später kommt Pfarrer Clemens bei ihm in der Zelle vorbei und sagt beiläufig: „Wir haben übrigens gerade eine Bibelspende bekommen – darunter ist auch eine englische Bibel. Kennen Sie jemanden, der eine solche Bibel brauchen könnte?"

Torsten grinst. „Ja", sagt er und in diesem Augenblick jubelt es in seinem Herzen. „Ich glaube, da kenne ich schon jemanden!" Und nimmt dankend die englische Bibel für seinen Mitgefangenen in Empfang.

Als er in der Freistunde seinem Mitgefangenen die englische Bibel in die Hand drückt, ist dieser völlig perplex. „Wie haste denn dat jemacht?", will Jonny wissen. Torsten zuckt mit den Schultern. „Die war halt gerade übrig!"

„Mann", berlinert Jonny in seinem amerikanischen Akzent weiter, „dat is ja hier wie fast wie bei ‚Wünsch dir was', wa?"

Torsten lächelt. Und geht weiter.

Immer wieder hat er in den letzten Wochen Gott im Gebet gefragt, was er tun soll, wenn er aus dem Knast entlassen wird. Und er hat die Antwort bekommen: „Du musst ins Gefängnis zurück." Was das bedeuten soll? Er ist schließlich noch im

Gefängnis drin und freut sich schon, endlich einmal ohne Gitter vor dem Fenster leben zu können. Auf die merkwürdige Antwort Gottes kann er sich einfach keinen Reim machen.

*

„Jetzt sag mir nur eines", will Paul wissen, „wie war das denn, als dir nach 15 Jahren die Wärter sagten: ‚Hartung, in zwei Wochen sind Sie wieder draußen!' Ist das nicht ein eigentlich ganz doofes Gefühl?"

„Das ist es!" Torsten nickt Paul zu. „Denn der Knast – vor allem eine so lange Zeit im Knast, bietet auch ein Stück Sicherheit, das mich umfangen hat!"

Paul kann das nachvollziehen. „Das war bei mir ähnlich!", sagt er. „Als ich nach fünf Monaten wieder vor die Tür trat, hatte ich ein ganz mulmiges Gefühl!"

„So", sagt Torsten, „du hattest fünf Monate, ich fast 15 Jahre auf dem Buckel."

„Mensch, was eine lange Zeit!", murmelt Paul.

„Das kannst du laut sagen!", fügt Torsten an.

„Erzähl mir: Wie lief das damals ab, als du vor das Gefängnistor getreten bist – hat jemand auf dich gewartet, wusstest du einen Ort, an dem du willkommen warst, hast du Hilfe erfahren, wie viel Geld hattest du in der Tasche? Wie war es mit dem Einstieg in ein Leben da draußen?

Bei mir standst du vor der Tür, um mich abzuholen. Das war echt prima. Meine Eltern wollten ja nichts von mir wissen. Wen hattest du damals?"

Torsten nickt. „Das mit dem normalen Leben, das wusste ich, das konnte ich mir von vorneherein abschminken!", sagt er. „Ein Mörder bleibt ein Mörder. Und ich kann niemandem verübeln, das zu denken."

„Wie aber war dein Anfang?", will Paul wissen. Er ist hartnäckig, denn er selbst steckt ja gerade in einer ähnlichen Situation. Er will neu anfangen, Vergangenes vergessen machen, in Neues eintauchen. Wie aber hat Torsten Hartung das geschafft?

*

Die letzten Wochen im Gefängnis sind nicht einfach. Da ist einerseits die Freude, draußen neu anzufangen. Da sind andererseits die Schmerzen der gerade erst überstandenen Bandscheibenoperation. Er hat immer noch ziemliche Beschwerden, vor allem beim Sitzen, aber auch beim Laufen. Und da ist drittens eine große Ungewissheit, wie es nun wirklich draußen weitergehen kann.

Nach 15 Jahren im Knast ist ihm nicht viel geblieben, obwohl er auch ein wenig mit seiner Arbeit in der Vollzugsanstalt verdient hat. Denn er muss immer noch seine Schulden aus den Straftaten der ersten Autobahnaktionen zurückzahlen: 86 000 Euro. Das wird er vermutlich nie abzahlen können, zumal jetzt mit dem Bandscheibenschaden. Denn wer wird einen 52-jährigen Exknacki, einen Mörder mit Rückenproblemen als Dachdecker einstellen wollen? Die Antwort kann sich Torsten ohne Mühe selber geben: niemand.

Gerade mal 1100 Euro Überbrückungsgeld, das man ihm ausgezahlt hat, trägt Torsten in seiner braunen Reisetasche durch das Tor der Justizvollzugsanstalt Tegel – außerdem einige wenige Klamotten und seine Bücher, die er mitnehmen kann.

Die meisten seiner alten Klamotten, die er beim Haftantritt mitgebracht hatte, sind ohnehin längst verschenkt. Er hatte sie nach seiner Taufe in blaue Müllsäcke verpackt, aus der Zelle geräumt und dann alles Mithäftlingen in die Hand gedrückt. Das Zeug hatte ihn einfach immer wieder an sein gescheitertes altes Leben erinnert. Das war nun endgültig vorbei.

Und auch das meiste von dem Geld, das er in der Anstalt verdient hatte, hat er bewusst weitergegeben, gespendet für Kinder in Not, Minenopfer in Kambodscha, die Mission oder andere Projekte, die ihm wichtig waren.

Für einen Neuanfang fehlt ihm jedenfalls, als er entlassen wird, nahezu jegliches Startkapital. Dabei hat er noch Glück im Unglück: Denn die Versicherungen, die er und seine Kumpane mit den Autodiebstählen geschädigt haben, treten nie an ihn heran. Irgendetwas um 11 Millionen Mark Schaden sind schließlich aufgelaufen. Vermutlich war den Verantwortlichen klar, dass weder Hartung noch irgendein anderer aus der Bande auch nur einen Bruchteil hätte zurückzahlen können.

Torsten Hartung bleibt mit Blick auf den Schuldenberg, jene knapp 86 000 Euro, bei seiner Haftentlassung deshalb nur ein einziger Weg: Er meldet direkt Privatinsolvenz an.

*

Als er ins Freie tritt, schüttelt ihm der Vollzugsbeamte, der ihn bis ans Tor begleitet hat, die Hand: „Machen Sie es gut, Herr Hartung." Dann steht er allein vor dem riesigen Backsteinbau. Nach 168 Monaten oder 5110 Tagen oder 122 640 Stunden hinter Gittern ist er wieder ein freier Mann. Nichts wie weg hier!

Torsten bebt innerlich. Seine Augen glänzen. Er ist gespannt und freut sich. Natürlich, er war im letzten Jahr schon Freigänger, teilweise im offenen Vollzug. Aber es ist eben etwas anderes, ob man weiß, dass man abends wieder in den Bau einfahren muss – oder ob man wirklich wieder voll und ganz selbst über sein Leben bestimmen kann.

Ausgestattet ist Torsten an diesem Tag von Kopf bis Fuß mit

Klamotten, die er von Pater Clemens bekommen hat – Hemd, Jacke, Hose, Schuhe.

Mit 1100 Euro kann man keine großen Sprünge machen, nicht in Berlin im Jahre 2006. Torsten weiß das. Aber er weiß auch, dass er nicht alleinsteht. Er verfügt über Kontakte zu einer katholischen Gemeinde und einige Geistliche haben ihm in den letzten Jahren in mehrerlei Hinsicht sehr geholfen. Für den Übergang in ein anderes Leben ist zumindest ansatzweise gesorgt. Eine erste Unterkunft findet er bei einer Frau aus der Gemeinde. Ilona, so heißt sie, bietet ihm ein Zimmer in ihrer geräumigen Wohnung in Berlin-Schlachtensee an und empfängt den frisch Entlassenen freundlich. „Komm erst mal an, sortier dich in Ruhe, finde dich in deinem neuen Leben zurecht!" Torsten ist ihr unendlich dankbar. Denn die Welt da draußen, so wie er sie kannte, hat sich in den vergangenen 14 Jahren ziemlich verändert. Manches, was er auf der Straße sieht, ist für ihn wie ein Kulturschock. In Berlin wird überall gebaut und ganze Stadtteile sehen mittlerweile völlig anders aus.

Gut zwei Monate verbringt er in Ilonas Wohnung. Dann findet er eine Einzimmerwohnung, in der er sich einrichtet.

*

„Was war eigentlich mit deinen alten Kumpeln?", will Paul wissen. „Hat sich von denen denn keiner bei dir gemeldet? Die wussten doch ganz bestimmt, dass du nach 14 Jahren wieder auf freiem Fuß bist!"

„Klar!", sagt Torsten. „Ich war ja auch der Letzte aus der Bande, der noch saß!" Er nippt an seinem Tee. „Gemeldet haben die sich schon bald – und wie!"

„Was meinst du mit ‚und wie'?" Pauls Neugierde ist angestachelt.

„Ganz einfach: Erinnerst du dich an unser Gespräch, als es um meine bewusste Entscheidung für das Böse ging?"
Paul nickt. Nur zu gut kann er sich an diesen Teil von Torstens Erzählung erinnern.
„Das Böse hat noch einmal versucht mich wieder einzufangen", erzählt Torsten weiter. „Es gab eine neue Versuchung durch die Konfrontation mit den alten Kumpeln!"
Paul schaut ihn groß an. „Wie sah das aus?"
Torsten grinst. „Das war eine heiße Geschichte."

*

Torsten ist noch im halb offenen Vollzug, als ihn seine Vergangenheit einholt. Mittlerweile ist er sogar wieder etwas mobiler im Straßenverkehr unterwegs – mit einem alten NSU-Damenfahrrad. Torsten hat das Modell für 15 Euro auf einem Flohmarkt erstanden. Am Gepäckträger hing bereits ein Einkaufskorb, als er das Teil erwarb. Eine Plastikrose windet sich um das Drahtgeflecht – ziemlich kitschig das Ganze, aber durchaus praktisch.

Er verlässt gerade den Knast, schiebt sein Rad durch das Tor und überquert dann die Straße. Auf der anderen Seite steht ein großer Schlitten, ein Mercedes 230 E Cabrio. Ein Mann mit langen, schwarzen Haaren schwingt sich aus dem Auto. Neben ihm auf dem Beifahrersitz hat sich eine blonde Dame, Anfang 20, mit einem ambitionierten Ausschnitt drapiert. Ihre Sitzposition präsentiert offensiv ihre Vorzüge.

„Hey, Torsten, Alter, wie geht es dir?" Der Mann nimmt die übergroße Sonnenbrille von der Nase. Torsten hat ihn aber ohnehin gleich erkannt: Es ist Reinhard, einer der ehemaligen Kumpel aus der Bande. Torsten steigt von seinem Fahrrad ab. Begeistert klopft Reinhard ihm auf die Schulter. „Mensch, Torsten, das ist toll, dich nach all den Jahren so munter wiederzusehen! Darauf müssen wir einen heben!"

Torsten schüttelt den Kopf. „Nein, lieben Dank, mir ist nicht danach!"

Das Püppchen im Wagen hat mittlerweile ihre Sitzposition noch weiter in seine Richtung verändert, dabei blickt sie Torsten unverwandt an.

„Hör zu, Torsten, wir brauchen dich. Wir planen ein ganz großes Ding und haben ein logistisches Problem. Du könntest es lösen!"
Torsten schüttelt den Kopf und fasst die Lenkstange seines Fahrrads mit beiden Händen. Die Plastikrose am Fahrradkorb zittert.
„Torsten, der Schlüssel von der Karre steckt, der Wagen gehört dir, wenn du dabei bist. Auf der Mittelkonsole liegt ein Briefumschlag mit einigen großen Scheinen, die gehören auch dir, wenn du mitmachst."
Dann deutet Reinhard mit dem Kopf in Richtung Beifahrersitz: „Und die Mieze kriegst du als Beigabe." Er grinst dabei schräg und versucht Torsten in die Seite zu knuffen. Der weicht zurück.
„Na los, was zögerst du noch? Das kriegst du doch hin, oder?" Dann blickt er zur Dame auf dem Beifahrersitz und wünscht vielsagend: „Viel Spaß dabei!"

Torsten schaut ihm kurz in die Augen. Dann klingelt er zweimal mit seiner Fahrradklingel und sagt: „Nein, lieber Reinhard. Das mache ich nicht mehr!"
Danach steigt Torsten auf sein Rad und fährt los, ohne sich noch einmal umzudrehen. Im Wegfahren ruft er Reinhard hinterher: „Ich habe das Bessere gewählt! Euch wünsche ich noch einen schönen Tag!"

Torsten tritt kräftig in die Pedale, um genug Land zwischen seine Vergangenheit, die ihm gerade begegnet ist, und seine Gegenwart zu bringen. Er muss sich dabei ganz gut ins Zeug legen, denn er hat ja noch nicht einmal eine Torpedo-Dreigang-Nabe an seinem alten Fahrrad.

Nach einer Weile hält Torsten an einer Parkbank an, setzt sich – und schüttelt sich vor Lachen. Was war das denn gerade? Torsten kann nicht anders. Er wird von Lachkrämpfen geradezu geschüttelt. So einer war er wirklich auch mal? Von solch einem Blödsinn hat er sich also selbst vor 15 Jahren einfangen lassen? Die dämlichen Männerriten, die aggressiven Posen, die willigen Weibchen, die für ein paar Scheine zu allem bereit sind, der Koks und der Schampus, die angeblich das Leben so schön bunt machen.

Vorbei. Gott sei Dank!
Als Torsten von der Parkbank aufsteht und wieder auf sein Fahrrad steigt, ist er von Glück erfüllt.

*

Über seinen Anwalt erfährt Hartung, dass inzwischen einige aus seiner alten Bande wieder „in den Bau eingefahren sind." Jörg, Martin und Hartmut, der Computerspezialist, sitzen bereits wieder hinter Schloss und Riegel. Und sieben andere ebenfalls. Kaum waren sie draußen, sind sie wieder auf die krumme Spur gekommen.

*

„Von was hast du damals, als du dann aus dem Knast draußen warst, eigentlich gelebt? Hast du irgendeine finanzielle Unterstützung bekommen?", will Paul wissen.

„Arbeit hatte ich nicht!", sagt Torsten. „Ist ja auch kein Wunder. Kennst du jemanden, der einen verurteilten Mörder mit insgesamt 20 Jahren Gefängnis auf dem Buckel für irgendeinen Job einstellen würde?"

Paul schüttelt den Kopf. „Das ist sicher ein großes Problem."

„Aber ich wollte und konnte nicht untätig sein", sagt Torsten. „Deshalb habe ich mich natürlich immer wieder beworben. Und geschaut, was ich tun kann, um mein Leben in die Hand zu nehmen. Aber die erste Zeit war sehr schwierig. Ich wusste nicht so recht, wohin."

*

Nur drei Wochen nach seiner Entlassung erhält Torsten ein Angebot von Guido, dem Priester der katholischen Gemeinde, die er nun besucht. Torsten solle doch einfach seinen Traum von einer Wallfahrt wahr machen und mitkommen. In Kürze würde eine Gemeindegruppe zu einer Pilgerreise nach Medjugorje in Bosnien aufbrechen.

Doch es gibt ein Problem: Die Reise kostet 320 Euro. Torstens erste Reaktion: „Ich würde so gerne mitfahren – aber ich habe nicht genug Geld, um eine solche Reise zu finanzieren!" Gerade erst ist er mit seinen letzten Ersparnissen dabei, seine neue, kleine Wohnung einzurichten. Er sagt zu Guido: „Das geht nicht. Ich habe gerade noch 750 Euro und brauche ein Bett, einen Tisch und vieles andere." Doch dann erinnert er sich an sein Versprechen aus der Haftzeit: „Wenn ich hier einmal raus bin, werde ich eine Wallfahrt machen!" Und er beschließt: „Ich werde es machen, um Danke zu sagen und um mir klarer zu werden, wie es mit mir weitergehen soll!"

Überglücklich schließt er sich der Pilgergruppe an.

Als die Reisegruppe am Check-in am Flughafen in Schönefeld steht und Torsten gerade dem Beamten am Schalter seinen Pass gereicht hat, schaut dieser ihn mit großen Augen an: „Herr Hartung, Sie haben ein Problem. Sie stehen auf der Fahndungsliste!"

Torsten ist entgeistert. Mensch, ich habe doch fast 15 Jahre lang gesessen! Wegen was wollen die mir jetzt ans Fell? Das kann doch alles nicht wahr sein!

Doch, es ist wahr: Offensichtlich ist der alte Eintrag von den Behörden nicht gelöscht worden. Sein Name steht immer noch auf der Fahndungsliste. Es wird nach ihm gesucht – obwohl er längst rechtskräftig verurteilt 15 Jahre im Knast saß. Wie kann denn so etwas passieren!

Aber Torsten bleibt völlig ruhig und gelassen. Es muss ein Irrtum sein, es wird sich alles klären lassen. Und er will unbedingt mit auf die Wallfahrt, auch wenn die Demütigung für den Moment kaum zu übertreffen ist: Die Beamten verhaften Hartung vor der ganze Gruppe mit Handschellen und führen ihn ab. Ein Raunen geht durch die Gruppe. Was das zu bedeuten hat?

Torsten Hartung hat Glück: Schon nach 20 Minuten wird den Beamten klar, dass sie da einer dicken Fahndungspanne aufgesessen sind. Torsten erwischt noch den Flieger, bevor das Abfluggate geschlossen wird. Als er in die Gruppe zurückkommt, rücken ein paar der 51 Mitpilger demonstrativ von ihm ab. Andere schauen neugierig, doch keiner wagt, ihn direkt anzusprechen. Das dauert an, bis die Gruppe nach der Ankunft in Medjugorje abends im Hotel wieder zusammentrifft.

Torsten weiß: Hier hilft nur gnadenlose Offenheit. Kein Vertuschen. Kein Verschweigen. Kein Beschönigen. Also stellt er sich vor die Gruppe und sagt: „Ich glaube, ihr solltet meine Geschichte hören. Ich will euch den Grund dafür sagen, warum ich heute Morgen irrtümlich von der Polizei festgehalten wurde." Alle wollen seine Geschichte hören. Und Torsten beginnt zu erzählen: Vom kleinen, hilflosen Jungen, der sich so sehr gewünscht hat, dass sein Vater Zeit für ihn hat. Der sich nach der Liebe seiner Eltern gesehnt hat. Er erzählt von Verletzungen, die er erst erlitten und dann auch anderen bewusst zugefügt hat. Er erzählt von seinem Entschluss zum Bösen, von Autoschiebereien, von der Russenmafia, vom Mord an Dieter, vom Gefängnis – und der Begegnung mit Gottvater im Himmel, die sein Leben umgekrempelt hat.

Es bleibt minutenlang still, als Torsten nach zwei Stunden

seine Erzählung beendet. Man hört kaum ein Räuspern. Torsten hält die Stille aus, bietet an, weitere Fragen zu beantworten.

Die Hälfte der Pilger stammt aus Korea, auch ein Priester ist unter ihnen. In Berlin sammeln sich viele Koreaner in der katholischen Gemeinde. Manche von ihnen sprechen vorzüglich Deutsch, anderen wird Torstens Erzählung mit leisem Murmeln übersetzt. Keiner von ihnen, der nicht tief erschüttert ist. Keine Frage.

Dann steht der koreanische Priester, Pater Philipp, auf, zeigt mit dem Finger auf ihn und sagt in die Stille: „Diese Geschichte, Torsten, müssen viele Menschen hören!"
Torsten schweigt. Wieder hebt der Priester an: „Du musst diese Geschichte ganz vielen Menschen auf der Welt erzählen!"

Pause.

Torsten sagt nichts, senkt den Kopf. Zu viele Gedanken drehen sich gerade darin.
Und dann der Satz des Priesters: „Torsten, ich werde demnächst für einige Monate nach Südkorea gehen und dort eine Vortragsreise machen. Komm mit, ich lade dich ein."

Torsten weiß in diesem Augenblick nicht, ob er richtig gehört hat. Er schweigt.
Und dann spürt er: Wieder eines dieser kleinen Wunder. Eine neue Welt tut sich vor ihm auf.

*

Paul lässt sein mittlerweile bekanntes Pfeifen hören. „Mann, das ist ja eine tolle Story!" In seiner Stimme klingt Bewunderung für Torsten – und die heimliche Frage an sich selbst, ob er irgendwann einmal in seinem Leben so viele Zuhörer für seine eigene Geschichte haben wird.

Torsten scheint seine Gedanken zu erahnen und sieht seinem Gegenüber intensiv in die Augen. „Du wirst irgendwann deine eigene Geschichte erzählen, Paul. Komm, bitte widersprich nicht!" – Mit einer Handbewegung wehrt Torsten den drohenden Einspruch von Paul ab. „Jeder Mensch schreibt seine Geschichte. Und du bist hier bei meiner Frau und mir in diesem Haus gelandet, damit du irgendwann eine andere Geschichte zu erzählen weißt als die, die ich mit mir herumtrage!"

Paul schweigt. Er hat Tränen in den Augen.
Welche Geschichte wird seine sein können? Er weiß es nicht. Jetzt noch nicht.
Torsten gibt ihm einen freundschaftlichen Klaps auf die Schulter. Paul schaut auf.
„Meinst du wirklich – das mit der eigenen Geschichte wird wahr für mich?" In seinen Augen spiegeln sich Zweifel.
Torsten lächelt. „Genau darum bist du hier!"

*

Also Südkorea. Genauer gesagt: eine Vortragsreise durch zwei Dutzend Gemeinden. Torsten Hartung kann kaum Englisch, aber der Priester beruhigt ihn, er wird als Dolmetscher dienen. Und er erfährt, dass in Südkorea auch einige Menschen die deutsche Sprache verstehen.

Doch was sagt das Jobcenter dazu? Torsten lebt von Hartz IV, eine andere Einkommensquelle hat er nicht. Aber darf er als Hartz-IV-Empfänger Deutschland so lange verlassen?

Er tut das einzig Richtige: Nach der Rückkehr aus Bosnien geht er mit einer schriftlichen Einladung der koreanischen Gemeinden zu seiner Betreuerin im Jobcenter. Eine durchaus mitfühlende und verständnisvolle Dame erwartet ihn.

Er erklärt seinen Fall. „Na, eigentlich dürfen Sie ja so lange nicht weg", sagt die Dame und schüttelt zweifelnd den Kopf. „Und wenn Sie gehen, darf das Geld nicht weiter ausgezahlt werden, bis Sie wieder da sind!"

Torsten spürt, wie Verzweiflung in ihm hochsteigt. Alles das soll jetzt nichts werden – wegen der blöden Vorschriften? Doch er bleibt ruhig, lässt sich nichts von seiner Spannung anmerken. Im Stillen betet er: „Herr, wenn du willst, dass ich nach Südkorea gehe und dort meine Geschichte erzähle, wirst du es möglich machen!"

Die Dame grübelt.

„Andererseits ... was sagten Sie, haben Sie dort vor?" Sie wendet sich freundlich Torsten zu.

„Äh ... Vorträge halten ... und auf Einladung von zehn katholischen Gemeinden!"

„Ach!", sagt die Dame. „Na, das hört sich ja an, als ob Sie da ein Praktikum für pastorale Arbeit machen. Dann ist das doch wohl nichts anderes als eine Weiterbildung. Und die ist natürlich erlaubt! Denn Sie wollen sich doch weiterqualifizieren, um dann dem Arbeitsmarkt umso besser zur Verfügung stehen zu können – oder?"

Torsten nickt.

„Dann fahren Sie mal!"

Gütiger Gott! Und die Dame lächelt nicht einmal dabei.

Mit heiligem Ernst füllt sie ein paar Formulare aus, lässt Hartung ein Formular zur Beurlaubung für eine „Fortbildungsmaßnahme im Ausland" unterschreiben, drückt ihm freundlich die Hand – und wünscht ihm eine gute Reise und gesunde Wiederkehr.

Vor der Tür der Arbeitsagentur schlägt Torsten Hartung ein Kreuz.

Und murmelt: „Herr im Himmel – ich wusste gar nicht, wo du überall deine Engel verteilt hast!"

*

Paul schüttelt den Kopf. Er kann Torstens Glück kaum fassen. „Mensch, da bist du gerade mal ein paar Wochen aus dem Knast – und schon kriegst du eine solche Einladung!", ruft er aus. „Das muss dich doch unglaublich stolz machen!"
Torsten schüttelt den Kopf. „Nein, nicht stolz. Denn wie könnte ich stolz sein auf mein altes Leben? Auf meine Geschichte kann ich nicht stolz sein. Wirklich nicht."
Das sieht Paul anders. „Ganz im Gegenteil!", ruft er nun aus. „Du musst geradezu stolz sein auf deine Geschichte. Auf deine Umkehr, deine Wandlung! Mensch, Torsten: Was glaubst du denn, wie wenig Menschen wirklich dazu fähig sind, mit sich so ehrlich umzugehen, wie du es getan hast?"
Torsten schaut Paul an, ein wenig verlegen, so sieht es jetzt aus. „Danke, Paul, für das Lob", sagt er dann. „Aber das habe ich nicht verdient. Sondern derjenige, der diese Veränderung überhaupt erst möglich gemacht hat!"
Dann steht er auf, um das Fenster zu öffnen.

*

Ja, es klingt verrückt. Und wer Torsten Hartung noch ein Vierteljahr zuvor im Knast prophezeit hätte, dass er bald in einem Flieger nach Südkorea sitzen würde – den hätte er wahrscheinlich höchstens mit einem mitleidigen Lächeln bedacht. Aber jetzt ist es kaum drei Monate her – und Torsten sitzt wirklich in einem Flugzeug, das ihn nach Asien bringen wird.

Was Torsten nicht weiß: Es wartet auch ein ganz besonderer Mensch dort auf ihn – die Liebe seines Lebens.

*

Torsten ist 12 Wochen lang in Südkorea unterwegs. Sein Terminplan ist prall gefüllt mit Vorträgen, Diskussionen, Gesprächen.

Am Anfang macht er sich noch Sorgen, wie es werden wird, doch zunehmend gewinnt er Sicherheit. Denn er merkt: Mit seinen Erzählungen zieht er seine Zuhörer in den Bann. Das verletzte Kind in ihm, von dem er anschaulich erzählt, rührt viele seiner Zuhörer zu Tränen. Als er vom Pakt mit dem Bösen berichtet, wird seine Geschichte eine Lehrstunde darüber, welche Wege das Leben gehen kann. Atemlos die Spannung, wenn er über den Mord berichtet, Ergriffenheit, als er schließlich erzählt, was ihm in der Haft widerfahren ist: „Vater gesehen!" Die Menschen, die ihm zuhören, sind Gläubige – und deshalb mit dem Herzen dabei. Sie empfangen Torsten mit dem Respekt, der einem Menschen gebührt, der für seine Sünden gebüßt hat.

Das ist für Torsten noch ungewohnt. Rechnet er doch in Deutschland vor allem immer noch damit, für seine Taten, die er begangen hat, für den Rest seines Lebens stigmatisiert zu werden. Vielleicht auch deshalb tun ihm diese Begegnungen in Südkorea so gut.

*

„In Südkorea bin ich dann auch zum ersten Mal Claudia begegnet!" Fast unvermittelt greift Torsten die wichtigste seiner Erfahrungen auf dieser Reise auf.

„Ich will ja nicht neugierig sein – aber wie hast du sie kennengelernt?", will Paul wissen.

„Das ist kein Geheimnis!", sagt Torsten und lacht. „Der Priester, Pater Philipp, stammt aus Masan im Süden von Korea, einer Stadt mit 600 000 Einwohnern.

Claudia gehört zu eben dieser katholischen Gemeinde in Masan. Dort bin ich eines Abends zu einem Vortrag hingefahren und habe sie zum ersten Mal gesehen."

„Und … und wie habt ihr euch näher kennengelernt?" Paul weiß nicht so recht, wie er seine Frage stellen soll, ohne aufdringlich zu wirken.

Wieder lacht Torsten: „Die ganze Geschichte ist für mich ein großes Wunder."

*

Claudia ist 35, als sie Torsten Hartung zum ersten Mal sieht. Obwohl sie durch den Vortrag seine Geschichte kennt, begegnet sie ihm unbefangen. Aber sie traut sich nicht, ihn anzusprechen.

Torsten hatte schon im Gefängnis seit Jahren darum gebetet, irgendwann einmal eine christliche Partnerin zu haben. Und er hatte die Entscheidung, wen er wann und wie treffen soll, in Gottes Hände gelegt. Vor seiner Entlassung dachte er zuletzt darüber nach und stellte fest: „Ich erwarte nichts. Sondern ich warte jetzt einfach ab, bis sich irgendwann etwas entwickelt!"
Gottvertrauen pur.

Ein solches Gottvertrauen hat auch Claudia. Sie stammt aus gebildetem Hause und ist als Katholikin mit einem lateinischen Vornamen getauft worden. Ausgebildet als Sonderpädagogin, fühlt sie sich schon einige Zeit zwischen allen möglichen Entscheidungen hin und her gerissen. Eineinhalb Jahre war sie in Lourdes, um für sich die Antworten des Glaubens zu finden.
Soll sie bei ihren Eltern bleiben und für sie sorgen? Soll sie ins Kloster gehen und sich ganz dem Dienst für Gott widmen? Oder soll sie doch Lehrerin für behinderte Kinder werden? Oder, auch eine Option: einen Mann finden und eine Familie gründen? Immer wieder spricht sie ihre Fragen im Gebet aus.
Dann begegnet sie Torsten. Zweimal sehen sie sich beim Einkaufen in einem Supermarkt und grüßen sich. Dann sitzen sie eines Tages unverhofft in der Kirche in der gleichen Bankreihe.

Er rührt etwas in ihr an, etwas, was sie am Anfang gar nicht genau beschreiben kann. Doch dieses Gefühl ist echt und klar und

tief. Auch Torsten schlägt das Herz bis zum Hals. Der Augenblick ist einfach wunderschön.
Es ist das Treffen zweier Seelenverwandter. Claudia schreckt auch nicht davor zurück, dass Torsten früher einmal schlimme Taten begangen hat. Sie weiß, dass er von Gott auf einen neuen Weg gebracht wurde. Und sie betet um eine Entscheidung, ein Zeichen Gottes.

Einander näherzukommen, ist nicht leicht. Die koreanische Kultur fordert Zurückhaltung. Es braucht auch zunächst Klarheit. Torsten weiß zu diesem Zeitpunkt noch nicht, wie es um Claudias Gefühle steht und dass sie etwas mit ihm zu tun haben könnten.

Eines Abends trifft er vor dem Kino in Masan ein befreundetes Pärchen, Valeria und Johann, die ebenfalls zur Gemeinde gehören. Er lädt sie spontan zum Abendessen ein und bittet die beiden: „Ruft doch bitte auch Claudia an und fragt, ob sie mitkommen will."

Claudia sitzt in diesem Moment zu Hause und betet: „Lieber Gott, lass mich wissen, welchen Weg ich gehen soll, bitte gib mir ein Zeichen!"

Kaum hat sie diese Worte gesprochen, klingelt das Telefon. Ihr Freundin Valeria ist am Apparat und fragt: „Claudia, hast du Lust, mit Torsten und uns zu Abend zu essen?"

In diesem Augenblick vergisst Claudia, dass sie Koreanerin ist. Sie schreit vor Glück laut auf. Es dauert nicht lange, da sitzt sie strahlend an seiner Seite.

„Sie konnte kein Deutsch ... ich kein Koreanisch. Doch wir beide sprachen Englisch, ich nur ein wenig, total holprig, sie ziemlich perfekt. Dass sie meine ganze Geschichte kannte und nicht zurückgeschreckt ist, dass sie mich dennoch liebte, auch das ist für mich ein Wunder."

Zwei Wochen später muss Torsten abreisen. Aber er weiß, dass sie sich wiedersehen. Schon nach wenigen Tagen des Zusammenseins hat er Claudia gefragt: „Willst du mich heiraten? Denn ich glaube ganz bestimmt, ich werde dich heiraten."

Fast jeden Tag telefonieren die beiden – Berlin – Masan. Torsten findet eine Arbeit, macht Nachtschichten in einem Bistro und spart Geld für den Flug nach Südkorea und die Hochzeit.

Nach einem halben Jahr ist es so weit. Torsten besucht in Masan Claudias Eltern und hält um die Hand seiner Geliebten an. Im September 2007 sitzen die beiden im Flieger nach Deutschland.

Claudia ist mutig. Sie lässt alles zurück: ihre Familie, ihre Freunde, ihren Beruf und ihren gesamten Kulturkreis. Doch sie zögert nicht lange. Sie vertraut einfach darauf, dass es der richtige Weg ist.

*

Natürlich gibt es im Vorfeld auch viele Stimmen, die von der Hochzeit abraten. Freunde fragen Claudia, ob sie es sich wirklich gut überlegt hat: „Was weißt du eigentlich von diesem Mann? Er hat eine schlimme Vergangenheit, er hat keine guten Perspektiven und er hat kein Geld!"

Ja, Claudia weiß das. Sie geht ohne Sicherheit in eine ungewisse Zukunft – mit einem Mann, der in seinem Leben bisher alles verloren hat.

Auch Torsten macht sich Sorgen, vor allem um das Thema Geld. In dem Berliner Bistro, in dem er Arbeit gefunden hat, macht er die Drecksarbeit, schiebt Nachtschichten, ackert wie ein Verrückter. Er braucht das Geld für den Flug und für zwei Eheringe, die er unbedingt mitbringen möchte.

Am Ende verweigert ihm jedoch der Bistrobesitzer den vereinbarten Lohn. Davon könne keine Rede sein. „Da musst du dich verhört haben – und ohne Vertrag sieht das für dich ohnehin ziemlich doof aus." Einem Exknacki wird man nicht glauben, das weiß der Mann. Und er nutzt es schamlos aus.

Aber noch einmal gibt es eine unerwartete Wendung. Pater Guido schenkt Torsten zehn Tage vor der Abreise nach Korea ein kleines Säckchen mit einigen Brocken Altgold. Mit einem Lächeln reicht er Torsten den Beutel: „Ich glaube, das kannst du im Moment besser brauchen als ich." Ungläubig schaut Torsten ihn an. Er hatte niemand von seinen Geldsorgen erzählt – natürlich konnte man es ahnen – aber nun das, völlig unverdient. Einen Teil des Goldes verkauft er und finanziert so den Flug. Und aus einem der Stücke macht ein Freund, er ist Goldschmied, dem Paar zwei Eheringe. „Pax Christi" und „Ave Maria" lassen die beiden später darin eingravieren.

11. EIN HAUS DER BARMHERZIGKEIT

Claudia kommt nach Berlin: Sie lässt ihr bisheriges Leben radikal hinter sich und zieht zu jenem Mann, vor dem man sie in Korea gewarnt hat: ein Mörder ohne Geld, eine Weltreise entfernt. Am 8. Dezember 2007 stehen Claudia und Torsten vor dem Traualtar. Einige Wochen zuvor haben sie bereits standesamtlich geheiratet.

Pater Erwin Probst, Torstens Seelsorger seit Gefängniszeiten, traut das *junge* Paar in der Kirche – und freut sich sehr darüber.

Claudia und Torsten richten sich ein, so gut es in der kleinen Wohnung von Torsten geht. Mit Hartz IV kommt man nicht sehr weit – aber den beiden reicht es, um ihrem Glück Raum zu geben.

Torsten verfolgt seinen Plan, nach seiner Gefängniszeit für andere Menschen da zu sein und ihnen zu helfen. Der Satz „Gehe wieder ins Gefängnis", den er als Antwort auf seine im Gebet formulierte Frage: „Herr, was soll ich tun?" bekommen hat, will ihm nicht aus dem Kopf.

Ehrenamtlich hat er in den letzten Monaten schon den einen oder anderen „Freigänger" aus dem Jugendknast begleitet. Dabei wird ihm klar: Die Jugendlichen brauchen, wenn sie hier rauskommen, einen Ort, an dem sie willkommen sind, von dem aus sie wirklich neu durchstarten können. Wenn sie nach der Haftzeit in ihr altes Milieu zurückkommen, haben sie es enorm schwer. Meist gelingt es nicht, davon loszukommen, und es dauert nicht lange, bis sie wieder straffällig werden.

Torsten und Claudia wollen deshalb zusammen mit einer kirchlichen oder karitativen Einrichtung ein Haus aufbauen, in dem junge Straffällige nach ihrer Entlassung aus dem Gefängnis aufgefangen werden können.

Wie sehr hat er selbst eine solche Möglichkeit vermisst, damals in Schwerin, als er aus dem Gefängnis kam und seine Eltern ihm zu verstehen gegeben haben, dass er total unerwünscht ist.

Auch Paul kennt das nur zu gut: „Mein Stiefvater hat mir direkt an der Tür gesagt: Du kannst eine Woche bleiben, dann bist du hier verschwunden."

Wer kein Zuhause, wer keine berufliche Perspektive hat, wer sich ungeliebt fühlt – der gerät schnell auf die dunkle Seite des Lebens. Es gibt nichts mehr zu verlieren. Und es geht schneller bergab, als man denkt.

In den letzten Jahren hat Torsten erfahren, wie befreiend es sein kann, dass da jemand ist, der einen bedingungslos liebt und annimmt. Gott.

Und er hat erlebt, wie es ihm in Gesprächen und bei Vorträgen und Veranstaltungen gelingt, die Menschen mit seiner Geschichte und der Botschaft von Gottes Liebe zu erreichen. Schon im Knast war das so, dann auf der Wallfahrt nach Bosnien, in Südkorea, bei öffentlichen Veranstaltungen in immer mehr Gemeinden – das Thema Schuld und Vergebung beschäftigt so viele.

Man hört ihm zu. Er hat die Gabe, die richtigen Worte zu finden. Die Botschaft ergreift die Menschen, bringt sie zum Nachdenken, manchmal auch zur Umkehr. Eine ungeheure Erfahrung für einen Mann, der als Kind darum betteln musste, bei seinem eigenen Vater Gehör zu bekommen.

Seine Begabung, das Wort zu ergreifen, hat er früher als gefürchteter Anführer einer in acht Ländern agierenden Verbrecherbande genutzt. Jetzt will er sie für das Gute einsetzen: Von seiner wundersamen Verwandlung will er sprechen. Von der Erfahrung, dass Gott barmherzig mit uns umgeht, dass er uns unendlich liebt. Dies gelingt ihm so authentisch wie kaum einem Zweiten. Es ist Teil seiner Geschichte: vom Mörder zum Menschenretter.

Noch ist es nur eine Idee. Und das Ziel – ein eigenes Haus, um dorthin Jugendliche einzuladen – liegt in weiter Ferne. Es braucht geeignete Räume, es braucht Möbel, es braucht Geld für Essen und Trinken – ganz zu schweigen von behördlichen Genehmigungen. Und ein richtiges Konzept hat er natürlich momentan auch noch nicht. Was er hat, ist Vertrauen und Zuversicht. Aber davon hat er reichlich.

Ist es realistisch, dass es gelingt? Die Frage stellt sich Torsten Hartung irgendwie nicht. Er vertraut einfach darauf, dass er bei Gott in guten Händen ist.

Claudia scheint als gelernte Sonderschullehrerin für ihn auch in dieser Hinsicht eine ideale Ergänzung zu sein. Denn Torsten hat von Erziehung und Pädagogik keine Ahnung. Es fügt sich alles.

Der Bischof von Meißen war schon vor einiger Zeit auf ihn aufmerksam geworden. In einem Buch über Menschen, die sich taufen lassen, wurde seine Geschichte erzählt. Nach seiner Entlassung hatte man ihn vonseiten der Kirche gefragt, ob er sich vorstellen könnte, bei der „pastoralen Gefängnisarbeit" mitzuwirken. Als jemand, der das Leben im Knast aus eigener Anschauung kennt, war er für viele Häftlinge vermutlich der ideale Ansprechpartner. Ja, das konnte Torsten Hartung sich vorstellen. Dies konnte die Antwort auf seine Frage, was er nun tun soll, sein. In Altenburg, südlich von Leipzig, gibt es ein großes Jugendgefängnis. Dort wurde ein Betreuer für die kirchliche Gefängnisarbeit gesucht – und Torsten fuhr mit Claudia hin. Sie blieb vor dem Tor stehen, bis er begeistert zurückkam.

In der Folgezeit engagierte er sich an der einen oder anderen Stelle und machte dabei die Erfahrung, dass die Jugendlichen die gleichen Fragen hatten wie er damals. Er stellte fest: „Jeder

Mensch braucht letztlich einen anderen, der sich für ihn interessiert."

Aber irgendwie war die Zeit noch nicht gekommen. Viele Fragen waren zu klären. Claudia musste Deutsch sprechen lernen, um eine Arbeit finden zu können. Und es brauchte zunächst die Zustimmung des Jobcenters, damit sie beide aus Berlin wegziehen durften.

Aber nach und nach wird die Idee mit dem Haus für jugendliche Straftäter konkreter. Mit einer Gruppe von Berliner Freunden plant das frischverheiratete Paar, wie es weitergehen kann. Und es scheint, als ob der Himmel es wieder einmal gut mit Torsten Hartung meint: In Schönau, einem Dorf im Norden des ostsächsischen Landkreises Bautzen, gibt es ein weitgehend leer stehendes ehemaliges Klostergut. Das Haus ist renovierungsbedürftig, aber brauchbar. Eine Ordensgemeinschaft, die der Bischof von Meißen angefragt hatte, bietet es der Gruppe um Torsten Hartung und seiner Frau an. Scheinbar ein idealer Platz. Abgeschieden, genügend räumliche Möglichkeiten – viel zu tun.

Nach einer ersten Besichtigung mit den Ordensleuten gehen Claudia und Torsten das Projekt Schönau im Frühjahr 2008 mit Feuereifer an.

Aber der Plan scheitert, bevor es richtig losgehen kann. Ihre Pläne haben sich in dem kleinen Dorf wie ein Lauffeuer verbreitet und einige Dorfbewohner machen sofort Stimmung dagegen. Als sie eines Nachmittags mit einem Lieferwagen vorfahren, in dem sie Möbelspenden aus Berlin herankarren, tritt man ihnen entschlossen entgegen. Es folgt eine Unterschriftensammlung. Man will keine jugendlichen Straftäter im Ort haben, erst recht keinen Mörder als Hausvater.

Torsten ist erst sprachlos. Dann verletzt. Er sucht das Gespräch. Wovor sie sich denn Sorgen machen, will er wissen. Es soll ein Haus des Friedens und der Versöhnung entstehen. Aber die Befürchtungen, dass aus der kleinen Gemeinde ein Treffpunkt für Verbrecher werden könnte, sind zu groß. Auf einer Bürgerversammlung kommt es zu heftigen Auseinandersetzungen. Der Kreis der Unterstützer um Torsten und Claudia muss erkennen, dass es hier keinen Sinn macht weiterzuplanen. Sie sind einfach nicht willkommen.

*

Paul fühlt mit bei der Schilderung der Vorkommnisse in Schönau. „Mann, Torsten, das ist ja ein Hammer!", wirft er ein. „Wie bist du denn mit dieser massiven Ablehnung zurechtgekommen?"

„Es hat eine ganze Zeit gedauert, auch Claudia hat ziemlich gelitten …", sagt Torsten. „Unser Vorhaben in Schönau war gescheitert, aber Gott hat mir gesagt: ‚Sie werden nicht dich, sondern mich ablehnen.' Und ich wusste, es wird werden, nur an einem anderen Ort. Du musst einmal mehr aufstehen als hinfallen!"

*

Zwei Jahre später gibt es in Altenburg eine neue Chance, ihre Idee zu verwirklichen. Mehrere Initiativen und Vereine haben sich zusammengeschlossen, um in einer ehemaligen Malzfabrik ein Begegnungszentrum zu schaffen. Torsten bekommt davon Wind und engagiert sich im Trägerverein. Seine Idee, sich um Jugendliche zu kümmern, wird ausdrücklich begrüßt, und alle sind begeistert, wie acht junge Männer wenig später damit beginnen, eine erste Etage zu entkernen. Sie versetzen Mauern, verlegen neue Leitungen, gießen einen neuen Estrich, bauen sanitäre Anlagen ein, verputzen, schleifen, spachteln und streichen. Nach einem halben Jahr erstrahlt die erste Etage des „Gustavus-Hauses" in Altenburg in ungewohntem Glanz. Während weite Teile des Gebäudes noch in ruinösem Zustand liegen, ist die Projektetage zu einem Schmuckstück herangereift. Aber auch diesmal steht noch eine Überraschung ins Haus. Der Vereinsvorstand ist begeistert, wie schön alles geworden ist. Aber von einer Nutzung durch die von Torsten Hartung geleitete Gruppe könne keine Rede sein. Die Räume würden für andere Zwecke gebraucht und man hat sich wohl falsch verstanden. Die Jugendlichen sollten ja eine ganz andere Etage bekommen – die müsse allerdings erst hergerichtet werden.

Torsten traut seinen Ohren nicht.

Alles umsonst. Ihm ist klar, hier ist für ihn Schluss.

*

Wie wird man mit Schicksalsschlägen fertig? Paul kann kaum verstehen, dass Torsten nicht aufgibt, sondern zusammen mit seiner Frau die Kraft findet, noch einmal von vorn anzufangen.

In der Tat, die beiden vorangegangenen Versuche waren ernüchternd und bitter. Torsten weiß jetzt, dass er sich nicht noch einmal auf eine ähnliche Situation einlassen wird. Es braucht ein eigenes Haus. Alles andere macht keinen Sinn. Und er spürt: Eines Tages kommt die richtige Zeit und der richtige Ort.

Tatsächlich entdeckt er einige Monate später eine Anzeige, dass in einer kleinen Gemeinde in Sachsen, nicht weit von Altenburg, ein Haus zum Verkauf steht. Mit einigen Freunden fahren Claudia und er hin.

Das Gebäude aus der Gründerzeit, die Schuppen und der kleine Garten sind völlig verwildert. Aber es gibt viele Möglichkeiten, das zu verwirklichen, was ihnen vorschwebt. Nicht weit entfernt liegt das Jugendgefängnis von Altenburg, es gibt in der Gegend viele Ausbildungsplätze und sogar ein richtiges Ausbildungszentrum. Das Haus hat drei Etagen und einen Keller, genügend

Platz, damit Claudia und Torsten einen abgeschlossenen Bereich für sich haben können und dennoch drei Jugendliche aufgenommen werden können.

Der von der Maklerin genannte Kaufpreis, 45 000 Euro, ist nicht allzu hoch – aber momentan hat der kleine Unterstützerkreis bei Weitem nicht so viel Geld zu Verfügung.

Torsten bringt sein Anliegen vor Gott: „Herr, bitte gib mir ein Zeichen. Wenn es dein Wille ist, wollen wir hier ein Haus der Barmherzigkeit aufbauen. Aber ich brauche Klarheit. Wenn ich die am Ende des Jahres nicht habe, gehen wir zurück nach Berlin."

Es bewegt sich etwas. Man kommt ihnen mit dem Preis entgegen, und eine Stiftung aus der Schweiz gibt das notwendige Geld, um das Haus zu kaufen. Aber die finanziellen Mittel reichen immer noch nicht.

Torsten Hartung ringt im Gebet mit Gott, weil das Geld für die Maklergebühr und die Grunderwerbssteuer fehlt – 2000 Euro.

Drei Tage später ruft ihn die Maklerin an und sagt: „Ich habe mir das Haus auch noch einmal angesehen. Das ist ja voller Müll und Schutt. Ich müsste eine Firma beauftragen, das alles zu entsorgen – oder Sie machen das. Dann würde ich Ihnen 2000 Euro vom Kaufpreis nachlassen."

Torsten zögert nicht lange und sagt freudig: „Ja, so machen wir das."

Im März 2012 gehört das Haus dem Verein.

Es muss noch sehr viel getan werden. Und es braucht viel Geld, um das Haus bewohnbar zu machen: Ein neues Dach ist fällig, eine neue Heizung muss eingebaut werden und irgendwann müssen auch alle Türen und Fenster ausgetauscht werden. Sie überlegen fieberhaft, wie sie das Geld aufbringen können. Zum

Glück bewilligen das katholische Bonifatiuswerk und die Organisation „Kirche und Not" Zuschüsse.

Nach neun Monaten harter Arbeit ist der erste Schritt geschafft. Eigenhändig haben Torsten und Grigorije, ein armenischer Christ, der ihm hilft, das Dach neu gedeckt, alle elektrischen Leitungen neu verlegt, den Trockenbau abgeschlossen, Fußböden gefliest. Eine Fachfirma hat eine neue Heizung eingebaut.

Aus dem Freundes- und Unterstützerkreis wird ein richtiger Verein, der das Haus bewirtschaften soll: ‚Maria HilfT'. Am 8. Dezember 2012 wird das Haus im Rahmen eines Festgottesdienstes geweiht. Über 80 Menschen haben sich im oberen Stockwerk versammelt und stehen in und vor der Kapelle, sogar die Treppe hinunter.

Ein Woche später ziehen Claudia und Torsten ein und sechs Monate später begrüßen die beiden den ersten Jugendlichen. Er kommt direkt aus dem Jugendgefängnis und beginnt wenig später mit Unterstützung von Claudia und Torsten die Vorbereitungen auf das Fachabitur.

Maria HilfT – ein ungewöhnlicher Name für einen Verein.

Torsten Hartung sagt: „Bei Maria finde ich Trost. Vielleicht spricht sie mich besonders an, weil ich die mütterliche Liebe oft vermisst habe. Und das T im Wort ‚HilfT' steht für den Korpus Christi."

*

Es ist nicht nur irgendein Haus: Es ist ein Zuhause. Warme Farben an den Wänden, jede Tür liebevoll abgeschliffen und lasiert, das Dach neu eingedeckt – die herrlichen, über hundert Jahre alten Dielenböden fein säuberlich restauriert.

Ein dreibeiniger Kater hat dort genauso Einzug gehalten wie die Jesusstatue ohne rechte Hand.

Der Kater hat wohl seine rechte Vorderpfote in einer illegalen Falle verloren – doch er hat überlebt. Munter hoppelt er auf seinen drei Beinen durch Haus und Garten, wohlgepflegt und in Liebe aufgenommen, wie alle Gäste, die zu Torsten und Claudia Hartung finden. Für Torsten Hartung sind Kater und Jesusstatue Sinnbilder, auch für sein eigenes Leben: „Es geht nicht ohne Blessuren ab – solche, die wir anderen und solche, die wir uns selbst zufügen. Damit müssen wir als nicht vollkommene Wesen leben. Gott schreibt auch auf krummen Zeilen gerade!"

*

Torsten und seine Frau Claudia haben ihren Plan Wirklichkeit werden lassen, junge Menschen auf dem Weg in ein Leben nach der Haft zu begleiten. Und wer könnte das besser und überzeugender tun als ein Mann wie er?

Seit fast zwei Jahren kümmern sie sich nun schon um straffällig gewordene Jugendliche, als wären es ihre eigenen Kinder. Darum, dass sie zur Schule gehen, dass sie einen Ausbildungsplatz finden, dass sie haben, was sie brauchen. Vor allem, wenn es Probleme gibt, werden die Jugendlichen damit nicht alleingelassen. Torsten und Claudia nehmen sich Zeit für viele Gespräche. Man arbeitet zusammen im Haus und im Garten, Räume werden liebevoll gestaltet, man isst und feiert gemeinsam. „Sorgsam und liebevoll" – das trifft es vielleicht am besten. Torsten Hartung hat gelernt: Das Wichtigste im Leben ist nicht etwa Geld, Ruhm oder Macht – das Wichtigste ist es, geliebt und angenommen zu werden. Und am Ende Liebe auszuteilen.

Diese Botschaft vermittelt Torsten Hartung den straffällig gewordenen Jugendlichen, die bei ihm ein Zuhause gefunden haben. Es geht nicht um Betreuung im herkömmlichen Sinne. Es fließt keine staatliche Unterstützung, es werden keine „Fälle" abgewickelt. Es geht um jeden Einzelnen, ganz persönlich – rein freiwillig und ohne die Erwartung einer Gegenleistung.

Torsten leiht ihnen sein Ohr.

Er hört ihnen zu.

Er gibt ihnen zu verstehen, dass er für sie da ist.

Mehrmals die Woche feiern sie in der kleinen Hauskapelle zusammen mit einem Priester Gottesdienst.

Ob die Geschichten der Bibel wahr sind, kann keiner beweisen. Torsten sagt ihnen: „Du musst dran glauben. Ohne die Vergebung, die mir widerfahren ist, würde ich jetzt nicht hier stehen."

Er war erst Opfer. Dann Mörder. Und nun ist er Helfer.

Gibt es ein besseres Beispiel dafür, dass die Wandlung vom Saulus zum Paulus möglich ist?

*

Ein neuer Tag hat begonnen. Es ist Samstag, heute hat Paul keine Verpflichtungen. Er sitzt vor dem Haus in der Sonne. Er weiß nun, warum Claudia und Torsten so jemand wie ihn mit offenen Armen empfangen haben. Und er ahnt, dass er noch viel vor sich hat.

12. DREI GLEICHNISSE

DIE GLEICHNISSE VOM VERLORENEN SCHAF UND VON DER VERLORENEN DRACHME

¹ Alle Zöllner und Sünder kamen zu ihm, um ihn zu hören. ² Die Pharisäer und die Schriftgelehrten empörten sich darüber und sagten: Er gibt sich mit Sündern ab und isst sogar mit ihnen. ³ Da erzählte er ihnen ein Gleichnis und sagte: ⁴ Wenn einer von euch hundert Schafe hat und eins davon verliert, lässt er dann nicht die neunundneunzig in der Steppe zurück und geht dem verlorenen nach, bis er es findet? ⁵ Und wenn er es gefunden hat, nimmt er es voll Freude auf die Schultern, ⁶ und wenn er nach Hause kommt, ruft er seine Freunde und Nachbarn zusammen und sagt zu ihnen: Freut euch mit mir; ich habe mein Schaf wiedergefunden, das verloren war. ⁷ Ich sage euch: Ebenso wird auch im Himmel mehr Freude herrschen über einen einzigen Sünder, der umkehrt, als über neunundneunzig Gerechte, die es nicht nötig haben umzukehren. ⁸ Oder wenn eine Frau zehn Drachmen hat und eine davon verliert, zündet sie dann nicht eine Lampe an, fegt das ganze Haus und sucht unermüdlich, bis sie das Geldstück findet? ⁹ Und wenn sie es gefunden hat, ruft sie ihre Freundinnen und Nachbarinnen zusammen und sagt: Freut euch mit mir; ich habe die Drachme wiedergefunden, die ich verloren hatte. ¹⁰ Ich sage euch: Ebenso herrscht auch bei den Engeln Gottes Freude über einen einzigen Sünder, der umkehrt.

DAS GLEICHNIS VOM VERLORENEN SOHN

¹¹ Weiter sagte Jesus: Ein Mann hatte zwei Söhne. ¹² Der jüngere von ihnen sagte zu seinem Vater: Vater, gib mir das Erbteil, das mir zusteht. Da teilte der Vater das Vermögen auf. ¹³ Nach

wenigen Tagen packte der jüngere Sohn alles zusammen und zog in ein fernes Land. Dort führte er ein zügelloses Leben und verschleuderte sein Vermögen. ¹⁴ Als er alles durchgebracht hatte, kam eine große Hungersnot über das Land und es ging ihm sehr schlecht. ¹⁵ Da ging er zu einem Bürger des Landes und drängte sich ihm auf; der schickte ihn aufs Feld zum Schweinehüten. ¹⁶ Er hätte gern seinen Hunger mit den Futterschoten gestillt, die die Schweine fraßen; aber niemand gab ihm davon. ¹⁷ Da ging er in sich und sagte: Wie viele Tagelöhner meines Vaters haben mehr als genug zu essen und ich komme hier vor Hunger um. ¹⁸ Ich will aufbrechen und zu meinem Vater gehen und zu ihm sagen: Vater, ich habe mich gegen den Himmel und gegen dich versündigt. ¹⁹ Ich bin nicht mehr wert, dein Sohn zu sein; mach mich zu einem deiner Tagelöhner. ²⁰ Dann brach er auf und ging zu seinem Vater. Der Vater sah ihn schon von Weitem kommen und er hatte Mitleid mit ihm. Er lief dem Sohn entgegen, fiel ihm um den Hals und küsste ihn. ²¹ Da sagte der Sohn: Vater, ich habe mich gegen den Himmel und gegen dich versündigt; ich bin nicht mehr wert, dein Sohn zu sein. ²² Der Vater aber sagte zu seinen Knechten: Holt schnell das beste Gewand und zieht es ihm an, steckt ihm einen Ring an die Hand und zieht ihm Schuhe an. ²³ Bringt das Mastkalb her und schlachtet es; wir wollen essen und fröhlich sein. ²⁴ Denn mein Sohn war tot und lebt wieder; er war verloren und ist wiedergefunden worden. Und sie begannen, ein fröhliches Fest zu feiern. ²⁵ Sein älterer Sohn war unterdessen auf dem Feld. Als er heimging und in die Nähe des Hauses kam, hörte er Musik und Tanz. ²⁶ Da rief er einen der Knechte und fragte, was das bedeuten solle. ²⁷ Der Knecht antwortete: Dein Bruder ist gekommen und dein Vater hat das Mastkalb schlachten lassen, weil er ihn heil und gesund wiederbekommen hat. ²⁸ Da wurde er zornig und wollte nicht hineingehen. Sein Vater aber kam heraus und redete ihm gut zu. ²⁹ Doch er erwiderte dem Vater: So viele Jahre schon diene ich dir, und nie habe ich gegen deinen Willen gehandelt; mir aber hast du nie auch nur einen Ziegenbock geschenkt, damit ich mit meinen Freunden ein Fest feiern konnte. [30] Kaum aber ist der hier gekommen, dein Sohn, der dein Vermögen mit Dirnen durchgebracht hat, da hast du für ihn das Mastkalb geschlachtet. [31] Der Vater antwortete ihm: Mein Kind, du bist immer bei mir, und alles, was mein ist, ist auch dein. [32] Aber jetzt müssen wir uns doch freuen und ein Fest feiern; denn dein Bruder war tot und lebt wieder; er war verloren und ist wiedergefunden worden.

Lukasevangelium, Kapitel 15, 1–31

EPILOG

Ich weiß, es wird eine Menge Menschen geben, denen dieses Buch nicht gefallen wird. Vor allem deshalb, weil es von einem Mörder geschrieben worden ist. Auch, weil dieser Mörder mitten unter ihnen leben will und sie nun um Verzeihung bittet. Das ist für manche Menschen wahrscheinlich vollends unerträglich. Und ich kann das verstehen.

Ich stehe zu meiner Schuld. Wenn ich meine Taten rückgängig machen könnte – ich würde es sofort tun. Ich kann es leider nicht. Vielen habe ich Unrecht getan, viele habe ich betrogen, enttäuscht oder sogar verletzt. Einen Menschen habe ich getötet. Er hatte keine Chance.

Vor dem Gesetz habe ich meine Strafe verbüßt. Aber frei von Schuld bin ich davon nicht geworden.

Es hat lange gedauert, bis ich erkannt habe, warum ich lange Zeit so bösartig unterwegs war. Heute weiß ich einige Antworten auf die Frage nach dem Bösen. Immer wieder erkenne ich auch in Gesprächen mit jugendlichen Tätern, dass sie eine tiefe, ungestillte Sehnsucht in sich tragen: nach Liebe, nach Anerkennung, nach Wertschätzung, nach einem Vorbild, an das man sich klammern kann.

Ich bin kein Psychologe. Aber verblüffend häufig zeigt sich bei jungen Männern, die gewalttätig geworden sind, dass sie ein Problem in der Beziehung zu ihrem Vater haben. In manchen Fällen ist dieser Vater überdominant, ja, gewalttätig oder unnahbar. Meist aber ist dieser Vater vor allem eines: Er ist nicht da.

Nein, mein Vater ist nicht für das verantwortlich, was ich getan habe. Das bin ich ganz allein. Aber alle Väter sollten eines wissen: Der Hunger nach Liebe, den ihre Söhne und Töchter ihnen nachtragen, muss gestillt werden.

Lange Jahre habe ich versucht dieser Wahrheit davonzulaufen. Ich habe versucht mir Achtung zu verschaffen, indem ich andere unterdrückte und verletzte. Ab einem gewissen Punkt wurde mir klar, was ich angerichtet hatte. An meiner Schuld bin ich fast zugrunde gegangen. Dieser Abschied von den Illusionen tat weh.

Aber er hat Platz gemacht für eine neue Erfahrung.

Als ich unten, ganz unten war, geschah etwas, das mir die Augen öffnete.

Gott war da. Und er sagte nur: „Ich weiß!"

Im Glauben an Gott habe ich Vergebung erfahren.

Und ich habe mir vorgenommen, allen Menschen von dieser befreienden Botschaft zu erzählen. „Du bist unendlich geliebt und angenommen. Gott spricht: ‚Ich habe dich bei deinem Namen gerufen.'"

Die letzten Zeilen dieses Buches sind geschrieben.

Drei Dinge will ich noch sagen:

Diejenigen, die ich verletzt habe, und deren Angehörige bitte ich aufrichtig um Vergebung. Die ich erniedrigt habe, bitte ich, meine Reue anzunehmen.

Und denen, die mich verletzt haben? Diesen Menschen möchte ich vergeben.

Torsten Hartung

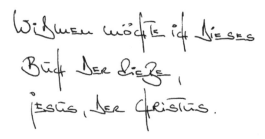

Wenn Sie die Arbeit von Torsten Hartung unterstützen möchten, spenden Sie bitte mit dem Stichwort: „Maria HilfT – Pastorale Gefängnisarbeit" auf das Konto des Bonifatiuswerkes:

Bonifatiuswerk der deutschen Katholiken e. V.
Bank für Kirche und Caritas Paderborn eG
BIC: GENODEM1BKC
IBAN: DE46472603070010000100

Torsten Hartung freut sich über Rückmeldungen zu seinem Buch. Sie erreichen den Autor über die E-Mail-Adresse: du-musst-dran-glauben@adeo-verlag.de.

ÜBER DIE AUTOREN

Foto: © Markus Pletz

Torsten Hartung

Jahrgang 1961, gelernter Dachdecker. Schon früh geriet er auf die schiefe Bahn. Viele Jahre seines Lebens hat er in Gefängnissen verbracht. 2006 wurde er entlassen und kümmert sich mit seiner Frau Claudia um jugendliche Straftäter und hilft Migranten bei der Integration.

Christoph Fasel

Jahrgang 1957, besuchte nach dem Studium von Germanistik, Geschichte und Philosophie die Henri-Nannen-Schule in Hamburg und arbeitete danach als Journalist, unter anderem für die „Bild", das Magazin der „Süddeutschen Zeitung", „Eltern" und den „stern". Mehrere Jahre war er Chefredakteur des „Reader's Digest" für Deutschland und Österreich. Er arbeitet als Buchautor, Dozent und Coach in Deutschland, Österreich und der Schweiz.

Autoschieber-Prozeß: Verteidiger wollen erst 20 000 Aktenseiten lesen

Vertagung bis Dezember beantragt / Mißtrauensantrag gegen Richter

Der erste Prozeßtag beim bisher größten Berliner Verfahren gegen Mitglieder einer internationalen Autoschieberbande mit Verbindungen zum Drogenhandel hat gestern nur rund zwei Stunden gedauert. Aber trotzdem tat sich vor der 25. Großen Strafkammer des Landgerichts einiges: Gegen den Vorsitzenden Richter Peter Scholz tag schon nach wenigen Minuten ein Mißtrauensantrag auf dem Tisch, und die mehr als 20 Verteidiger verlangten den Aufschub der gesamten Hauptverhandlung bis zum Jahresende [...]

Mammutverfahren [...]
Anklagen gegen drei [...]
dieser Bande wollen [...]
Wünsche, die nach ihrer [...]
einen Grund haben: [...]
tenseiten müssen [...]
war die Zeit bisher [...]
lein die Anklageschr[...]
samt mehr als 400 Bl[...]
Antragsbegründung [...]
dann legte Scholz d[...]
tag als nächsten Ter[...]
scheidet sich, ob die [...]
richts die geplante [...]
sächlich in dieser F[...]

Gestern jedenfa[...]
gewöhnliches Bild [...]
ger mußten sich [...]
extra aufgestellt [...]
ihnen gegenübe[...]
einander, in zw[...]
Mandanten auch [...]
banon und aus [...]
waren es 14. ge [...]

Staatsanwälte, Justizbedienstete, Zeugen, Zuhörer und Journalisten ihre Plätze fanden. Das wiederholte sich noch einige Male - alle rein, bei Unterbrechung alle raus, danach wieder alle rein. Und kaum waren zum ersten Mal alle drinnen, kam gleich der Vorwurf gegen den Vorsitzenden Richter Scholz, vorgetragen vom Verteidiger eines der mutmaßlichen Drahtzieher der Autoschieber: Befangenheit wegen der zu erwartenden Strafzumessung mit der Begründung, Scholz habe wegen der Schwere der Delikte und dem dabei ange[...]

Vergnügen in Rumänien

Autoschieber-Prozeß: Teure Mietwagen als gestohlen gemeldet

VON STEFAN KUSCHEL

BERLIN. Es gibt Momente, da nimmt sogar der Staatsanwalt einen Angeklagten in Schutz. Beim Autoschieber-Prozeß sah das gestern so aus: Er müsse nicht aufgeregt sein und könne sprechen, wie ihm der Schnabel gewachsen sei, erklärte der Staatsanwalt in Richtung Jürgen B. Denn genau das tat dieser nicht, brachte nur Satzfetzen heraus und formulierte recht umständlich - eine Ausdrucksweise, die einige Verteidiger der anderen zehn Angeklagten so komisch fanden, daß sie immer wieder grinsten. Und so tief vor allem sie der Zusatz des [...] walts: "Juristen [...]

burg ein Mercedes gestohlen wurde - ein "Ersatzfahrzeug" mußte beschafft werden. In Bukarest habe man schließlich in einer Plattenbau-Siedlung zwei Männer getroffen. Ob das die Käufer waren, könne er nicht sagen. Weitere Einzelheiten wisse er nicht mehr, auch nicht über den Aufenthalt in diversen Nachtklubs und Diskotheken, die "mit sehr viel Vergnügen geprägt war." "Hatten Sie auch Umgang mit Prostituierten?", wollte der Staatsanwalt wissen. "Mir wurde so etwas nicht zuteil", antwortete Jürgen B. - wieder so eine Aussage [...] schließendem Gelä[...]

Lange Haftstrafen für falsche Polizisten

Wegen Bandendiebstahls und Amtsmißbrauchs verurteilt / Polnische Autofahrer um 100 000 DM gebracht

BERLIN (dpa). Zwei falsche Polizisten, die im Frühjahr 1991 polnische Autofahrer auf Brandenburger Autobahnen um ihr Geld gebracht haben, sind gestern vom Landgericht zu jeweils siebeneinhalb Jahren Haft verurteilt worden. Die Angeklagten wurden wegen Bandendiebstahls und Amtsmißbrauchs schuldig gesprochen.

Die Männer, die sich als Zivilbeamte ausgaben, hatten die Autos mit einer Kelle gestoppt, angeblich, um die Devisen der Polen zu kontrollieren. Der Vorsitzende Hans Boß sagte, sie hätten die Gelder für beschlagnahmt, um sie angeblich auf zu [...]

der Täter nicht folgen konnten. Insgesamt soll in sechs Fällen ein Schaden von 100 000 Mark entstanden sein. In die Verurteilung wurden bereits fünf verhängte Freiheitsstrafen mit einbezogen. Die erste Große Strafkammer sprach von einem hohen Maß an krimineller Entschlossenheit und "großer Unverfrorenheit".

Ein dritter Angeklagter wurde wegen Beihilfe zu sechs Monaten Haft auf Bewährung verurteilt. Er hatte in einem Fall nach Angaben des Gerichts mit Handschellen auf dem Rücksitz des Autos der falschen Polizisten gesessen, um die Echtheit der Täter glaubhaft zu machen.

Die Täter hatten es laut Urteil auf sichere [...]

Bundesrepublik mitführten. Der Vorsitzende sagte, sie hätten "richtig" vermutet, daß diese auch Geld für den Kauf von Fahrzeugen in der Bundesrepublik dabei hätten.

In der Vergangenheit waren schon oftmals Polen, aber auch Autofahrer aus Branden-GUS-Staaten Opfer von Straftaten auf Brandenburger Autobahnen. Das Landgericht Frankfurt (Oder) verurteilte im Februar 1994 zwei Männer zu jeweils vier Jahren Haft, die im Dezember 1991 einen polnischen Kraftfahrer mit vorgehaltener Pistole um 500 Mark beraubt hatten. Auch angebliche Angst und Schrecken auf den Autobahnen in Richtung Osten. Osteuropäische Touristen, die in ihren Wagen übernachteten, wurden von ihnen ausgeraubt.

Ein Fahrer mit seriösem Äußeren

Weiteres Urteil im Autoschieber-Prozeß: Fünf Jahre Haft wegen gewerbsmäßiger Bandenhehlerei

VON STEFAN KUSCHEL

BERLIN. Wer genau hinhörte, konnte [...] on morgens aus den Fragen des Vorsitz[...]den Richters Rückschlüsse ziehen auf [...] s dann zwei Stunden später im großen [...] oschieber-Prozeß fällige Urteil. Es ging [...] smal um Michael B. 25 Jahre alt, gebür[...] strafe. Seit nunmehr einem Jahr und [...] n Monaten sitzt er in Untersuchungs[...] t, im August hatte gegen ihn und zehn [...] itere Angeklagte der Prozeß begonnen. [...] n schließlich gestand er unter an [...] em, in vier Fällen illegal erworbene Au[...] ns Ausland gefahren zu haben: zweimal [...] . nach Bukarest, nach Brest. "Was ge[...] ts denn eigentlich zu tun?", wollte [...] olz gestern als erstes von ihm wissen: [...] ken Sie dann auch gearbeitet, oder soll [...] k ann Michael B. jetzt beginnen. [...] die fünfjährige Freiheitsstrafe, die die [...] Große Strafkammer wegen gewerbs[...] er Bandenhehlerei in Tateinheit mit Ur[...] denfälschung gegen ihn verhängte, muß [...]

Anwälte wollten eine "milde Strafe". Doch welche Rolle spielte Michael B. im Gefüge der angeklagten Autoschieber? Dies war gestern die zentrale Frage.

Zur Vorgeschichte: Michael B. war lange das, was man einen unbescholtenen Bürger nennt. Dann kam die Wende, er verlor seine Arbeit, seine finanziellen Sorgen wuchsen. 1992 traf er Jörg Sch., den die Staatsanwaltschaft für einen der kriminellen Machenschaften hält, schließlich waren es B.s Geldprobleme, die ihn "zum Mitmachen" bewogen - 1500 US-Dollar pro Überführungsfahrt bar auf die Hand. Sein seriöses Äußeres (auch vor Gericht erschien er stets in Anzug und Krawatte) hat ihn laut Scholz für Jörg Sch.s Gunst nach oben gerückt, denn dieser habe genau solche Leute als Fahrer gesucht: sie fielen an den Grenzen weniger auf.

Ab Januar 1993 fuhr B. dann mehrfach, und "ihm war klar, daß es um eine illegale Fahrzeuge ging." In der Bandenmitglied? Ja, glaubt Scholz, wer als "Fahrer vom Dienst" auf Abruf bereitstehe, der sei "Bandenmitglied in der Ausführungsebene". Gerade hei [...]

de"; ihr Mandant sei "nicht sehr risikobereit" gewesen und habe immer wieder überredet werden müssen, ihr habe zudem nicht vorgehabt, regelmäßig dabei zu sein; gewerbsmäßig handele nur der, der über entsprechende Kontakte verfüge - bei B. sei das nicht der Fall gewesen. Denn: "Nicht jeder, der Kontakt zu einer Organisation hat, ist dort Mitglied."

So blieb als Diskussionspunkt noch das Strafmaß. Die Staatsanwaltschaft verwies bei ihrer hohen Forderung auf den großen Schaden im Falle B.s (etwa eine halbe Million Mark) sowie auf den insgesamt sehr hohen gemeinwirtschaftlichen Schaden, der jährlich in Deutschland durch Kfz-Verschiebungen entstehe und der Versicherungsprämien explosionsartig habe steigen lassen. Strafverschärfend komme die "Generalprävention" hinzu: jedem müsse klar werden, daß Autoverschiebung "kein harmloses Treiben ist."

B.s Anwälte indes erinnerten an einen vergleichbaren Fall, mit dem sie vor vier Jah [...]

"Herr Senato[r ...]

Berliner Justiz erhebt Anklage g[...]

Von Sigrid Averesch

Sprunghaft wächst die Zahl gestohlener Autos. Bundesweit verschwanden im letzten Jahr rund 145 000 Fahrzeuge - 1990 waren es noch 60 000. Hinter den Taten stehen häufig international organisierte Banden. Jetzt hat die Berliner Staatsanwaltschaft die bislang umfassendste Anklage gegen Autoschieber erhoben.

Am Abend des 5. März 1992 verläßt ein Konvoi von drei Nobelkarossen Berlin. Ein BMW 850i fährt [...] zwei dunk[...] hon bald er[...] f deren Dä[...] die Grenzer[...] Mann steigt [...] den Zollbe[...] sie vor sich [...] aus Berlin", [...] einer inter[...] Ungarn be[...] ie Grenzbe[...] den "Staats[...] durch [...]

thilfe [...]
Grenzpo[...]
maßlichen [...]
toschieb[...]

cherstellte Fa[...]
eflossen sein. [...]
abe die Bande [...]
ssen im Wert [...]
tsanwaltscha[...]
uf fast 300 Se[...]
en 23 und [...]
hen 23 und [...]
vor. Ihre F[...]
aatsanwalts[...]
gleichste A[...]
underzeugen [...]
utoschieber [...]
eilung, Sta [...]
erger. Vor [...]
klau zu be [...]
urde das Sonder[...]
. Allein in Berli[...]
erzeit monatlich [...]
Saßen die Abne[...]
Autos früher vor al[...]

BLICKPUNKT

Montag, 13. Juni 1994

...onnte die Grenze schnell passieren

...maßliche Autoschieberbande – Computerfreaks lieferten Daten für falsche Papiere

... Gelände des Bundesgrenzschutz-Amtes in Frankfurt an der Oder.

© Der Tagesspiegel, Berlin; Stephan Kuschel, dpa (sonstige Abb.)
© Berliner Zeitung (Abb. rechts oben)

... und Mittleren Osten sowie im ehemaligen Jugoslawien, befinden sich heute vorwiegend in Ost- und Südosteuropa: in Polen, Ungarn, Tschechien sowie in GUS-Staaten ...

ausgebaut. Mit ihnen wurden ... stohlenen Wagen bestückt. „... ner Kontrolle fällt das kaum auf ... Staatsanwalt ...

Falsche Polizisten vor echtem Gericht

BERLIN (dpa). Falschen Polizisten, die im Frühjahr 1993 polnische Autofahrer auf Autobahnen im Berliner Umland um ihre Reisekassen erleichtert haben sollen, wird seit gestern der Prozeß gemacht. Die beiden Hauptangeklagten Thorsten ...

Polizei fahndet nach dem Auto ihres Präsidenten

Fahrer hatte sich in Steglitz nur kurze Zeit vom Wagen entfernt / Kripo vermutet organisierte Autoschieber

Erneut ist ein Prominenter Opfer eines Diebstahls geworden: Dem Polizeipräsidenten Hagen Saberschinsky ist, wie berichtet, am Sonnabend in Steglitz der Dienstwagen gestohlen worden, den er auch für private Fahrten benutzen darf. Nur wenige Minuten hatte sich der Fahrer mit Erlaubnis seines C... ... entfernt. Als er gegen ... Schloß-/Ecke Treitsch... kehrte, war der rund ... Daimler Benz E 200 verf...

Die Kriminalpolize... polnische Autodiebe v... nate alte Fahrzeug ab... ne 10 000 Kilometer b... cho: Indizien, die nac... dreas Pahl vom Refe... Kriminalität der Berl... nisierte Autoschieb...

haben das Automatikgetriebe, das Schiebedach und das Autotelefon die Diebe besonders gelockt. Was sie auf den ersten Blick nicht gesehen haben können, war das Funkgerät. Die Behördenkennzeichen des Polizeipräsidenten B-3000 lagen im Kofferraum. Das Fahrzeug trug die zivilen Kennzeichen B-X 8471.

... Zoll und Bundesgrenzschutz an ...

BMW 520 des Wilmersdorfer Bezirksbürgermeisters Horst Dohm verschwand Mitte Mai vergangenen Jahres – allerdings in Danzig. Just in dieser Nacht war die Kamera des videoüberwachten Parkplatzes ausgefallen. Dohm findet sich in guter Gesellschaft. Bereits zwei Dienstwagen ist der Bürgermeister der Hansestadt Lübeck in Danzig an Diebe losgeworden.

Aber auch in Berlin gab es bereits promi... ... dem Landesvorsit...

Das Glück im Westen war nie von Dauer

Im Autoschieber-Prozeß haben die ersten Angeklagten Angaben zu ihrer Biographie gemacht

VON STEFAN KUSCHEL

BERLIN. Der „Kronzeuge" will nicht mehr lügen. Er betet jetzt häufig, sagt er, liest viel in der Bibel, an einem geheimen Ort außerhalb der Stadt hat er dazu viel Zeit. Im Frühjahr habe er damit angefangen, nach einem Gespräch über den christlichen Glauben an sich. Deshalb müsse er nun aussagen, und zwar alles über seine Beteiligung an den Schiebereien von gestohlenen Luxuslimousinen ins Ausland – vermutlich aber auch über Verstrickungen der anderen Angeklagten. Die wundersame Wandlung des Lutz H., von Saal 700 ständig von zwei Leibwächtern abgeschirmt, ...

teils ungläubig nach, auch einige der Verteidiger wollten es genauer wissen. Was das der er sich da angeschlossen habe, ob diese eine Sekte handele? Lutz H. verneinte immer wieder: Keine Sekte, es gehe nur um den ursprünglichen Glauben an Jesus Christus. „Und vorher hatten sie nie etwas mit Religion und Kirche zu tun?" – Lutz H., wie immer elegant gekleidet und die langen Haare zu einem Zopf zusammengebunden, schüttelte den Kopf. Kein Zweifel: In diesem Prozeß ist er neben dem mutmaßlichen Drahtzieher Jörg Sch. die schillerndste Figur. Deutlich machte das sein gesamter Lebens... ...

sondern in jeweils variierter Form auch bei der meisten anderen Angeklagten. Eine geplante „Republikflucht" (Lutz H. wollte sich von einem Charité-Gebäude aus nach West-Berlin hangeln) wurde verraten. Stasi-Haft in Pankow, Prozeß: Zwei Jahre und sechs Monate, zuerst ins Stasi-Gefängnis nach Cottbus, wo er Jörg Sch. kennenlernte, dann nach Karl-Marx-Stadt. Monate danach kaufte die Bundesregierung H. frei. Über das Aufnahmelager in Gießen kam er schließlich nach Marienfelde.

Doch auch hier, im Westteil der Stadt, wo nie von Dauer: Akkordarbeit bei einer K...

© 2014 adeo Verlag
in der Gerth Medien GmbH, Asslar

3. Auflage 2016
Bestell-Nr. 835029
ISBN 978-3-86334-029-2

Einheitsübersetzung der Heiligen Schrift
© 1980 Katholische Bibelanstalt, Stuttgart.
Bildteil:
Foto Seite 1: © Idea / Markus Pletz
Foto Seite 2/3: © Markus Pletz
Foto Seite 8 unten: © Markus Pletz
Alle anderen Fotos: privat
Umschlaggestaltung: Gute Botschafter GmbH, Haltern am See
Autorenfoto: Markus Pletz, Berlin
Druck und Verarbeitung: GGP Media GmbH, Pößneck
Printed in Germany

www.adeo-verlag.de